财经
法治

期货及衍生品法律评论 第四卷

Futures and Derivatives Law Review

何庆文◎总编
张晓刚◎主编
刘绍统　曹越◎副主编

法律出版社
LAW PRESS·CHINA
北京

图书在版编目(CIP)数据

期货及衍生品法律评论. 第四卷 / 何庆文总编 ; 张晓刚主编. -- 北京 : 法律出版社, 2023
ISBN 978-7-5197-8519-2

Ⅰ. ①期… Ⅱ. ①何… ②张… Ⅲ. ①期货交易-法律-研究-中国 Ⅳ. ①D922.287.4

中国国家版本馆CIP数据核字(2023)第210716号

期货及衍生品法律评论(第四卷)
QIHUO JI YANSHENGPIN FALÜ PINGLUN (DI-SI JUAN)

何庆文 总编
张晓刚 主编

策划编辑 沈小英
责任编辑 陈 妮 王 鸿
装帧设计 李 瞻

出版发行 法律出版社
编辑统筹 法治与经济出版分社
责任校对 王晓萍 王语童
责任印制 吕亚莉
经 销 新华书店

开本 710毫米×1000毫米 1/16
印张 19 **字数** 367千
版本 2023年12月第1版
印次 2023年12月第1次印刷
印刷 固安华明印业有限公司

地址:北京市丰台区莲花池西里7号(100073)
网址:www.lawpress.com.cn
投稿邮箱:info@lawpress.com.cn
举报盗版邮箱:jbwq@lawpress.com.cn

销售电话:010-83938349
客服电话:010-83938350
咨询电话:010-63939796

书号:ISBN 978-7-5197-8519-2
定价:96.00元

期货及衍生品法律评论（第四卷）

主办单位：中国金融期货交易所

编辑委员会

期货及衍生品法律评论
第四卷,第1~2页

序　言

20世纪90年代初期,我国期货业开始起步。经过30多年的发展,我国商品期货交易规模已连续多年位居全球第一,金融期货和衍生品市场也蓬勃发展,成为我国现代经济体系的重要组成部分。当前,我国经济已由高速增长阶段转向高质量发展阶段,资本市场也进入了全面深化改革和扩大开放的关键时期。实践经验表明,我国期货和衍生品市场有能力、有条件为经济高质量发展作出更多、更大贡献。

资本市场功能要有效发挥,必须始终以科学完备的法律制度为基础。我国期货和衍生品市场的发展,离不开法律制度的保障。2022年8月1日,《中华人民共和国期货和衍生品法》(以下简称《期货和衍生品法》)正式施行,开启了我国期货市场和衍生品市场发展的新篇章。《期货和衍生品法》全面总结我国30多年的市场实践,参考境外经验,在遵循市场一般规律的同时又具有中国特色。《期货和衍生品法》确立期货市场的重要地位和作用、提升期货市场制度的法律层级、保障市场风险防范体系的有效运行、提高对交易者合法权益的保护水平,为新时代期货行业的高质量发展夯实了基础。

党的二十大报告指出,"坚持依法治国、依法执政、依法行政共同推进,坚持法治国家、法治政府、法治社会一体建设,全面推进科学立法、严格执法、公正司法、全民守法,全面推进国家各方面工作法治化"。深入贯彻落实党的二十大精神,要求我们进一步以理论为指导、以研究为前提开展法治工作。中国金融期货交易所(以下简称中金所)作为一家经国务院同意，中国证监会批准设立，专门从事金融期货、期权等金融衍生品交易与结算的交易所，一直致力于推动我国期货及衍生品法律研究，特别是与金融期货相关的法律问题研究。在宣传贯彻落实期货和衍生品市场法律法规的过程中，中金所以习近平法治思想为指导，在中国证监会的坚强领导下，坚持“建制度、不干预、零容忍”工作方针，坚持“四个敬畏、一个合力”监管理念，坚持市场化、法治化方向，不断巩固和加强金融期货市场法治建设，促进形成更加成熟、更加定型的制度规则体系，以金融期货市场的高质量发展，更好服务中国特色现代资本市场建设。

《期货及衍生品法律评论》作为中金所创办的国内首本专注于期货和衍生品法律问题的学术出版物，其初衷在于搭建期货和衍生品法律研究平台，吸引理论界、实务界关注期货和衍生品法治建设，推动形成知法、懂法、守法、用法热潮，打造我国期货和衍生品法律研究的品牌。基于此，中金所面向海内外理论界、实务界的专家学者广泛征稿，以期为推动市场和行业普法宣传和投资者教育贡献中金所力量。

何庆文 *

2023 年 1 月

* 中国金融期货交易所党委书记、董事长。

卷首语

作为国内第一本专注于期货及衍生品法律问题的学术出版物，《期货及衍生品法律评论》出版以来，受到了业内外人士的普遍关注和好评，这也坚定了我们持久地、稳定地、高质量地办好的信心。本卷为第四卷，包括如下专题及文章：

【中国(郑州)国际期货论坛】本专题收录了一篇论文。

衍生品无处不在，对于全球金融体系而言不可或缺，我们应该支持衍生品市场的发展。《运用金融学和衍生品应对全球性挑战——历史与展望》一文以金融工程学在莱比锡城市发展中的应用为例，提出衍生品未来金融大有可为，将为促进经济增长、维持社会稳定持续发挥关键作用。

【《期货和衍生品法》解读】本专题收录了六篇论文。

制定和出台《期货和衍生品法》，是贯彻落实党中央决策部署的重要举措，也是期货和衍生品行业盼望已久的大事，必将为期货和衍生品市场的持续高质量发展提供固根本、稳预期、利长远的保障作用，在法治轨道上更有力地推进金融治理体系和治理能力现代化。《以〈期货和衍生品法〉为契机　推进金融期货市场高质量发展》一文提出，中国金融期货交易所将秉持新发展理念，坚持稳字当头，以贯彻落实《期货和衍生品法》为契机，大力发扬改革精神，推动金融期货市场持续高质量发展。

《〈期货和衍生品法〉的制度逻辑》一文对其制度逻辑作出系统阐述：第一，构建期货市场和衍生品市场有效服务国民经济的体制机制，促进金融市场与实体经济良性循环；第二，深化期货市场和衍生品市场的基础制度改革，推动期货市场和衍生品市场高质量健康发展;第三,重点提升金融监管的效能,健全金融风险预防、预警、处置、问责制度体系;第四,全面夯实期货市场和衍生品市场双向对外开放的法治基础,促进以要素自由流动为主的流动型开放向规则导向的制度型开放转变。

《〈期货和衍生品法〉的体系化解读》认为《期货和衍生品法》构建了立体完整的期货市场交易、结算、风控和监管制度体系,并规定了衍生品市场发展运行的基础制度,既有理论的科学性和现实的针对性,又有系统的逻辑性和着眼长远的战略性,体现了坚持中国特色与参考国际市场最佳实践的有机结合。

《期货和衍生品法》第6条中"禁止欺诈"的表述,是整部法律中唯一明确的反欺诈规则,但也是唯一没有具体条款予以落实的市场违法行为禁止规则。《〈期货和衍生品法〉中一般性反欺诈规则的解释论》认为,通过法律解释方法在《期货和衍生品法》确立一般性反欺诈规则,能够极大地丰富我国期货和衍生品市场法律中欺诈理论的内涵。

《〈期货和衍生品法〉框架下交易者保护体系解读》从期货经营机构适当性义务、交易者权利、民事赔偿责任等几个角度阐述了《期货和衍生品法》框架下的交易者保护体系。期货交易者的保护体系构建对于实现期货和衍生品市场交易的"三公"环境,对于促进期货和衍生品市场的发展具有重要意义。

《从银行衍生品业务视角解读〈期货和衍生品法〉实施影响》主要研究《期货和衍生品法》对商业银行开展金融衍生品交易的影响,包括银行衍生品交易场景、衍生产品类型、交易者适当性、交易文本适用、合同范本备案、终止净额结算、集中清算、交易报告库、域外适用等方面,分享实务建议。

【业务探讨】本专题收录了五篇论文。

近年来,我国期权市场快速发展,总体运行平稳,经受住了全球疫情反复、地缘政治冲突、全球经济复苏乏力等外部冲击。《期权市场功能的中国案例》根据境内外期权理论研究成果,结合股票股指期权市场实践,对股票股指期权的市场功能发挥情况进行研究,并重点对市场下行、市场较热和市场波动三个时期进行案例分析,提出应加强期权市场建设,充分发挥其市场功能,助力股票市场健康平稳发展。

期货结算制度及其体系一直是维护期货市场安全、高效运行的核心环节,国际上历次违约事件更是揭示了结算违约风险处置机制是期货市场重要的制度安排。《浪人资本违约事件对我国期货结算体系的思考》分析浪人资本违约事件,并对我国期货市场相关问题进行了思考。

随着国际衍生品监管新规要求进入"冲刺"阶段,全球市场对高质量流动性资产作为交易保证金的需求更为旺盛,优质的人民币债券受到高度关注。《期货和衍生品法》夯实了国内期货与衍生品市场法律基础,也为对标国际起到重要助推作用。《国际监管新规下人民币债券担保品在跨境场外衍生品市场的应用》就人民币债券用作跨境场外衍生品交易履约保障品的可行性进行分析,以期为相关机制的健全完善提供解决思路。

近年来,上市公司通过收益互换、场外期权等工具回购股份,可以将价格锁定为每个结算期间股票每日成交量加权平均价格的均值,从而能够较好地控制股价波动风险、降低回购成本,但也存在交易链条长、信息披露透明度有待提升等问题。《个股场外衍生品在上市公司股票交易中的运用及监管因应》提出,在《期货和衍生品法》实施的背景下,需要进一步加强上市公司股份衍生品交易规范,进一步提升信息披露透明度,引导与规范并重,切实保护中小投资者权益。

《期货和衍生品法》的出台,带来对合约、法制、监管进行梳理和改革的重要契机。围绕着黄金市场发展和投资者保护的终极目标,对延期合约规制再度考量,构造符合延期合约所需要的法治环境,都是金融产品规制的应有之义。《延期合约法律问题》对延期合约的演进和作用进行分析,同时通过考察域外金融合约规制的发展路径,启发对延期合约在新法出台后相关法律问题的思考。

【市场建设】本专题收录了四篇论文。

建设全国统一大市场的核心是充分发挥市场在资源配置中的决定性作用。所谓资源配置就是指各种要素资源在价格机制的作用下流向效益好、效率高的地区、产业或企业部门等,以在全社会层面达到资源使用效率的最大化。《发挥期货市场功能　助力全国统一大市场建设》从期货市场是建设统一大市场的重要抓手、期货市场服务统一大市场建设制约因素、更好发挥期货市场功能服务统一大市场建设三方面讨论如何更好发挥期货市场功能,高质量服务实体经济发展。

交易报告库是场外衍生品领域,既服务监管又服务市场的新型金融基础设施。《推进场外衍生品交易报告库(TR)建设　更好服务实体经济高质量发展》介绍全球场外衍生品交易报告库的起源、我国交易报告库的发展概况、欧美交易报告库的发展趋势及其带给我们的思考。

目前,我国大宗商品仓单尚没有统一的登记机构和标准。从保护货权安全、促进动产担保融资、丰富价格发现手段、促进商品流通效率等目标出发,有必要建设统一的大宗商品仓单注册登记制度。《论构建全国统一的大宗商品仓单登记机制》提出,根据《期货和衍生品法》有关标准仓单登记的规定,完善有关司法解释,并在现有工作基础上不断完善我国大宗商品仓单登记和查询系统,同时大力推动各登记系统数据交换合作,形成大联合的局面,逐步构建全国统一的大宗商品仓单登记机制。

期货公司及风险管理子公司通过专业服务弥补企业风险管理能力方面的局限性,实现“风险进场人不进场”,期货公司从以往辅助企业进行风险管理的角色向衍生品与服务提供主体的角色转变。《新规下期货公司转型开启“加速度”》认为,在期货法的引导下,期货公司将开启转型“加速度”,加快向资产管理、财富管理、风险管理、境外业务等综合发展的多元化业务提供商转型。

【制度分析】本专题收录了五篇论文。

强制减仓制度是境内期货市场经过多年实践探索、不断优化完善的一项特有的风险控制制度。作为应对期货市场价格风险累积最有效的风险控制制度,强制减仓制度对于减少交易者损失,有效化解市场风险有着“治本”的作用,是境内期货市场最为重要的风险控制制度之一。《强制减仓制度的由来、现状和发展趋势》从强制减仓制度的由来、优化、现状和发展趋势对该制度进行分析研究。

《期货和衍生品法》对有价证券作为保证金的,可以依法通过质押等具有履约保障功能的方式进行的基础上,厘定“让与担保 + 质押”双层担保关系的法律属性,为期货期权市场担保形式的多元化创新提供法律制度基础。《我国期货市场证券保证金法律属性问题研究——以证券交易所股票期权业务为视角》认为,证券保证金的相关规则并不是法律的创造物,而是基于商事习惯和实践自发形成的一套促进期权交易、降低交易风险的特有规则,这包含非常复杂的支付、担保、预付、证券保证金出入金、特有的多层次调整、集中度管理、强行平仓等关系,因此不能仅以传统民商法的担保理论来概括。但与此同时,又要妥善处理期权保证金规则与传统民商法理论的关系,保持担保规则体系的协调和稳定。

《期货和衍生品法》明文规定了两种终止净额结算安排的法律效力,为境内外各方达成一致意见奠定了坚实基础,有利于提升我国衍生品市场的国际化程度。《我国衍生品市场终止净额结算的法定化:意义及展望》认为,在《期货和衍生品法》的基础上,继续明确我国终止净额结算的其他法定化安排,有助于进一步夯实和丰富终止净额结算安排的法定化体系。

期货市场“一价定律”决定了期货立法需要对跨境交易监管作出规定。《期货市场跨境监管问题研究》认为,《期货和衍生品法》设专章规定了跨境交易与监管,从“引进来”和“走出去”两个方面规定了境外期货交易场所、境外期货经营机构等向境内提供服务,以及境内外交易者跨境交易应当遵守的行为规范,构建境内外市场互联互通的制度体系,为期货市场跨境互联互通提供了法律保障,为打造中国价格,形成中国声音创造了有利条件。

风险管理是期货市场的核心功能和目标之一，贯穿于期货市场交易、结算、交割、违规处理等各环节。《我国期货市场风控制度的特征、形成与展望》立足我国期货市场发展实践，总结风控制度特征并追溯其形成原因，以期为我国期货市场未来发展及风控制度体系进一步完善提供思路。

【域外法制】本专题收录了三篇论文。

在我国期货、期权与衍生品混合立法模式下，交易保证金制度不仅在交易者、结算参与者、结算机构以及监管机构之间构建了一套复杂的法律关系系统，也在具体概念与范畴等理论层面存在着交叉与重叠，更导致在实践层面诸多操作程序与方式的混杂与冲突。《期货交易保证金制度设计要点》试图通过对期货交易保证金基本范畴的厘定，梳理期货交易保证金与其他资金保障机制，如权利金、结算担保金、风险准备金以及自有资金的关系，揭示期货交易保证金制度及其相关保障性、辅助性资金体系的整体合理性与必要性。

《期货和衍生品法》专门规定了“跨境交易与监管协作”章节，改变了我国长期以来由于立法空白导致期货跨境交易监管存在盲区和灰色地带的局面。《期货市场跨境监管的境外经验与本土优化》提出，《期货和衍生品法》在法律制度、协作模式、协作机制三方面尚有不足，还需进一步明确监管机构的执法权限、革新传统的跨境监管协作模式与构建等效跨境监管协作机制，以完善我国期货市场跨境监管制度。

美国期货品种上市制度历经法定制、批准制到自我认证制的改革，现行自我认证制度经历了现代化法案时期被确定、多德－弗兰克法案时期程序被优化、科技快速发展时期被质疑的发展过程，对美国期货发展影响深远。《美国期货品种上市法律问题研究》通过研究期货品种上市制度，以期为我国《期货和衍生品法》期货品种上市注册制规定提供参考意见。

【中国(郑州)国际期货论坛】

期货及衍生品法律评论
第四卷，第3～11页

运用金融学和衍生品应对全球性挑战

——历史与展望

罗伯特·默顿*

很高兴参加2022年中国（郑州）国际期货论坛。我的演讲题目是“运用金融学和衍生品应对全球性挑战——历史与展望”。运转良好的金融体系对于经济稳定和可持续发展至关重要，一方面金融创新可以推动金融体系完善；另一方面金融学、科技、经济等领域的需求也会促进金融创新。

严重的危机既会阻碍金融创新的步伐、颠覆金融创新的成果，也可能催生金融创新，促进金融体系持久性完善。前者在2008～2009年国际金融危机中得到印证，后者以20世纪70年代表现最为明显。

20世纪50年代初，金融学正式成为一门学科，发展至60年代末时已初具雏形。金融学的理论、量化模型、风险数据既可以用于验证理论，也可用于提出新的假设。然而，虽然当时金融学已是一门完整的学科，却尚未对金融实践产生太大的直接影响。这一情况在20世纪70年代发生了改变，我也将从这一时期讲起。

---

* 罗伯特·默顿（Robert C. Merton）是麻省理工学院斯隆管理学院金融学杰出教授、约翰·纳蒂麦克阿瑟大学杰出教授、哈佛大学名誉教授、空间基金顾问集团（Dimensional Fund Advisors Inc）常驻科学家、美国金融协会的前任主席、美国国家科学院院士和美国艺术与科学院院士。罗伯特·默顿于1997年因确定衍生品价值的新方法而获得诺贝尔经济学奖。本文由郑州商品交易所翻译。

一、关于历史的回顾

(一)危机挑战与金融创新

20世纪70年代开始,全球发生了一系列重大的经济和金融市场动荡,首先冲击美国,随后蔓延至世界各地,造成了极为严重的后果。这里举几个知名的例子:一是布雷顿森林体系瓦解。在此前的近一个世纪内,各国货币汇率都是固定的,人们不必考虑汇率波动的问题,但突然间所有货币汇率都开始浮动,随之引发了一系列前所未见的新风险。二是石油危机接连发生。20世纪70年代末,油价从每桶2.40美元涨至13美元以上。三是滞胀现象愈演愈烈。随着经济活动不断受到冲击,美国的通胀率达到了两位数,创下了20世纪20年代以来的最高水平;利率水平翻了一番,1981年美国国债利率冲至21%,达到历史最高水平;美国股市在1973年年中至1974年的18个月内暴跌50%;由于银行利率被人为限制在5%以内,资金在银行外获得的收益更高,导致流入银行的资金持续减少,住房抵押贷款业务被迫停止,房市遭到重创。除通货膨胀外,失业率也高达9%。根据当时的经济学理论,高通胀和高失业率同时出现几乎是不可能的,这却实实在在地发生了,我们后来将这种情况称为滞胀。解决滞胀并不容易,因为应对通胀的举措会加剧失业率,而缓解失业率的举措会加剧通胀。

为推动解决这些不断涌现的新型重大风险,金融创新不断提速。20世纪70年代到80年代,我们通过创新较好地解决了这些风险。随后,这些创新做法被世界各地广泛采用。以下是一些与衍生品有关的案例:一是创办首家场内期权交易所,利用期权为股票提供保险;二是创新推出金融期货,以应对汇率、利率及股市波动风险;三是创建了美国首家电子化证券交易所;四是彻底重建了企业养老金体系,并基于此创立了养老基金,在50年后的今天,这些养老基金市值已达数万亿美元;五是创新投资策略,首次提出指数被动投资,现已成为市场主流投资方式,也是机构的核心投资策略之一;六是国际多元化分散投资理念被市场接受和遵循,成为机构的核心投资策略之一;七是构建了全美住房抵押贷款市场,允许全球投资者参与交易,自从这个市场诞生之日起,即便抵押贷款利率不断变化,贷款资金却从未出现过短缺,40多年来全社会一直在享受这种红利;八是创新推出可协商的股票佣金费率,它打破了垄断,使金融机构可以享受和散户相同的较低费率,股市机构化的大门由此打开。除此之外,为了更好地管理风险、筹集资金,资产证券化、货币市场基金、高收益及浮动利率债券等新型工具应运而生。

最后，我想单独提一下利率互换。在利率互换出现之前，银行面临的最大风险是业务需求错配，即便经营良好的银行也不例外。例如，一家银行要为存款方及借款方两类客户服务，存款方为了支取便利更倾向于浮动利率，而借款方在利率大幅波动的市场环境下则更倾向于固定利率。双方需求的不匹配会给银行带来巨大的利率风险敞口，特别是利率上升时，银行常常陷入财务困境，甚至资不抵债，需要政府支持才能继续运转。利率互换的出现解决了这一问题，银行为客户提供不同期限的中间服务时，不再担心利率风险。这一重大创新对社会产生了巨大影响。

虽然这些创新的初衷是为了应对20世纪70年代到20世纪80年代美国社会存在的风险，但自那时起它们一直发挥着重要作用，直至今天仍造福社会。通过这些创新，我们看到了金融系统良好运行的重要性，以及经济增长和稳定的重要性。然而，如果没有金融学中的量化模型和数据分析，那么这些创新将无法实现。在这一创新层出不穷的时期，金融实践与金融学关联紧密，这种联系一直持续至今。随后，金融工程学逐渐兴起，这门学科旨在应用金融学解决实际问题。因此，认为金融与实体经济相互割裂、毫无关联的观点是不成立的。

(二)金融工程学在莱比锡城市发展中的作用

20世纪90年代后期，金融工程已经普及，帮助解决了许多现实问题。然而，总有人认为金融的概念很虚，只不过是一些资产的转让或转移，并借此收取手续费，没有多少实际作用。下面我将通过实际案例具体展示金融在社会发展中的作用，证明这种“金融无用论”的观点是错误的。

20世纪90年代初，东德和西德统一为联邦德国后，政府提出了让东德地区在经济上追平西德地区的发展目标，这就要求东德地区的城市、村镇及企业必须加快发展。我所举的例子发生在东德城市莱比锡。为实现快速发展，莱比锡需要更多电力，由此需要获得更多天然气用于发电。当时，当地政府和天然气管道公司VNG有两种选择：一是铺设一条通往欧洲天然气管网的短途管道，从英国、挪威及北海等西北欧地区获取天然气；二是根据俄罗斯某财团提出的建议，接入俄罗斯的输气管道，保证莱比锡在未来15年里能够以固定的马克[1]价格获取天然气。第二种选择对于当地政府和天然气管道公司VNG极具吸引力，因为莱比锡人民长期生活在计划经济环境中，不愿意看到电费或煤气价格每月变化，市政府也担忧价格的频繁变动可能引发社会动荡。所以，尽管第二种方案需要更

[1] 欧元诞生之前的德国货币。

长的管道和更多投资,他们仍然认真考虑俄罗斯的提议。

金融机构在此时发挥了作用。金融机构设有问题解决小组,负责寻找遇到问题的客户,帮助其解决问题。当时一家大型的国际银行——摩根大通,在听说了莱比锡面临的问题后,找到市政府并提出了一个更好的方案。摩根大通建议莱比锡修建通往西北欧的管道,同时以现货价格采购天然气,当现货价格高于此前俄罗斯承诺的固定价格时,差价将由摩根大通支付。因此,莱比锡支付的金额永远不会超过俄罗斯承诺的固定价格,而当现货价格低于固定价格时,莱比锡的支出则更低。

由此,问题就简单了,相较于通往俄罗斯的管道,从欧洲获取天然气需修建的管道更短,造价和运营成本也更低。当然,摩根大通在保障服务的同时也收取一定的服务费。对于莱比锡市政府而言,如果选择修建通往欧洲的管道,那么他们只需投资5000万美元。相较于俄罗斯方案3亿美元的投资,节省的2.5亿美元可以由莱比锡和摩根大通共同支配。根据协议,摩根大通将收取1.25亿美元的服务费,为莱比锡提供15年的价格担保及所有相关服务,莱比锡总共能够节省1.25亿美元。

摩根大通的方案设计巧妙、简单易懂,能够有效节省成本。但除此之外,此方案还能够消除许多难以量化的重大风险。一是本地的政治风险。如果莱比锡选择俄罗斯方案,而三年后天然气现货价格却降低了一半,那么市政府如何向民众解释呢?由此,摩根大通提供的解决方案更合适,因为莱比锡支付的价格永远不会高于现货价格,该方案消除了天然气现货价格下跌可能带来的本地政治风险。

二是履约风险。俄罗斯保证提供15年固定价格的天然气并以德国马克为结算货币,但万一俄罗斯违约怎么办?事实上在提出方案的六年后,俄罗斯确实在其新发行的卢布债券上违约了。相较之下,摩根大通承诺的是承担固定价格以外的所有费用,而摩根大通是一家拥有3A评级的大型国际银行,受到各国央行的监管。因此摩根大通方案消除了合同履行风险。

三是地缘政治安全风险。如果和俄罗斯达成协议,天然气供应就受到俄罗斯控制。而摩根大通方案从西北欧获取天然气,消除了地缘政治安全风险。

四是环境风险。输气管道会影响环境,显然通往俄罗斯的管道比通往欧洲的管道更长,污染更严重,因此摩根大通方案更环保。

从这个案例中,可以看到金融学和金融工程对社会的好处,莱比锡因此受益了近40年。所以,如果再听到“金融能有什么用”之类的言论时,就可以引用上述案例证明金融的重要性。

不过,设计再好的方案也有两面性。该方案对于客户而言非常简单易懂,莱比锡一方无须做任何复杂的现值折算或其他计算,一眼就能发现摩根大通的解决方案更适合他们。然而,摩根大通执行起来却非常复杂,因为 20 世纪 90 年代初期还没有天然气市场,衍生品工具也非常有限。摩根大通不仅要对冲德国马克的汇率风险,还要对冲天然气的价格风险。此外,由于摩根大通对波动性设置了上限,还要再对冲额外的波动风险,而现实中能用于对冲的市场却少之又少。因此,他们需要大量的金融专业知识、交易技巧、量化模型来模拟风险特征,找出最佳的处理方法,并投入大量资金跟踪交易。这一过程非常复杂,却又必不可少。这一案例充分说明了金融工程的精髓,即所有的复杂操作都应由专业人士而非客户来进行。

(三)衍生品在现代金融体系中不可或缺

总之,衍生品无处不在,对于全球金融体系而言不可或缺,我们应该支持衍生品市场的发展。那些认为衍生品无关紧要、不该存在的言论都是无稽之谈。衍生品已是现代金融体系的一大支柱,2021 年仅在美国上市的场内期权成交量就达 100 亿手,成交金额达数万亿美元。场外衍生品市场,包括前面提及的利率互换等,2021 年的持仓名义总金额,即这些合约的风险覆盖金额,已高达 600 万亿美元,而全球 GDP 总量约 100 万亿美元,因此,场外衍生品的市场规模可见一斑。以今天的视角来看,其存在是绝对必要的,世界上没有任何一个金融机构,包括中央银行在内,能够在不借助衍生品合约及金融学量化模型的情况下正常运转。

二、对于未来的展望

展望未来,人类面临许多重大问题,例如大家耳熟能详的气候变化问题。虽然我本人并不清楚哪些方案可以真正解决气候变化问题,但我确信,一旦找到解决方案,金融必然会在方案执行过程中发挥重要作用,例如提供融资、抵御风险、提高效率等。未来金融大有可为,将为促进经济增长、维持社会稳定持续发挥关键作用。

(一)市场的隐性功能:提供信息

在这一部分,我着重谈一下我个人非常感兴趣的领域,即如何运用金融学和衍生证券,基于当前的衍生品市场价格,更好地预测风险和衡量不确定性。市场的显性功能是进行买卖交易并建立风险头寸,但市场还有一个重要的隐性功能:

提供信息。即便不参与交易,人们仍需要从市场中获取信息。这个隐性功能就是我接下来要讲述的重点。

第一,金融市场是全球性的,承载了来自世界各地的交易及其蕴含的各种不同的信息。没有任何一个实体,包括中央银行、主权财富基金和资深投资者在内,能够获知市场价格中蕴含的所有信息,原因在于市场价格是由各类交易主体交易出来的,这些交易主体主要是机构投资者,它们基于自己的所知、所需和交易标的进行交易,使市场以一种非常有效的方式汇集了大量信息。无论多么精明老练的市场参与者,都需要从市场中获取第一手信息,而不能简单地认为市场反映的是投资专家已知的信息。

第二,市场能够高效地汇集海量信息。交易规模大的市场参与者对价格的影响力更大,这使得市场更加透明,原因在于掌握更多资源的客户通常会成为更大的市场参与者,与普通投资者相比,他们更可能持有较大头寸。一旦他们认为自己掌握了足够准确可靠的信息,就会进行大手笔交易,交易量经加权平均后反映在市场价格中,其影响力必然高于普通投资者。

(二)基于市场信息进行远期预测之一

从以期权为代表的衍生品市场中提取信息,可以更好预测未来的风险和不确定性,这就是远期预测。传统的预测方式一般是基于过去的关联关系,即通过研究历史数据、建立回归模型等,分析过去的行为如何影响未来。这就是基于历史数据的关联性进行预测的方法。

当前的市场价格包含了过去行为的结果,这些我们可以从历史数据中了解到。然而,人们真正在交易和关注的是最新信息,尤其是能够反映与历史不同趋势的信息。不同于内幕信息,人人都能获取到。如果你在交易时只是依赖历史数据,那就好比开车只看后视镜一样,如果前后路况完全一致还勉强行得通,但若稍有不同就将面临一场灾难。当我们说一个价格是前瞻性的,意味着它不仅能反映过去,还反映了未来将如何发展演变。因此至少在理论上,市场价格包含的信息比历史数据多。

从期权价格中提取关于未来不确定性和风险的信息,这一方法即期权定价模型(Black - Scholes - Merton 模型)。虽然这个模型包含标的资产价格等多个参数,但除波动率(标准差)外,其余参数均可观测。将其他参数代入期权定价公式,并与期权市场价格建立等式,即可反推出波动率的值。我们称之为隐含波动率,因为使用了包含远期预测的市场价格来获得对未来实际波动率的预估。这就是提取信息的基本思路。

对于期限为 30 日或 60 日的短期期权而言,其价格与隐含波动率呈线性相关。无论何时,我们观察隐含波动率,它都与期权价格一一对应,这意味着如果隐含波动率从 20% 升至 40% ,期权价格将会翻倍。风险越大,则期权价格越高。

由于二者存在直接关系,因此,不同行权价格、不同期限的期权的价格都可以用隐含波动率来简单衡量。隐含波动率在实际应用中最知名的例子就是波动率指数(Volatility Index, VIX),它是追踪芝加哥期权交易所(Chicago Board Options Exchange,CBOE)标准普尔 500 指数(S & P 500)期权得到的隐含波动率指标,这一指数可以直接交易。VIX 有时也被称为恐慌指数,当某一期权合约的隐含波动率上升时,人们愿意为其支付更高价格,这可能是人们存在恐慌情绪,认为未来比过去的不确定性将更大,因此价格反映了这一预期。

期权的期限不同,波动率的期限结构也不同。下面,我们来看看新冠疫情期间 VIX 的期限结构变化。2019 年年底(见图 1),新冠疫情还没有出现,当时 VIX 从 14 左右上升至 20,呈远期升水结构,因为未来比现在更具不确定性,因此人们愿意为这种不确定性支付更高价格。如果新冠疫情没有发生,这种结构是常态。然而,观察 2020 年 1 月底的结构(见图 2),近月 VIX 明显高于远月,曲线走势基本持平。到 2 月底时(见图 3),我们已经意识到新冠病毒的严重性,但尚不清楚病毒类型以及应如何应对,因此近月 VIX 上涨至 40,出现了大约 3 倍增长,而远月变化不大,所以曲线走势仍然向下倾斜。隐含波动率这一指标不仅能够反映出市场对未来不确定性的预期,衡量风险的大小,还能够反映出市场预期风险将在何时消除。这里的消除并不意味着问题已经解决,而是指不确定性的消除。图 3 的状况显示,市场似乎确信,不论结果好坏,此次风险将在 8 个月内消除。

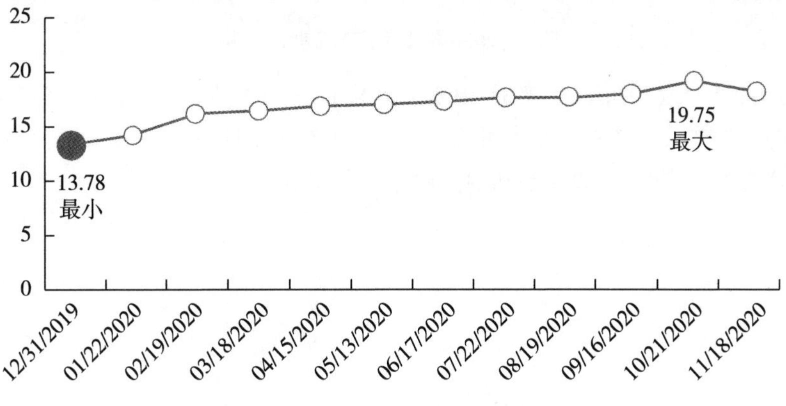

图 1　2019 年年底 VIX 期限结构

资料来源:罗伯特·默顿演讲 PPT,下同。

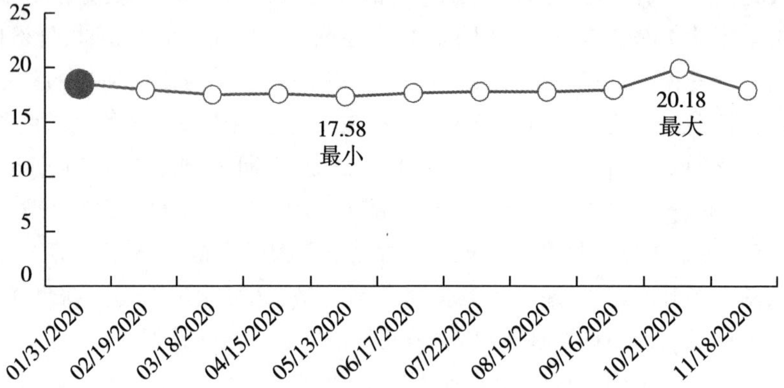

图 2　2020 年 1 月底 VIX 期限结构

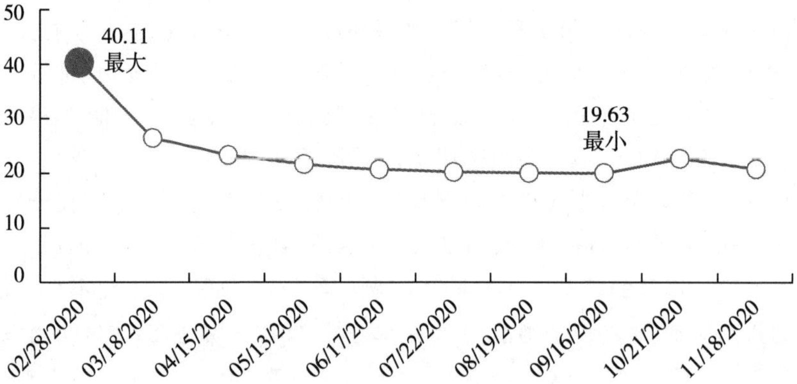

图 3　2020 年 2 月底 VIX 期限结构

然而,3 月底(见图 4),近月 VIX 又上升了约 30%,同时远月也上升了 40%,这表明由于新冠疫情对经济的冲击,市场预期不确定性可能进一步延长和加剧。通过这个例子,我们可以了解到如何通过隐含波动率获取信息。

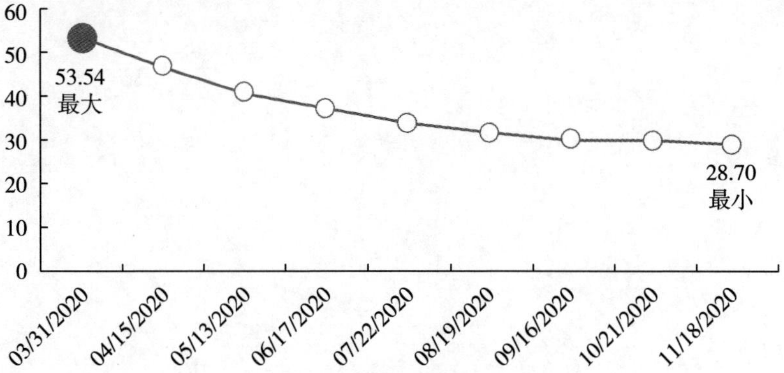

图 4　2020 年 3 月底 VIX 期限结构

(三)基于市场信息进行预测的扩展功能

我们可以利用这些市场来提取信息,并将信息用于投资等诸多活动。当人们以固定比例配置资产时,他们通常认为自己承担的风险是固定的。但由于基础资产的风险不断变化,无论资产配置的比例如何,风险都是全方位存在的。如果能够更好地预测风险,风险管理能力将会进一步改善,进而提升投资组合的业绩表现。为此我倍感兴奋,并满怀期待。

比照上述股票及固收市场的案例,大家也可以对货币、大宗商品、通胀交易等市场进行分析。如果想进行系统性分析,可以在明尼阿波利斯的联邦储备银行找到不少类似数据。以上分析都只是冰山一角,还有更复杂的模型可用于提取信息,获得危机和突发事件的隐含可能性,更好应对尾部风险。在类似利率市场这样有上限和下限的应用场景中,都可以获取重要的预测性信息,并据此得出一个完整的经验分布。

以上内容只是一个研究方向,希望能给大家一些启发。过去的成果令人振奋,未来的发展必定会更好。祝大家一切顺利,希望大家通过参加今年的论坛获益良多。

谢谢大家!

#【《期货和衍生品法》解读】

期货及衍生品法律评论
第四卷,第15~20页

以《期货和衍生品法》为契机推进金融期货市场高质量发展*

何庆文**

党中央、国务院高度重视金融法治建设,多次强调加强资本市场基础制度建设,完善现代金融监管体系,提高金融监管透明度和法治化水平,有效防范化解金融风险。期货和衍生品市场是中国特色现代资本市场的重要组成部分,制定和出台《中华人民共和国期货和衍生品法》(以下简称《期货和衍生品法》),是贯彻落实党中央决策部署的重要举措,也是期货和衍生品行业盼望已久的大事,必将为期货和衍生品市场的持续高质量发展提供固根本、稳预期、利长远的保障作用,在法治轨道上更有力地推进金融治理体系和治理能力现代化。

一、《期货和衍生品法》夯实行业高质量发展的基础

1990年,郑州粮食批发市场开业并引入期货交易机制,标志着我国商品期货市场的开端。2006年,中国金融期货交易所成立,并于2010年推出沪深300股指期货,标志着金融期货市场扬帆起航。在党和国家的正确领导下,我国期货市场不断发展壮大,特别是党的十八大以来,行业进入创新发

---

* 原文首发于《清华金融评论》2022年5月刊。

** 中国金融期货交易所党委书记、董事长。

展新阶段,提速增效明显。目前我国已上市70个期货品种和24个期权品种,基本覆盖主要产业类型和实体经济环节,商品期货交易量连续12年位居全球第一,股指期货、股票期权等金融期货也蓬勃发展。期货法立法工作从1993年起步,中间"两落三起"历经曲折,最终水到渠成,三十年磨一剑。《期货和衍生品法》深入贯彻习近平法治思想,既全面总结中国期货市场30多年的市场实践,又参考境外经验,在遵循国际惯例的同时体现中国特色,为新时代期货行业的高质量发展夯实基础。

一是确立期货市场的重要地位和作用,凝聚市场发展共识。我国期货市场从无到有、从小到大、从弱到强,价格发现、风险管理等市场功能稳步发挥,有力助推经济高质量发展。但由于期货市场小众参与、专业性强、风险较高,不易被大众理解,长期以来谈"期"色变现象依然存在。尤其金融期货是通过服务现货市场进而服务实体经济,功能发挥间接;股指期货连接的现货市场直接面向亿万股民,遇到市场大幅波动容易引发社会舆情,市场发展的共识还需要进一步汇聚。《期货和衍生品法》对期货市场的功能作用进行了全面客观评估评价,开宗明义指出"国家支持期货市场健康发展,发挥发现价格、管理风险、配置资源的功能。国家鼓励利用期货市场和衍生品市场从事套期保值等风险管理活动"。法律的宣导作用有利于统一全社会对期货的认识,进一步破除国有企业、上市公司、金融机构等参与期货交易的体制机制障碍,优化市场参与者结构,更好地发挥期货市场服务实体经济功能。

二是提升期货市场制度的法律层级,夯实市场长远发展根基。期货市场是典型的规则导向型市场,完备的法律制度体系是市场平稳运行和创新发展的关键。回顾过往,我国期货市场在实践中形成了由"一个条例"、"两个司法解释"、"若干办法"和自律规则组成的制度保障体系,有效支撑市场发展运行。着眼未来,全面深化资本市场改革开放挺进深水区,更好发挥期货市场在资源配置中的作用,更高质量推动市场发展,需要更高层次法律规范保驾护航。《期货和衍生品法》着力解决条例囿于立法层级难以解决的问题,明确期货市场基础法律关系和民事权利义务,协调与《中华人民共和国民法典》《中华人民共和国企业破产法》等其他法律的适用关系,对期货法治水平"提档升级";将实践证明行之有效的交易、结算、风控等基础制度机制上升为法律,巩固稳定市场运行的制度基础,促进形成中国标准化的制度规则话语权。

三是保障市场风险防范体系的有效运行,维护国家金融安全。期货市场本身是风险管理市场,但由于采用保证金交易,资金杠杆高,为风险偏好者留有一定操作空间,自身也往往成为风险点,需要严格的风险防范机制。我国期货市场坚持把防风险作为第一位的工作，树立了严监管的风险防控原则，立足国情市情探索形成一整套具有中国特色的风险防范体系。《期货和衍生品法》提升完善这些规则体系，填补应急处置下制度准备不足的缺陷，增强紧急情况危机处理能力；明确提出建立和完善风险监测监控与化解处置制度机制，防范市场系统性风险；明确期货交易场所自律监管地位和风险处置措施，保障一线监管的时效性有效性；明确期货结算机构的中央对手方地位，夯实以中央对手方制度为核心的风险管理体系；明确结算最终性原则、结算财产保护等结算保障机制，防范违约风险；明确账户实名制、实际控制关系账户管理等制度安排，压实穿透式监管的基础。

四是提高对交易者合法权益的保护水平，强化监管人民性。交易者保护是资本市场基础性工作，交易者合法权益的保障水平直接关系市场运行质量和发展环境。《期货和衍生品法》单设"期货交易者"一章，系统构建交易者保护制度，引导交易者增强风险意识，树立理性投资理念。完善交易者民事权利义务，明晰与期货经营机构间的权利边界和责任划分，保障交易者的知情权、风险提示权、财产安全权、信息安全权等各项权利；完善交易者适当性制度，区分专业交易者与普通交易者，给予普通交易者更高标准的保护，保障中小交易者利益；构建多元化期货纠纷解决机制，引入调解制度和代表人诉讼制度，设立期货交易者保障基金，明确民事赔偿责任优先原则，保障交易者的合法求偿权，提升交易者安全感和信心。

二、《期货和衍生品法》指引行业高质量发展的方向

法律不仅是对实践经验的总结和反映，也是对改革发展的规划布局和全面推进。我国资本市场进入全面深化改革和发展关键时期，迫切需要从制度上、法律上解决带有根本性、全局性和长期性的问题，推动制度创新，引领改革发展。《期货和衍生品法》秉持市场化法治化国际化发展理念，对行业进行顶层设计，发挥法律的前瞻性和先导性作用，为市场高质量发展消除障碍、拓宽渠道、预留空间。

一是坚持市场化发展方向，守正创新服务实体经济。服务实体经济是期货市场的根本宗旨，创新是市场发展的第一动力，期货市场的高质量发展必然要求更好发挥市场在资源配置中的决定性作用。《期货和衍生品法》贯彻"放管服"理念，大幅减少行政许可和限制性事项，激发市场主体活力，为行业创新发展营

造宽松环境;贯彻尊重市场基本内涵、参考国际最佳实践、体现中国特色和发展阶段特征的资本市场注册制改革三原则,优化期货期权品种上市机制,由现行的批准制改为注册制度,推动深化期货市场产品供给侧结构性改革;顺应市场主体多元化、组织形式多样化、业务领域延展化的发展趋势,为期货经营机构、期货交易场所、期货结算机构等市场主体创新发展预留制度空间,创造公平竞争环境;拓宽保证金范围,降低资金成本,提升市场运行效率。为确保期货市场在正确轨道上创新发展,《期货和衍生品法》明确期货市场应当服务服从于国民经济,从制度层面防止期货异化为自娱自乐工具和资本炒作对象。

二是协同发展场内场外市场,满足多层次风险管理需求。场内期货市场与场外衍生品市场互为补充,是现代风险管理市场不可或缺的两个组成部分。场外衍生品市场可以满足企业个性化风险管理需求,推动培育机构投资者,拓展期货市场服务实体经济的广度深度,期货市场为衍生品市场提供参照价格和套期保值场所,两个市场协同发力共同提高风险管理适配性。我国衍生品市场起步晚,还处于发展初期,存在法律规范缺失、市场割裂、监管标准不统一等待完善。期货和衍生品法将衍生品市场纳入调整范围,有利于维护金融市场完整性,促进场内场外联动发展;立足衍生品市场发展现状进行原则规定,确立单一主协议、终止净额结算、履约保障机制等核心交易制度,为市场运行提供法律保障的同时留足创新空间;规定金融机构开展衍生品交易业务的审核要求,建立衍生品交易报告库、集中清算等机制,强化场外监管防范金融风险。

三是推进期货市场双向开放,服务构建新发展格局。期货市场天然具有国际化属性,扩大开放是我国期货市场提高核心竞争力和国际影响力的必由之路。《期货和衍生品法》顺应国际化趋势,助推联通两个市场两种资源。在“引进来”方面,我国期货市场仅有 7 个商品期货以特定品种方式对外开放,金融期货只有合格境外机构投资者等少数境外主体参与。近年来境外市场纷纷推出基于中国金融资产的期货产品,我国所面临的争夺国际定价权和维护国家金融安全的形势日益严峻。《期货和衍生品法》遵循国际市场一般性规律,注重制度规则与国际对接,有利于吸引更多境外成熟机构来投资展业,加快形成“中国价格”“中国规则”。在“走出去”方面,《期货和衍生品法》对境内交易者参与境外交易、境外主体向境内交易者提供服务的路径、监管安排进行原则规定,保障境内交易者合法权益。为适应扩大开放后维护国家经济安全的需要,《期货和衍生品法》确立了域外适用效力,对跨境监管协作等作出安排。

四是健全监管制度和法律责任体系,维护市场健康秩序。期货市场违法违规行为隐蔽性强、危害性大,容易引发系统性风险,全面从严监管是保障市场健康有序运行的必然要求。中共中央办公厅、国务院办公厅2021年印发《关于依法从严打击证券违法活动的意见》,国务院金融稳定发展委员会前期提出“建制度、不干预、零容忍”九字监管方针,释放从严打击市场违法违规行为的强烈信号。《期货和衍生品法》确立期货市场集中统一监管体制,明确行政监管机构、自律组织各自监管职责,为期货市场“五位一体”监管体系和跨市场监管协作机制夯实基础;明确各类禁止行为,完善操纵市场、内幕交易等典型违法行为的相关条款,为打击市场违法犯罪行为提供法律依据;构建立体化法律责任体系,明确违法者的民事赔偿责任,提高行政处罚力度,通过大幅提升违法成本有效惩处、威慑违法行为,促进形成崇信守法的市场环境。

三、贯彻落实《期货和衍生品法》,推动金融期货市场高质量发展

当前地缘政治风险上升、经济金融不确定性高企,市场主体风险管理需求大幅提升。加快打造具有国际竞争力的本土金融期货市场,提高金融风险管控效能,是构建自主可靠金融体系的迫切需要。目前,中国金融期货交易所已上市3个股指期货品种、3个国债期货品种和1个股指期权品种,市场交易机制和参与者结构持续优化,服务国家战略和实体经济功能日益显现。但总体而言,金融期货市场还处于发展初期,远远不能满足市场日益增加的风险管理需求,也不能适应实体经济发展和金融改革创新的新形势新要求,在产品体系、市场结构、对外开放等方面需要持续加快发展完善。

2022年是中国金融期货交易所三年发展战略规划的开局之年。站在新阶段新起点上,中国金融期货交易所将秉持新发展理念,坚持稳字当头,以贯彻落实《期货和衍生品法》为契机,大力发扬改革精神,推动金融期货市场持续高质量发展。

一是坚持和加强党的领导,为金融期货市场发展提供根本政治保证。牢牢把握金融期货市场的政治属性,深入践行以人民为中心的发展思想,坚守风险管理的功能定位和服务实体经济的发展初心,坚决走稳服务党和国家事业大局的光明大道,防止市场脱实向虚。自觉将金融期货市场摆到国家重大战略和资本市场全面深化改革大局中谋划推动,从讲政治的高度加强市场发展建设的宏观形势研判。

二是夯实制度规则基础,着力巩固市场根基。以《期货和衍生品法》的精神原则为指导,不断健全层次清晰、内容完善、规范透明、专业务实的业务规则体

系,夯实依法治市基础。顺应服务股票市场全面注册制改革需要,优化配套业务体系,完善涨跌停板、保证金机制等风控制度安排,顺畅期现交易机制衔接,强化期现协调风险化解能力。

三是依法依规从严监管,提升监管效能。进一步强化监管政治性人民性,加强对外资、高频交易等重点客户的监控,以“零容忍”态度严厉打击违规行为,维护市场“三公”秩序。在坚持期货市场集中统一监管下,提高跨市场、跨系统监管协同效能。加强对复杂国际环境下市场运行风险、跨市场联动风险的预研预判,努力走在市场曲线前面。进一步提升在风险管控、品种业务创新等方面的技术承载力和包容度,强化技术支撑与科技赋能。

四是加快产品业务创新,更好发挥市场功能。以期货期权品种上市注册制改革为契机,构建更多样化的权益、利率、外汇等金融衍生品体系,探索环境、社会和公司治理(Environmental, Social and Governance, ESG)指数、绿色发展相关主题期货期权产品。充分发挥交易所组织结构优势和经验,探索提供场外金融衍生品交易、估值、清算等配套服务。进一步推动中长期资金入市,优化市场结构,提升机构服务和会员服务质量。

五是统筹开放与安全,推进高水平制度型对外开放。协调期现货对外开放节奏步伐,有序引导已参与现货市场的境外投资者同步参与对应期货市场。稳步推动金融期货特定品种开放,探索更多对外开放路径和合作模式,扩大我国金融期货市场的国际参与度与影响力。

六是优化市场生态,创造良好发展环境。大力宣传《期货和衍生品法》,加强投资者教育,在社会公众中扩大正面影响。加强舆情监测分析,及时回应市场关切。提高金融衍生品知识的普及化程度,积极总结和宣传金融期货服务实体经济实践案例,讲好金融期货故事。

期货及衍生品法律评论
第四卷,第21～30页

《期货和衍生品法》的制度逻辑

陈黎君*

2022年4月,全国人大常委会表决通过了《中华人民共和国期货和衍生品法》(以下简称《期货法》),这标志着期货市场和衍生品市场的法治化进程取得了历史性突破,资本市场法治建设的四梁八柱基本完成。《期货法》深入贯彻落实党中央决策部署,立足境内市场的发展状况,参考国际最佳实践,统筹谋划期货市场和衍生品市场的顶层制度设计,对期货、标准化期权合约品种的上市,期货交易及其结算、交割,期货交易者、期货经营机构、期货交易场所、期货结算机构、期货行业协会的行为规范或者职责,以及衍生品交易的监管作出了全面、具体、翔实的规范。通过庞大、丰富的制度体系,能看到隐藏其后的四条脉络:一是促进期货市场和衍生品市场更好地服务实体经济;二是推动期货市场和衍生品市场深层次改革;三是坚决防控金融风险,维护金融安全;四是扩大期货市场和衍生品市场高水平制度性开放。下文将对《期货法》的制度逻辑作出系统阐述。

---

* 中国证监会法律部副主任。
本文仅代表作者个人观点,不代表任何单位意见。

一、构建期货市场和衍生品市场有效服务国民经济的体制机制,促进金融市场与实体经济良性循环

《中共中央关于制定国民经济和社会发展第十四个五年规划和二〇三五年远景规划目标的建议》强调,“构建金融有效支持实体经济的体制机制”。金融学理论认为,期货市场和衍生品市场通过发挥发现价格、管理风险、配置资源的功能,服务实体经济。从理论到实践的过程需要发挥主观能动性,需要一套行之有效的机制将理论上的功能转换为实际的效果,更需要发挥法治固根本、稳预期、利长远的保障作用。为此,《期货法》从法律上肯定了期货市场和衍生品市场的功能,健全产品体系,支持产业客户进行套期保值管理风险。

(一)肯定了期货市场和衍生品市场的功能

《期货法》第 1 条开宗明义,鲜明指出立法目的之一是“为了促进期货市场和衍生品市场服务国民经济”,并在第 4 条规定,“国家支持期货市场健康发展,发挥发现价格、管理风险、配置资源的功能”,“国家鼓励利用期货市场和衍生品市场从事套期保值等风险管理活动”,统一对期货市场和衍生品市场功能的不同认识。这些条款肯定了期货市场和衍生品市场的正向价值,明确了期货交易和衍生品交易的三大功能,宣示了国家支持期货市场健康发展,鼓励产业客户利用期货市场和衍生品市场管理风险的产业政策。同时,这些条款还充分汲取境外市场投机过盛、资金空转、金融资本无序扩张带来的产业空心化、实体经济萎缩等教训,明确将期货市场和衍生品市场的手段价值置于服务国民经济(既包括实体经济,又涵盖金融等虚拟经济)的目的价值之下,指明了期货市场和衍生品市场发展的基本方向,也为期货交易和衍生品交易的制度设计提供了总体遵循。

(二)完善合约品种上市机制,丰富风险管理的工具体系

金融工具是金融市场服务实体经济的直接载体。与境外成熟市场相比,我国期货期权品种合约少、上市效率不高且结构不合理、产品体系不完整,难以完全满足市场需要。为此,《期货法》深入贯彻落实党中央关于金融供给侧结构性改革的精神,优化合约品种的上市程序和条件,构建更加市场化的合约品种上市机制,补齐期货市场高质量发展的短板:

一是在合约品种上市程序方面,《期货法》第 17 条改革了由期货交易场所申请,中国证券监督管理委员会(以下简称中国证监会)征求国务院其他部门意见后,报国务院审批决定的品种上市机制,实行由期货交易场所设计合约品种、向

中国证监会申请注册的方式,并授权中国证监会细化品种上市的程序。总体上,《期货法》简化了合约品种的上市程序,有助于提高合约品种上市效率,丰富产品类型,健全产品体系,完善合约品种结构,为不同种类的产业提供更加多样的风险管理工具。

二是在合约品种上市条件方面,强调合约品种应当"具有经济价值","符合社会公共利益"。其中,"经济价值"既可作品种合约能够满足国民经济生产活动需要的解释,又可作品种合约的设计应当符合产业需要,遵循产业实践的解释,将实体产业客户的利益置于更加优先的位置;而"符合社会公共利益"则要求期货交易场所和监管机构从全局考虑,将国民经济的利益置于更加突出的位置,置于行业利益之前,防范期货市场"脱实向虚"。

此外,较之于期货交易,衍生品交易通常具有个性化、定制化的突出优势,更加契合产业客户管理风险的需要,有助于降低套期保值的交易成本。为此,《期货法》将衍生品市场纳入调整范围,丰富套期保值工具,支持金融市场向产业客户提供更具有针对性、有效性的风险管理工具,支持产业客户利用衍生品市场套期保值。

(三)夯实产业客户参与套期保值的法律基础

产业客户能否利用期货市场和衍生品市场有效进行套期保值,经济体能否形成良好的风险管理生态,既需要市场基础制度安排,又离不开国家相关产业配套政策支持。目前,一些不适当的财政、审计、国有资产管理、外汇以及金融监管等方面的政策限制了产业客户套期保值的可行性;套期保值长期缺乏权威定义,相关政策把握松紧不一,导致部分套期保值行为得不到广泛认可,影响了产业客户开展套期保值的积极性。为此,《期货法》一方面规定"国家鼓励利用期货市场和衍生品市场从事套期保值等风险管理活动",明确了国家对套期保值的总体鼓励态度,这为后续国务院期货监督管理机构和其他有关部门出台配套政策提供了法律依据。另一方面,《期货法》对套期保值作了明确界定,即"交易者为管理因其资产、负债等价值变化产生的风险而达成与上述资产、负债等基本吻合的期货交易和衍生品交易的活动",设定了套期保值的通用认定标准,大幅度拓宽了套期保值的范围,并规定"从事套期保值等风险管理活动的,可以申请持仓限额豁免",给予了套期保值的持仓优于投机持仓的优先地位。

(四)鼓励农产品期货市场和衍生品市场发展

"农为邦本,本固邦宁。"农业在国民经济中占据重要地位,但相较其他产业,农业生产经营更为脆弱,面临的风险更为复杂。农业生产经营者存在套期保值的刚性需求。从期货市场发展历史看,早期期货市场就是从农业生产经营活动中发展而来,而期货市场和衍生品市场又为稳定农业生产经营活动提供了有效的风险管理工具。二者存在天然的契合性。近年来,多份中央一号文件强调,“保险+期货”的重要价值,国务院专门出台政策进行工作部署。因此,《期货法》从国家粮食安全和乡村振兴的大局出发,结合《中华人民共和国乡村振兴促进法》的规定,明确国家采取措施支持农产品期货市场和衍生品市场发展,活跃农产品市场,引导国内农业生产经营活动,实现金融业和农业互惠融合发展。

此外,在市场经济中,政府机关和事业单位也面临市场风险,具有套期保值的需求。为此,《期货法》删除了《期货交易管理条例》(以下简称《期货条例》)第25条关于国家机关和事业单位禁止参与期货交易的规定,并重申“任何单位和个人不得违规使用信贷资金、财政资金进行期货交易”,客观上为财政资金进行套期保值留下了法律空间。

二、深化期货市场和衍生品市场的基础制度改革,推动期货市场和衍生品市场高质量健康发展

期货市场经过30多年发展日趋成熟,衍生品市场初具规模。但期货市场和衍生品市场发育还存在发展不平衡不充分的问题,有些深层次矛盾和问题亟待解决。因此,有必要发挥立法的引领作用,加强制度供给,统筹谋划,系统集成,推进期货市场和衍生品市场深层次改革,提升期货和衍生品行业的国际竞争力,推动期货市场和衍生品市场高质量健康发展。

(一)拓宽中介服务范围,增强中介机构的经营能力

目前,期货行业业态较为单一,期货公司规模较小,经营同质化严重,抗风险能力差,服务能力与实体经济的需求相比还存在较大差距。《期货法》结合期货行业的发展状况,适当提高了期货公司的准入条件,对期货公司的董事、监事和高级管理人员以及期货从业人员专业素养提出了明确要求,以提升期货中介机构的经营管理能力和行业水平。同时,《期货法》还引入了“期货经营机构”这一法律概念,拓展期货中介机构的类型,授权监管机构可以批准证券公司等其他机构开展期货业务;增加期货做市交易业务和资产管理业务等业务,授权证监会核准期货公司变更业务范围;取消了禁止期货公司开展期货自营交易业务的规定,是否允许开展期货自营交易业务交由监管机构根据市场条件和行业环境择机自主决定;其他期货业务的兜底条款则为进一步拓宽期货公司业务范围,后续改革预留了充足的制度空间。此外,《期货法》第31条规定,“金融机构开展衍生品交

易业务,应当依法经过批准或者核准,履行交易者适当性管理义务,并应当遵守国家有关监督管理规定”。据此,包括期货公司、证券公司在内的金融机构经监管机构批准或者核准,可以从事衍生品交易业务,结合自身优势差异化发展,充分利用两个市场和两类工具,发挥市场之间的协同,提升自身服务实体经济的能力,进而重塑行业生态。

(二)着力提升期货市场的运行效率

期货交易实行保证金交易。保证金交易以较小的成本管理较大的风险,可以实现活跃交易、提升流动性、增强期货市场发现价格能力的效果。在某种程度上,保证金水平的高低、担保品类型的多寡、履约保障的实现方式直接体现为交易者从事交易的成本,决定了市场运行的效率。《期货法》以此为改革突破口,对保证金制度和担保品管理作了适度创新。其中,第22条扩大可用作期货交易保证金的财产范围,既包括现金、有价证券,又包括国务院期货监督管理机构规定的其他财产。这有利于盘活存量资产,提升客户参与的积极性。同时,《期货法》还结合担保品类型,创新了担保品用作保证金的方式,并将期货保证金存管银行拓展为期货保证金存管机构,赋予了期货结算机构、结算参与人对有价证券等担保品的处置权,增强现金以外的担保品用作保证金的可行性。

此外,期货业务与信息技术已经融为一体,不可分离。行业领先、市场领先必然是技术领先。《中共中央关于制定国民经济和社会发展第十四个五年规划和二〇三五年远景目标的建议》强调,“提升金融科技水平”。《期货法》高度重视金融科技对期货行业的发展的推动作用,也关注可能带来的消极影响,授予国务院期货监督管理机构监管金融科技的应用,以及对期货信息技术服务机构进行备案管理的职责,规范程序化交易,授予期货行业协会督促会员执行国家和行业的信息安全相关规定和技术标准的职责。

(三)推动衍生品市场规范发展

衍生品市场与期货市场本质相同,功能互补,制度相通,高度关联,不可分割,共同构成统一的大市场。相较于期货市场,衍生品市场起步较晚,尚处于探索发展阶段,监管实践相对缺乏。《期货法》结合市场实际情况和发展阶段,统一确立了衍生品市场发展和监管急需、国际通行的基础制度,明确衍生品交易的范围以及内涵,规定衍生品交易协议转让等交易方式,加强衍生品市场基础设施建设,赋予衍生品交易场所、衍生品结算机构、衍生品交易报告库明确的法律地位,明确衍生品交易场所和衍生品结算机构的准入要求,规范金融机构经营衍生品业务的行为,对衍生品交易的主协议作出制度安排,认可单一协议、终止净额结算等衍生品交易行业惯例的法律效力,赋予国务院期货监督管理机构或国务院授权的部门监管衍生品市场的职责,并授权国务院依照法律原则出台监管规则,禁止并打击衍生品市场中的内幕交易、操纵行为、编造传播虚假信息等违法违规行为。这些制度的设计可以为衍生品市场规范发展,提供有力的制度支持,保障衍生品市场行稳致远。

(四)促进期货市场、衍生品市场与现货市场深度融合

期货交易、衍生品交易立足于现货市场,共同服务于现货市场,三者同源共生,相互依存。目前,上海期货交易所、郑州商品交易所、大连商品交易所结合自身的期货市场的发展优势,已经为产业客户提供组织开展现货交易的服务,以期货交易推动和规范发展现货交易,延长服务实体经济的产业链、价值链。《期货法》基于该规律,充分尊重实践创新,第 45 条第 3 款"本法所称标准仓单,是指交割库开具并经期货交易场所登记的标准化提货凭证",赋予了期货交易场所在标准仓单管理中的法律地位。同时,第 85 条以兜底授权的方式,扩充了期货交易所的职责。这为期货交易所在做好风险隔离与风险控制的前提下,组织开展与期货交易相关的仓单交易等延伸服务,提升产业交易者运用期货市场管理风险、配置资源的便利性留下了法律空间。

三、重点提升金融监管的效能,健全金融风险预防、预警、处置、问责制度体系

《中共中央关于制定国民经济和社会发展第十四个五年规划和二〇三五年远景规划目标的建议》要求,"完善现代金融监管体系,提高金融监管透明度和法治化水平","健全金融风险预防、预警、处置、问责制度体系,对违法违规行为零容忍"。《期货法》始终将金融风险防控挺在最前面,将防控金融风险、维护国家金融安全落实在合约品种的上市、交易及其结算、交割的各个环节,课予交易者、中介机构、基础设施、行业协会和监管机构等全部的参与者防控金融风险的责任,加强金融监管,创新金融监管方式,为提升监管效能提供法律基础。

(一)构建全部期货市场主体者共同参与的多层次、立体、多元的风险风控体系

《期货法》构建了多层次、多元、立体的风险监测监控体制与化解处置制度机制,防范风险扩大、传染和蔓延。具体来说:

就交易者而言,第 52 条要求,"参与期货交易的法人和非法人组织,应当建立与其交易合约类型、规模、目的等相适应的内部控制制度和风险控制制度",从源头上防范交易主体过度交易、敞口过大造成的风险外溢。就中介机构而言,第

70 条要求期货经营机构遵守风险管理、内部控制、保证金存管、合规管理、风险监管指标、关联交易等方面的持续性经营规则;第 73 条、第 74 条等条款则明确了风险期货经营机构处置机制,确保风险机构有序出清;第 78 条明确了期货经营机构损害交易者的行为,划定行为禁区。第八章还规定了交割库、期货保证金存管机构、信息技术服务机构等期货服务机构的行为规范。就金融市场基础设施而言,第 85 条明确了期货交易场所对期货交易进行实时监控和风险监测的职责;第 86 条规定了期货交易所的财务制度,所得收益应当优先用于保证期货交易的场所、设施的运行和改善,增强期货交易场所的经营稳健性;第 87 条和第 89 条以列举加兜底的方式明确了期货交易场所异常情况的处置措施和风险处置措施;第 95 条规定了期货结算机构应当建立风险控制制度。在监管机构层面,第 105 条第 2 款规定了国务院期货监督管理机构监测监控并防范、处置期货市场风险的职责。第 115 条规定了国务院期货监督管理机构应当建立健全期货市场监测监控制度。此外,第 116 条要求期货交易场所、期货结算机构和非期货经营机构结算参与人应当从业务收入计提风险准备金,用以处置风险,增强参与者吸收损失的能力。

(二)强化交易各个环节的风险控制

在期货交易环节,《期货法》要求期货交易实行账户实名制、实际控制关系报备制度、重大事项报告制度以及"健全期货市场监测监控制度,通过专门机构加强保证金安全存管监控",以保证监管机构实时掌握交易者权益和保证金动态变动情况,准确研判期货市场风险状况及其变化。第 5 条要求,期货市场和衍生品市场"依法限制过度投机行为",第 23 条强调期货交易实行持仓限额制度,防范合约持仓过度集中的风险,限制参与者的风险敞口,严防少数交易者不当影响市场、扭曲市场。《期货法》还明确会员和符合国务院期货监督管理机构规定的其他参与者才能直接进场交易,规范期货交易指令,引入错误交易取消制度,以防范和处置突发事件带来的风险,保障期货交易公平、有序进行。

在期货交易的结算环节,结算及相关风控活动多属于民事法律行为,《期货法》以法律的形式对相关制度进行规定,实际上肯定了这些行为的法律效力。在此基础上,《期货法》第 93 条确立了期货结算机构的中央对手方地位,发挥中央对手方防范和控制风险的作用。《期货法》第 40 条规定了期货交易的保证金等财产的第三方存管制度,既防范保证金等财产被违规挪用、不当滥用的风险,又保障即使在结算参与人、交易者等破产清算的情形下,相关财产能够快速分离和转移,保障期货市场的核心功能正常发挥。《期货法》第 43 条明确了保证金等用于结算的财产优先用于期货交易的结算、交割,不得被查封、冻结、扣押或者强制执行,确保期货交易不受其他第三方权利主张的影响,以及结算、交割活动顺利进行。《期货法》还引入了结算参与人制度,强化结算体系的稳定性,控制参与者因财务实力和经营管理能力不足可能诱发的风险及风险传染。《期货法》还确认了当日无负债结算制度和保证金不足的强行平仓制度,消除日间授信可能带来的风险,防范风险累积扩散;引入结算担保金的概念,完善结算违约的风险处置机制,授权交易所自主确定违约瀑布序列,确保即使出现信用风险也能够及时、有效地予以处置。

相较于期货交易,衍生品交易标准化程度低,透明度差,产品结构相对复杂,存在的利益冲突更难识别、防范,监管难度更大,风险传染性更强。为此,《期货法》结合衍生品交易的特征,第 30 条要求衍生品交易场所的规则应当经过监管机构的批准,并符合公平保护交易参与各方的合法权益和防范市场风险的要求;第 31 条加强对衍生品中介机构的监管,赋予监管机构制定规则进行针对性监管的职权,以防范风险外溢传染;第 36 条建立衍生品交易报告库,加强对衍生品交易标的、规模、对手方等信息收集、保存、分析和管理工作,督促报告库及时向市场披露有关信息,提升市场的透明度;第 37 条引入衍生品交易的集中结算制度,赋予衍生品结算机构中央对手方的法律地位,强化衍生品交易的风险控制。

(三)构建有效的金融监管体系

《期货法》基本承继了《期货条例》关于国务院期货监督管理机构职责的规定,更加突出风险的监测监控、防范、处置职责,注重跨部门、跨领域、跨境的监管信息共享和风险处置合作,规定了国家期货交易者保障基金,充实期货市场风险处置的资金来源。《期货法》还规范国务院期货监督管理机构及其工作人员的监管行为,强调监管透明度,引入纪检监督机制和审计监督机制,解决监管者失灵的问题。

同时,《期货法》还参考《中华人民共和国证券法》,强化了期货经营机构、期货交易场所、期货结算机构、期货服务机构及其工作人员报告违法交易的义务,引入了行政监管措施、有奖举报制度、期货行政执法当事人承诺制度、诚信监管等监管制度,规定被检查、调查的单位和个人配合监管机构,如实作出说明或者提供有关文件和资料的义务,创新监管执法方式,增强监管的有效性。此外,《期货法》还结合市场变化,新增了若干类型违法行为,如交易者非法使用账户、未报告重大事项的行政法律责任,丰富了禁止操纵行为的类型,大幅度提高了行政处罚的力度,明确规定了操纵市场、内幕交易等典型违法行为的民事责任,加大违法成本,以净化市场生态。

四、全面夯实期货市场和衍生品市场双向对外开放的法治基础,促进以要素自由流动为主的流动型开放向规则导向的制度型开放转变

习近平总书记在浦东开发开放30周年庆祝大会上的重要讲话中,强调“增强全球资源配置能力,服务构建新发展格局”。[1] 中共中央、国务院多次强调,积极参与全球经济治理体系改革,实现以要素自由流动为主的流动型开放向规则导向的制度型开放转变。全球资源的配置能力,核心还在于掌握定价机制的话语权,而期货市场和衍生品市场大有可为。《期货法》立足国内,放眼全球,结合自身市场特征和发展阶段,设计了一整套跨境交易和监管体制,以提升我国期货市场和衍生品市场的全球影响力,增强全球资源配置的能力,更好服务全面对外开放的格局。

(一)增强境外交易者参与境内市场的信心

定价机制的核心在于市场的流动性。只有吸引了全球的流动性,才能形成全球性的定价。为此,《期货法》将吸引境外交易者参与境内市场、增强境外交易者参与境内市场的信心和便利度作为立法的重要任务,参考国际金融组织制定的国际标准和国际最佳实践,将参与者法律地位平等、公平保护、自愿有偿、诚实守信等作为法律原则加以确认,给予境外机构和交易者国民待遇,全面保护境外交易者的信息权利等各项权利,提升期货市场和衍生品市场的营商环境;参考期货交易和衍生品交易的国际最佳实践,明确肯定了期货交易及其结算业务规则、净额结算(轧差安排)、终止净额结算的法律效力,确认期货交易及其结算的最终性,赋予了期货结算机构、衍生品结算机构中央对手方的法律地位,规定期货交易者与期货经营机构的法律关系,解决了商事惯例与《中华人民共和国民法典》《中华人民共和国企业破产法》等法律法规的冲突之处,有利于稳定境外交易者的预期,增强境外交易者参与境内市场的信心和便利度。

(二)加强对境内交易者参与境外市场的保护力度

为了有效保障境内交易者参与境外市场,《期货法》第2条第2款规定,“在中华人民共和国境外的期货交易和衍生品交易及相关活动,扰乱中华人民共和国境内市场秩序,损害境内交易者合法权益的,依照本法有关规定处理并追究法

---

〔1〕《习近平:在浦东开发开放30周年庆祝大会上的讲话》,载《人民日报》2020年11月13日,第2版。

律责任",确立了保护主义的适用原则。据此,境内交易者如在境外受到非法侵害,可以获得国内的法律救济。同时,《期货法》第120条规定了境内交易者参与境外期货市场的路径,即"境内单位或者个人从事境外期货交易,应当委托具有境外期货经纪业务资格的境内期货经营机构进行,国务院另有规定的除外"。为了充分保护境内期货交易者的合法权益,《期货法》为向境内期货交易者提供服务的境外期货经营机构设定了行为规范,如第118条要求"境外期货交易场所向境内单位或者个人提供直接接入该交易场所交易系统进行交易服务的,应当向国务院期货监督管理机构申请注册,接受国务院期货监督管理机构的监督管理",确保对境外期货经营机构的监管与境内保持同等水平,防范跨境监管套利。

(三)加强跨境监管合作,增强跨境执法能力

2008年国际金融危机后,各国和地区都加强监管资本市场,但各国和地区资本市场建设目标、发展阶段和监管偏好各不相同,监管差异化明显,全球资本市场的区域化、本地化趋势加剧。金融稳定理事会(Financial Stability Board,FSB)、国际证监会组织(International Organization of Securities Commissions,IOSCO)在多份报告中指出,全球资本市场面临跨境资本流动未达预期,跨境金融服务的成本、难度和不确定性增加,跨境监管套利,有效监管不足等挑战。为此,《期货法》第123条、第124条明确国务院期货监督管理机构可以实施跨境监督管理,授权国务院期货监督管理机构可以和境外期货监督管理机构建立监督管理合作机制,或者加入国际组织,确立跨境监管合作中遵守法律法规、对等互惠、不泄露国家秘密、不损害国家利益和社会公共利益的原则,规定国务院期货监督管理机构可以实施跨境调查,明确"与期货业务活动有关的文件和资料"的出境的行为规范。

此外,《期货法》第119条参考了境外发达市场的做法,授权国务院期货监督管理机构出台制度,规范境外期货交易场所上市"以境内期货交易场所上市的合约价格进行挂钩结算的"期货合约、期权合约和衍生品合约的行为,有助于丰富期货市场对外开放的通道,增强境内期货市场的全球影响力。

"法律的生命在于实施,法律的尊严在于实施。"下一步,我们将继续做好《期货法》的实施工作,完善相关配套制度规则,将《期货法》的理念和制度扎扎实实落到期货市场和衍生品市场监管工作中,推动期货市场和衍生品市场深层次改革,激发市场潜力和活力,促进期货市场和衍生品市场高质量发展。

期货及衍生品法律评论
第四卷，第 31 ~43 页

《期货和衍生品法》的体系化解读

中国金融期货交易所法律部

2022 年 4 月 20 日，十三届全国人大常委会第三十四次会议表决通过《中华人民共和国期货和衍生品法》(以下简称《期货和衍生品法》)，自 2022 年 8 月 1 日起施行，这是我国资本市场中的又一里程碑事件，开启了我国期货和衍生品市场发展的新篇章。《期货和衍生品法》以服务实体经济、防控金融风险、深化金融改革、扩大对外开放为主线，坚持市场化、法治化、国际化方向，总结了我国期货市场 30 余年的发展经验，构建了立体完整的期货市场交易、结算、风控和监管制度体系，规定了衍生品市场发展运行的基础制度，既有理论的科学性，又有现实的针对性，体现了坚持中国特色与参考国际市场最佳实践的有机结合。

《期货和衍生品法》共 13 章 155 条，逻辑严谨、内容丰富、章节安排合理。下文通过对《期货和衍生品法》进行体系化的解读，力求深化对立法精神和制度内在逻辑的理解与把握。

一、《期货和衍生品法》的结构体系

《期货和衍生品法》的结构体系具有较强的前瞻性、开放性和包容性，能够为我国期货市场和衍生品市场深化改革、创新发展提供有力支撑。具体而言，《期货和衍生品法》的结构体系具有以下三个特点：

一是逻辑结构与时俱进,更加适应监管趋势要求。《期货和衍生品法》出台以前,《期货交易管理条例》是期货市场的最高位阶立法。《期货交易管理条例》采用了"先主体后行为""先交易所后经营机构"的顺序安排,行政法、监管法色彩明显。《期货和衍生品法》借鉴《中华人民共和国证券法》(以下简称《证券法》)的立法框架,采用了"先行为后主体""先经营机构后交易场所和结算机构"的结构安排,行为法、交易法属性更为突出,体现了行业监管向功能监管的转变、机构监管向合规监管的转变,更加符合《期货和衍生品法》作为商事特别法的定位。

二是章节安排务实协调,兼顾市场现状与未来发展。《期货和衍生品法》不是对《期货交易管理条例》的简单升级,而是在调整对象、效力范围等方面都进行了拓展。《期货和衍生品法》在章节设置上进行了相应安排,单设"跨境交易与监管协作"一章,对跨境事项进行系统规定,助推期货市场深化对外开放;统筹期货交易和衍生品交易,通过章下设节的方式,对两个市场的共性内容同节规定,个性内容分节规定,既适应了市场发展现状,又利于促进场内场外互联互通。

三是各类市场主体独立成章,职责定位更加明确。《期货和衍生品法》从市场主体的功能出发,将"期货交易场所"和"期货结算机构"分别独立成章进行规定,为未来市场主体组织的多元化发展留足空间;为体现监管的人民性,专章规定"期货交易者",有利于强化对交易者的系统保护;将"期货经营机构""期货服务机构""期货业协会"等单独成章,突出各类市场参与者的重要地位和作用。

二、期货市场品种上市制度

期货、期权品种挂牌上市是期货交易得以进行的前提基础,品种上市制度在一定程度上关系到期货市场功能发挥和服务实体经济的效率。《期货和衍生品法》坚持市场化改革方向,落实简政放权要求,对《期货交易管理条例》规定的品种上市制度进行了重大调整,有利于推动深化期货市场产品供给侧结构性改革,增强期货交易场所的品种改革和发展动力,更好满足市场多样化需求,提高我国期货市场国际竞争力。

一是规定了新品种上市实行注册制。当前,我国境内期货市场已上市的期货、期权品种有101个,覆盖了金融、农产品、金属、能源化工等领域,但与境外成熟市场相比,在产品体系、品种数量等方面还有差距。我国期货市场已进入创新发展的新阶段,《期货和衍生品法》进一步落实资本市场注册制改革,明确了期货、期权新品种上市实行注册制,即新品种由期货交易场所申请、国务院期货监督管理机构注册。这有利于进一步提高创新效率和服务效能,促进提升期货市场服务实体经济的能力。

二是规定了品种的中止、恢复和终止上市实行备案制。《期货和衍生品法》将期货、期权品种的中止上市、恢复上市和终止上市由原来的批准制调整为备案制,明确期货交易场所有权决定品种的上述事项,仅向国务院期货监督管理机构备案即可。这赋予了期货交易场所相应的自主权,有利于优化期货品种体系。品种上市机制需要符合一国国情市情,不能完全照搬照抄境外经验。《期货和衍生品法》授权国务院期货监督管理机构制定期货、期权新品种上市,以及上市后品种中止、恢复和终止上市的具体规定,进一步提升了制度效能。

三是规定了新品种上市的原则性条件。《期货和衍生品法》明确规定,新品种上市应当具备"具有经济价值""合约不易被操纵""符合社会公共利益"三个原则性条件,为期货交易场所研发上市新品种指引了方向,有利于避免盲目上市期货、期权品种,进一步促进期货市场服务于实体经济功能发挥。

三、期货市场交易制度体系

期货市场是高度组织化的市场,合理有效的交易制度对于维护市场公平交易秩序、激发市场活力、提升市场运行质效具有重要意义。《期货和衍生品法》对期货市场交易制度作了系统安排,具体体现在以下三个方面:

一是明确了基础交易制度,夯实了期货市场运行的法律基础。首先,《期货和衍生品法》明确了期货交易方式,规定期货交易除采用公开的集中交易方式外,还可以采用"国务院期货监督管理机构批准的其他方式"进行,为期货交易场所组织开展期转现交易、大宗交易等其他交易形式留下了空间,有助于满足市场多元化的交易需求。其次,《期货和衍生品法》完善了保证金制度,明确以有价证券作为保证金的法律基础,拓宽了保证金范围,有利于降低资金成本,提升市场运行效率。《期货和衍生品法》对市场出现重大异常情况下的取消交易制度作出安排,较好地兼顾了交易的公平性。

二是规定了各项交易管理制度,有效防控市场风险。首先,《期货和衍生品法》明确了期货交易实行持仓限额制度,从而防范合约持仓过度集中带来的风险;同时,为保障期货市场功能有效发挥,《期货和衍生品法》规定了以套期保值为核心的持仓豁免制度,有助于满足市场交易者合理的风险管理需要。其次,为适应期货市场程序化交易的发展趋势,《期货和衍生品法》规定了程序化交易的管理制度,以更好地维护系统安全和正常交易秩序。最后,《期货和衍生品法》明确了账户实名制、实际控制关系账户管理等制度安排,压实穿透式监管的基础。需要注意的是,《期货和衍生品法》对以上交易管理制度仅作了原则性规定,授权国务院期货监督管理机构进行具体规范,保障了制度灵活性,为市场未来发展留足空间。

三是明确禁止的交易行为,维护市场"公开、公平、公正"的交易秩序。操纵市场和内幕交易是期货市场典型的违法行为,严重损害了市场交易秩序,侵害交易者合法权益,危害性极大。《期货和衍生品法》明确禁止市场操纵和内幕交易行为,完善了各类操纵行为的构成要件,还明确了内幕信息、内幕信息知情人的范围,为打击市场违法犯罪行为提供了法律依据。

四、期货市场结算制度体系

结算是期货市场运行的核心环节,健全完善的结算制度是维护期货市场安全、高效运行的关键,国际上历次违约事件更是揭示了结算违约风险处置机制是期货市场重要的制度安排。《期货和衍生品法》精准把握期货结算机制的内在逻辑,既充分体现中国特色,又积极对标《金融市场基础设施原则》等国际原则,与国际市场接轨,构建了健全完善的结算制度体系,为防范化解风险、提升市场安全性打下坚实法律基础。

一是明确了以中央对手方为核心的结算机制,推动期货市场高效稳健运行。中央对手方制度是2008年国际金融危机后二十国集团公认的国际最佳实践,可以有效降低结算风险、提高结算效率。《期货和衍生品法》在法律层面明确了期货结算机构的中央对手方地位,为中国期货市场的国际化发展提供了有力的法律支持;同时,立足于中国期货市场30多年的发展经验,对我国独特的保证金封闭圈管理等结算制度予以肯定,有效保障了结算资金安全。

二是通过规范结算违约处置机制,实现有效防范和化解系统性风险。有效的处置措施和充足的财务资源是处置违约事件的基本要素。针对处置措施,《期货和衍生品法》赋予了期货结算机构采取处置有价证券等措施的权利,有利于快速化解违约风险。针对财务资源,《期货和衍生品法》既明晰了发生结算违约时可动用的财务资源,确保结算能顺利完成,防止风险外溢;同时对各类财务资源的偿付顺序安排,保留了制度的灵活性,为实践发展留下空间。

三是建立了结算财产保护制度，为结算结果稳定性提供法律保障。根据《中华人民共和国企业破产法》(以下简称《企业破产法》)的规定，破产管理人享有合同履行选择权和撤销权，这可能会影响期货结算结果的确定性。《期货和衍生品法》确立了结算最终性原则，规定依法进行的结算和交割，不因参与结算的任一方破产而中止、无效或者撤销，从而明确了与《企业破产法》的适用关系。《期货和衍生品法》还明确了结算财产履约优先原则，规定在结算和交割完成前，结算交割财产不得被任何人动用，也不得被查封、冻结、扣押或者强制执行，有效避免因个别违约给整个结算体系带来风险。

五、期货市场交割制度体系

交割是期货交易的最后环节，是联系期货市场和现货市场的纽带，也是期货市场功能得以发挥的制度保障。《期货和衍生品法》对交割制度进行了系统规定，有效保障交割安全顺畅，更好联通期现货市场、服务实体经济。

一是规定了期货合约交割和标准化期权合约行权的方式。《期货和衍生品法》明确期货合约的交割方式包括实物交割和现金交割，目前我国商品期货和国债期货实行实物交割，股指期货实行现金交割。同时，规定了标准化期权合约的两种行权方式，即合约的买方以约定的价格买入或者卖出标的物，或者按照约定进行现金差价结算。此外，还明确期货合约的交割与标准化期权合约的行权都由期货结算机构负责组织进行。

二是明确了实物交割的相关要求，保障交割顺利进行。与现金交割相比，实物交割的法律关系、交割流程等更为复杂。实物交割是促进期货价格向现货价格回归的重要环节，限制实物交割总量可能造成价格扭曲，影响期货市场功能发挥。为此，《期货和衍生品法》明确实物交割不得限制交割总量。同时，考虑到标准仓单交割中各方权利义务比较明确，但提单交割、车船板交割等其他实物交割方式中情况较为复杂，《期货和衍生品法》规定“采用标准仓单以外的单据凭证或者其他方式进行实物交割的，期货交易场所应当明确规定交割各方的权利和义务”，以保障交割流程清晰、权责明确。

三是明确了交割关系中各方主体的权利义务，促进市场规范发展。一方面，《期货和衍生品法》肯定了期货交易场所作为标准仓单法定登记机构的地位，有利于保障交割商品安全、促进仓单融资功能等；并规定在发生交割违约时，期货结算机构、结算参与人有权对违约人的标准仓单等合约标的物权利凭证进行处置,有效维护交割安全。另一方面,交割库为期货交割提供服务,是重要的期货服务机构。《期货和衍生品法》规定交割库应当符合期货交易场所规定的条件,与期货交易场所签订协议以明确双方的权利义务,并明确交割库不得出具虚假仓单、限制交割商品出入库、泄露商业秘密、违规参与期货交易等。

六、衍生品交易制度体系

我国衍生品市场起步较晚,目前还处于发展初期,存在法律保障不足、发展不够规范等问题。《期货和衍生品法》将衍生品市场纳入调整范围,并设置专节进行细化规定,夯实了衍生品市场发展的制度基石,为促进期货和衍生品市场联动发展,更高质量服务实体经济注入新动能。

一是将衍生品市场纳入调整范围,促进场内场外协同发展。从国际国内实践来看,场外衍生品市场与场内期货市场互为补充、互相促进,是现代风险管理市场和谐共生、不可或缺的两个组成部分。衍生品市场可以满足企业个性化风险管理需求,推动培育机构投资者,拓展服务实体经济的广度深度;期货市场为衍生品市场提供参照价格和套期保值工具。两个市场协同发力,共同满足不同市场参与者多样化的风险管理需求。《期货和衍生品法》将衍生品市场纳入调整范围,明确衍生品市场的法律地位,有利于维护金融市场完整性,促进场内场外深度融合、共同发展。

二是确立衍生品市场的核心交易制度,为市场运行提供法律保障。终止净额结算是国际衍生品交易的基础性制度,对减少交易对手方信用风险、提高市场流动性和活跃度、降低和防范金融系统性风险发挥着重要作用。《期货和衍生品法》出台前,我国法律一直未对终止净额结算规则作出明确规定。由于对《企业破产法》部分条款存在不同认识,市场相关方对终止净额结算规则在中国法律下的有效性仍持保留意见,影响了交易者特别是境外机构参与交易的积极性。《期货和衍生品法》从法律层面认可了终止净额结算制度,并确立了单一主协议、履约保障等制度,构建形成完整的衍生品交易制度体系,将有效保障衍生品交易安全。

三是进一步加强对衍生品市场的监管,牢牢守住不发生系统性风险的底线。2008 年国际金融危机后,国际社会普遍加强了对场外衍生品市场的监管,着力构建高效、透明、规范、完整的衍生品市场监管体制。《期货和衍生品法》对标国际市场,确立了衍生品交易报告库、集中清算机制等,并规定金融机构开展衍生品交易业务的审核要求和适当性管理义务,促进衍生品市场的规范发展。同时,立足我国衍生品市场现状,对相关监管安排只作出原则性规定,为市场创新留足空间。

七、衍生品交易和期货交易的异同

《期货和衍生品法》对"期货交易"和"衍生品交易"进行了法律概念界定,将"期货交易"定义为"以期货合约或者标准化期权合约为交易标的的交易活动",将"衍生品交易"定义为"期货交易以外的,以互换合约、远期合约和非标准化期权合约及其组合为交易标的的交易活动",明确了两者的内涵和外延。

期货市场和衍生品市场互联互通、相互促进。期货交易和衍生品交易具有以下共同点:一是交易机制方面,都主要采用保证金交易,为双方提供履约保障;二是产品功能方面,都可以对冲、转移风险,满足交易者的风险管理需求;三是法律属性方面,都属于契约型的金融衍生工具,本质上是自身价值依赖于基础资产价值变动的合约。整体来看,《期货和衍生品法》将期货交易和衍生品交易纳入统一的法律调整框架,具备相应的法理基础,符合相同法律关系活动由同一部法律进行调整的原则。

期货交易和衍生品交易主要具有以下区别:一是交易标的不同。期货交易的标的是期货交易场所制定的、标准化的期货合约和期权合约;衍生品交易的标的是非标准化的期权合约,或者互换合约、远期合约等金融合约,仅少部分具有较高的标准化程度。二是交易场所不同。期货交易应当在期货交易所或者国务院期货监督管理机构批准的其他期货交易场所进行,禁止在期货交易场所之外进行期货交易;衍生品交易没有特别的场所要求,相关场所经国务院授权的部门或者国务院期货监督管理机构批准可以组织开展衍生品交易,金融机构经批准或核准也可开展衍生品交易业务。三是交易方式不同。期货交易主要采用公开的集中交易方式,交易集中度较高,经批准还可以采用大宗交易、期转现交易等交易方式作为补充;衍生品交易主要采用协议交易方式,也可以采用国务院规定的其他方式,交易相对分散,呈现双边交易、询价交易等特点。此外,期货交易和衍生品交易在清算和风控机制等方面也存在一些差异。

值得注意的是2008年国际金融危机后,国际市场普遍加强了对衍生品市场的改革,围绕"标准化""有组织的电子交易平台""集中清算""交易报告"四个方面推进监管转型,强化风险防控,"场内化"成为衍生品市场的重要发展趋势。

八、期货市场对外开放制度体系

期货市场天然具有国际化属性,积极稳妥推进对外开放,是提高我国期货市场核心竞争力和国际影响力的重要选择。《期货和衍生品法》顺应期货市场的国际化发展趋势,构建了期货市场双向开放的基础制度体系,补齐了我国涉外期货交易法律制度的短板,为探索更多对外开放路径和合作模式提供了法律依据,有利于推进期货市场高水平制度型对外开放,助推联通两个市场、两种资源,更好服务构建新发展格局。

一是明确了法律的域外适用效力,加强跨境监管协作。为适应扩大开放后维护国家经济安全的需要,《期货和衍生品法》确立了法律的域外适用效力,规定境外相关活动扰乱境内期货市场秩序、损害境内交易者合法权益的,依照本法处理,并追究法律责任。同时,规定跨境监管合作机制安排,为监管机构开展跨境调查取证、提供协助等工作提供了法律依据,提升跨境监管执法协作效能。

二是注重制度规则与国际对接,吸引境外成熟机构参与境内交易。近年来,我国期货市场对外开放稳步推进。《期货和衍生品法》在参考国际市场一般性规律基础上,结合我国实际情况,积极推动基础制度规则方面与国际接轨,这有利于吸引更多境外成熟机构参与我国期货市场,加快形成“中国价格”“中国规则”。

三是明确跨境交易的路径和监管安排,为双向开放提供法律保障。针对境外机构向境内交易者提供服务的情形,《期货和衍生品法》明确规定:境外期货交易场所提供直接接入服务,以及境外经营机构接受境内机构转委托交易的,应当申请注册;境外交易场所在境内设立代表机构的,应当备案;境外机构在境内从事市场营销、推介及招揽活动的,应当经过批准。针对境内交易者参与境外市场的情形,《期货和衍生品法》规定应当委托具有相应资格的境内期货经营机构进行。此外,还对境外上市品种挂钩境内期货合约结算价的情形进行了规范。

九、期货市场应急处理机制

近年来,境内外资本市场风险事件时有发生,凸显了期货市场应急处理机制的重要性。为此,《期货和衍生品法》在规定期货市场日常风险管理措施的基础上,还明确了异常情况和突发性事件下的应急处理措施,填补了期货市场应急处置下制度准备不足的缺陷,增强了期货交易场所紧急情况危机处理的能力,为及时有效化解市场风险、牢牢守住不发生系统性风险的底线提供有力法律支持。

一是完善了异常情况下可采取紧急措施的类型。异常情况通常是指发生地震、水灾、火灾等不可抗力或者计算机系统故障导致交易无法正常进行,或者出现结算、交割危机对市场产生重大影响,以及市场风险积聚无法有效化解的情形,危及了期货市场的正常平稳运行。为有效应对异常情况,《期货和衍生品法》进一步丰富了风险管理"工具箱",在《期货交易管理条例》规定的提高保证金、调整涨跌停板、调整持仓限额、暂停交易等措施的基础上,新增调整交易限额、限制开仓、强行平仓等措施类型。

二是明确赋予期货交易场所应对突发性事件的处置权限。为有效应对突发性事件对期货交易的影响,《期货和衍生品法》规定期货交易场所有权按照业务规则采取必要的处置措施,以维护正常交易秩序和市场公平。同时,明确规定当突发性事件导致期货交易结果出现重大异常,对正常秩序和市场公平造成严重影响时,期货交易场所可以采取取消交易等措施,以保障有效应对极端市场环境、维护市场公平。

三是确立期货交易场所履职行为的民事责任豁免原则。期货交易场所履行市场一线监管职责,是期货市场风险控制和应急处置的关键所在。为保障期货交易场所充分发挥在风险处置中的灵活性和时效性优势,及时高效化解市场风险,《期货和衍生品法》明确规定期货交易场所对因异常情况或突发性事件采取措施所造成的损失,除有重大过错外不承担民事赔偿责任,夯实了期货交易场所的履职基础。

十、期货市场交易者保护制度体系

与《证券法》采用"投资者"概念不同,《期货和衍生品法》引入了"交易者"概念,并在此基础上构建了系统的交易者保护制度,提高对交易者合法权益的保护水平,引导交易者增强风险意识、树立理性交易理念,充分体现了期货市场监管的人民性,为进一步提高期货市场的运行质量、优化市场生态提供有力支撑。

一是建立交易者分类和适当性制度,注重保障中小交易者的合法权益。《期货和衍生品法》对交易者进行分类管理,区分专业交易者与普通交易者,从源头上减少交易者遭受超出自身风险承受能力的风险。同时,完善期货经营机构的适当性管理义务,给予普通交易者更高标准保护,规定期货经营机构在与普通交易者发生纠纷时,承担相应举证责任。《期货和衍生品法》还进一步明确了交易者的基础民事权利,从多方面规定了期货经营机构禁止损害交易者利益的行为规范,充分保障交易者的知情权、风险提示权、财产安全权、信息安全权等各项权利。

二是构建多元化纠纷解决机制,保障交易者的合法求偿权。《期货和衍生品法》引入代表人诉讼制度,规定众多交易者提起的操纵市场、内幕交易等期货民事赔偿诉讼案件,在满足规定条件时可以依法提起代表人诉讼;引入强制调解制度,规定普通交易者与期货经营机构发生业务纠纷并提出调解请求的,期货经营机构不得拒绝。代表人诉讼制度和强制调解制度为交易者维权提供了程序上的便利,大幅降低了交易者的维权成本。《期货和衍生品法》还规定设立期货交易者保障基金,明确民事赔偿责任优先原则,有效保障了交易者的合法求偿权,有利于提升交易者的交易信心和安全感。

三是加强对跨境交易者的保护,为期货市场对外开放保驾护航。《期货和衍生品法》规定境外相关活动损害境内交易者合法权益的,本法具有域外适用效力。同时,《期货和衍生品法》对境内交易者参与境外交易、境外主体向境内交易者提供服务的路径、监管安排等进行了原则规定,为境内交易者"走出去"提供了充分法律保障,维护跨境交易者的合法权益。

十一、期货经营机构相关制度

期货经营机构是期货和衍生品市场的重要参与者,《期货和衍生品法》立足于期货经营机构的长远发展,既进行了前瞻性制度安排,拓展了期货经营机构服务实体企业的广度和深度,又注重提升规范化经营水平,为期货经营机构的业务创新和稳健运营指明了方向,必将推动期货行业整体发展迈上新台阶。

一是拓展了期货公司的业务范围,增强期货公司核心竞争力。《期货和衍生品法》在传统的期货经纪、咨询业务基础上,进一步丰富期货公司的业务类型,增加了期货做市交易业务及其他期货业务,明确可以从事资产管理业务和衍生品业务,为期货公司创新业务模式、提升综合服务能力、开展差异化竞争提供了空间。

二是拓宽了期货经营机构的主体范围,促进行业机构多元化发展。《期货和衍生品法》规定,期货经营机构除了期货公司之外,还包括经国务院期货监督管理机构核准从事期货业务的其他机构,从而为证券公司等金融机构开展相关期货业务留下制度空间,有利于集合发挥各类金融机构的优势,满足市场多元化需求,推动行业发展壮大。

三是加强对期货经营机构的管理,提升规范化经营水平。《期货和衍生品法》规定期货经营机构应当符合持续性经营规则,满足内控、合规等各项要求,建立风险隔离和利益冲突防范机制,有效防控经营风险。同时期货经营机构应当履行信息报送和重大事项报告等义务,明确各类禁止行为,强化对期货经营机构的行为规范。

十二、期货市场信息技术制度

信息技术是期货市场的核心要素,关系期货市场的安全稳定运行。《期货和衍生品法》对信息技术管理和保护进行了规定,有利于维护期货市场的正常运行秩序。

一是明确期货交易行情信息权属,拓宽行情保护范围。期货行情信息是重要的数据资源,也是期货交易场所的核心竞争力之一。《期货和衍生品法》明确期货交易场所享有对行情信息的专属权益,符合国际通行惯例,有利于加强对行情信息的保护和合理使用。同时,《期货和衍生品法》在《期货交易管理条例》的基础上,将保护范围由"即时行情"拓宽为"行情",从而涵盖了期货结算价和交割价,有利于维护境内市场定价权和国家金融安全。

二是明确行业信息技术系统要求,强化信息安全管理。随着期货行业科技创新和数字化转型加速发展,信息技术系统的重要性进一步凸显。为此,《期货和衍生品法》规定期货公司、期货结算机构等应当具备符合要求的信息技术系统,并明确对信息技术服务机构实行备案管理。同时,将信息安全作为自律管理和行政监管的重要内容,明确期货业协会具有督促会员执行国家和行业信息安全规定和技术标准的职责,国务院期货监督管理机构具有监管期货行业金融科技和信息安全的职责。

三是加强对交易者信息的保护,禁止信息滥用行为。《期货和衍生品法》规定期货经营机构、期货交易场所等市场主体负有对交易者信息的保密义务,禁止非法买卖、提供或者公开相关信息。同时,规范信息传播秩序,明确禁止编造、传播虚假信息或者误导性信息等行为,要求传播媒介客观、真实传播期货和衍生品市场信息,禁止误导公众。

十三、期货市场监管制度体系

期货市场的高质量发展,离不开有效的监督管理。《期货和衍生品法》将经过实践检验、成熟可靠的监管制度上升为法律,构筑了完整的期货和衍生品监管体系。同时,准确把握市场发展趋势,为创新发展预留充足的制度空间。

一是确认期货市场集中统一监管体制,夯实"五位一体"监管体系的法律基础。坚持集中统一监管,既是总结我国期货市场发展经验的基本共识,也是符合国际期货市场的最佳实践。《期货和衍生品法》明确了国务院期货监督管理机构对全国期货市场实行集中统一监督监管,确认了富有中国特色的期货市场监测监控制度,丰富了监管执法手段,为期货市场"五位一体"监管体系和跨市场监管协作机制夯实了基础。

二是明确自律管理与行政监管相衔接的监管机制,强化期货交易场所一线监管职责。《期货和衍生品法》明确了行政监管机构、自律组织各自的监管职责,构建了立体化法律责任体系,显著提高违法违规行为的成本,有效维护公平、公开、公正的市场秩序。《期货和衍生品法》还从法律层面确认了持仓限额制度、实际控制关系报备制度、程序化交易报告制度、期货交易场所实时监控和风险监测职责,以及异常情况紧急处置机制。构建全方位、各环节的风险防控体系,及时防范和处置期货市场风险,保障一线监管的时效性、有效性。

三是明确衍生品市场监管和跨境监管的框架要求,保障市场规范有序发展。《期货和衍生品法》重点规范期货市场,兼顾衍生品市场,规定衍生品市场由国务院期货监督管理机构或者国务院授权的部门按照职责分工实行监督管理。《期货和衍生品法》的制定还填补了涉外期货交易法律制度的空白,确立了法律的域外适用效力,规定了"对等互惠原则"下的跨境监管合作机制,使涉外监管和跨境监管有法可依,为期货市场高水平对外开放提供法律保障。

十四、期货市场法律责任制度体系

期货市场是规则导向型市场,《期货和衍生品法》全面、有效地实施离不开完善的法律责任制度体系。为此,《期货和衍生品法》立足市场风险防控,全面提升对期货交易类违法行为的打击力度,设定衍生品市场违法行为的法律责任,并通

过完善立体追责法律责任体系,有力填补了期货和衍生品市场监管执法的制度空白。主要包括以下两个方面:

一是完善违法违规行为规定,为期货市场从严监管提供制度供给。《期货和衍生品法》科学设定操纵市场认定标准,结果违法和行为违法并重,规定意图影响交易价格或者交易量作为操纵的构成要件,从交易型和信息型操纵两个维度,增加蛊惑交易、虚假申报、抢帽子交易、挤仓、跨市场五种操纵市场行为,同时赋予了监管机构认定其他操纵市场行为的裁量权。《期货和衍生品法》还完善内幕交易相关规定,拓展内幕信息的外延,同时赋予了监管机构对内幕信息进行规定的权力,优化内幕信息知情人规定,突出对经营机构等市场主体内幕交易行为的规范。此外,《期货和衍生品法》立足监管执法实际,将非法编传信息外延从"虚假信息"扩展至"误导性信息",明确禁止从业机构、从业人员、监管机构以及各种传播媒介等特定主体作出虚假陈述或者信息误导,新增出借和借用账户、程序化交易的相关规定,完善从业人员禁止期货交易的相关规定。

二是加大对违法违规行为的惩处,全面提升违法违规行为成本,夯实市场稳定运行的基础。《期货和衍生品法》显著提高行政处罚幅度,从原来的一至三倍或五倍上升至一至十倍,定额罚的量罚幅度也相应提高。为体现监管的人民性,《期货和衍生品法》突出对普通交易者的保护,在内幕交易、操纵市场、非法编传、违反交易者适当性管理、期货经营机构和期货服务机构违法等行为中引入民事赔偿制度,确立民事赔偿优先原则,切实保护交易者合法权益。《期货和衍生品法》还明确规定期货市场禁入定义、适用情形,列举交易类和身份类禁入两类禁入措施,进一步强化执法震慑。此外,《期货和衍生品法》尊重场外衍生品的监管执法实践,就行政处罚分工作出灵活安排;加强对跨境期货和衍生品交易活动的监管,明确相关行为法律责任,切实防范跨境金融风险;同时规定了行刑衔接制度,明确规定违反本法构成犯罪的,依法追究刑事责任。

期货及衍生品法律评论
第四卷,第44~59页

《期货和衍生品法》中一般性反欺诈规则的解释论

钟　维*　刘虹璐**

一、引言

禁止欺诈是金融商品交易中无法回避的话题。期货和衍生品交易中的欺诈行为自相应市场诞生以来一直存在,并随着交易技术和交易规则的发展不断更迭。与证券市场类似,期货和衍生品市场中,从期货经营机构提供投资意见,到交易指令在交易所内的最终执行,欺诈以丰富的形式发生于交易的各个阶段。〔1〕其中,有些欺诈行为随着交易技术的发展而自然消逝,但仍有可能在欠缺规范的环境下被重新复制或死灰复燃。〔2〕而诸如期货从业人员误导客户、交易者操纵市场等典型欺诈行为,则一直在期货交易和衍生品交易中难以杜绝,也成了各国法律的规制重点。与《期货交易管理条例》中存在具体的反欺诈条款不同,2022年8月1日施行的《中华人民共和国期货和衍生品法》(以下简称《期货和衍生品法》)第6条中“禁止欺诈”的表述,是整部法律中唯一明确的反欺诈规则,但也是唯一没有具体条款予以落实的市场违

* 中国人民大学法学院副教授。
** 中国人民大学法学院民商法学硕士,北京市汉坤律师事务所律师。

〔1〕 See Daniel A. Nathan, *The Commodity Futures Trading Commission's* (*CFTC*) *Assault on Fraud*, 51 U.S. Attorney's Bulletin 9, 10 (2003).

〔2〕 参见张国炎:《期货交易中“对敲”的定性与规制》,载《社会科学》2015年第1期。

法行为禁止规则。在解释论上,"禁止欺诈"的要求与该法中哪些虽无反欺诈之名,但有反欺诈之实的具体规则能够对应上?此外,能否将"禁止欺诈"的表述确立为这部法律中的一般性反欺诈规则(catch-all antifraud provision),以满足违法行为规制之需?这些正是本文所要研究的问题。

二、《期货交易管理条例》中的反欺诈规则

在《期货和衍生品法》生效以前,规范我国期货市场最主要的依据是《期货交易管理条例》。要理解我国期货市场法律中反欺诈规则的变迁,需要从该条例开始考察。《期货交易管理条例》第 3 条规定:"从事期货交易活动,应当遵循公开、公平、公正和诚实信用的原则。禁止欺诈、内幕交易和操纵期货交易价格等违法行为。"该条属于禁止市场违法行为的一般性规定,提及的三种违法行为在该条例中均有具体条款与之对应。其中,禁止欺诈对应的是第 67 条,禁止内幕交易对应的是第 69 条,禁止操纵期货交易价格对应的是第 70 条。而第 67 条又包含两种行为:第一种是第 1 款、第 2 款规定的期货公司欺诈客户的行为,这是被明确定义为欺诈的行为;第二种是第 3 款规定的编造、传播虚假信息行为,此种行为比照第一种行为进行处罚。

(一)期货公司欺诈客户的行为

《期货交易管理条例》第 67 条第 1 款"期货公司有下列欺诈客户行为之一"的表述,表明这是该条例中落实抽象的"禁止欺诈"规定的具体条款。这些关于欺诈客户的规定,是狭义上的期货市场欺诈行为,行为主体是期货公司,行为对象是期货公司的客户。然而,其中列举的一些行为并不属于欺诈的涵摄范围。对该款所列举的行为类型可做如下具体分析。[3]

第一,向客户作获利保证或者不按照规定向客户出示风险说明书。《期货交易管理条例》第 24 条规定:"期货公司接受客户委托为其进行期货交易,应当事先向客户出示风险说明书,经客户签字确认后,与客户签订书面合同。……期货公司不得向客户作获利保证……"期货交易本身是一种高风险的商事活动,向客户提示风险是期货公司的法定义务,而且期货交易的风险性决定了交易者盈亏的或然性。因此不按照规定向客户出示风险说明书,或者向客户作获利保证,不仅违反了期货市场的法规,也违背了期货交易的客观规律。该规则是法律上对

〔3〕 参见叶林主编:《期货期权市场法律制度研究》,法律出版社 2017 年版,第 176~180 页。

订约内容和程序的要求,并非反欺诈的规则。此外,根据相关司法解释的规定,期货公司在与客户订立期货经纪合同时,未提示客户注意《期货交易风险说明书》内容,并由客户签字或者盖章,对于客户在交易中的损失,应当依据《中华人民共和国民法典》第500条第3项的规定承担相应的赔偿责任。但是,根据以往交易结果记载,证明客户已有交易经历的,应当免除期货公司的责任。[4]

第二,在经纪业务中与客户约定分享利益、共担风险。《期货交易管理条例》第18条规定:"期货公司从事经纪业务,接受客户委托,以自己的名义为客户进行期货交易,交易结果由客户承担。"第24条第2款规定:"期货公司……不得在经纪业务中与客户约定分享利益或者共担风险。"因此,期货公司如果在经纪业务中与客户约定分享利益、共担风险,就构成了此种违法行为。但是,在此种情形下,期货公司并没有向客户隐瞒相关事实或欺骗客户,双方约定分享利益、共担风险一般也是双方的真实意思,此种行为从本质上来说只是违反了相关法规对期货公司从事经纪业务的规范要求,因此将其定性为欺诈行为并不妥当。

第三,不按照规定接受客户委托或者不按照客户委托内容擅自进行期货交易。《期货交易管理条例》第24条第1款规定:"……期货公司不得未经客户委托或者不按照客户委托内容,擅自进行期货交易。……"因此,不按照规定接受客户委托或者不按照客户委托内容擅自进行期货交易的,就构成了此种违法行为。期货公司擅自以客户的名义进行交易,客户对交易结果不予追认的,所造成的损失由期货公司承担。[5] 此外,司法解释还就期货公司执行客户委托的相关问题做出了具体规定:(1)期货公司接受客户全权委托进行期货交易的,对交易产生的损失,承担主要赔偿责任,赔偿额不超过损失的80%,法律、行政法规另有规定的除外。(2)期货公司与客户签订的期货经纪合同对下达交易指令的方式未作约定或者约定不明确的,期货公司不能证明其所进行的交易是依据客户交易指令进行的,对该交易造成客户的损失,期货公司应当承担赔偿责任,客户予以追认的除外。(3)期货公司执行非受托人的交易指令造成客户损失,应当由期货公司承担赔偿责任,非受托人承担连带责任,客户予以追认的除外。(4)客户下达的交易指令没有品种、数量、买卖方向的,期货公司未予拒绝而进行交易造成客户的损失,由期货公司承担赔偿责任,客户予以追认的除外。(5)客户下达的交易指令数量和买卖方向明确,没有有效期限的,应当视为当日有效;没有成交价格的,应当视为按市价交易;没有开平仓方向的,应当视为开仓交易。(6)期

---

〔4〕《最高人民法院关于审理期货纠纷案件若干问题的规定》第16条。

〔5〕《最高人民法院关于审理期货纠纷案件若干问题的规定》第54条。

货公司错误执行客户交易指令,除客户认可的以外,交易的后果由期货公司承担,并按下列方式分别处理:交易数量发生错误的,多于指令数量的部分由期货公司承担,少于指令数量的部分,由期货公司补足或者赔偿直接损失;交易价格超出客户指令价位范围的,交易差价损失或者交易结果由期货公司承担。(7)期货公司不当延误执行客户交易指令给客户造成损失的,应当承担赔偿责任,但由于市场原因致客户交易指令未能全部或者部分成交的,期货公司不承担责任。(8)期货公司超出客户指令价位的范围,将高于客户指令价格卖出或者低于客户指令价格买入后的差价利益占为己有的,客户要求期货公司返还的,人民法院应予支持,期货公司与客户另有约定的除外。[6]

第四,隐瞒重要事项或者使用其他不正当手段,诱骗客户发出交易指令。《期货交易管理条例》第26条第2款规定:"期货公司不得隐瞒重要事项或者使用其他不正当手段诱骗客户发出交易指令。"期货公司隐瞒重要事项或者使用其他不正当手段诱骗客户发出交易指令的行为不仅违反了该规定,而且也是期货市场欺诈行为的典型表现。期货交易所、期货公司故意提供虚假信息误导客户下单的,由此造成客户的经济损失由期货交易所、期货公司承担。[7]

第五,向客户提供虚假成交回报。期货公司向客户提供虚假成交回报,是指期货公司向客户提供的成交回报与在期货交易所的实际成交情况不相符合。[8]这也是期货市场欺诈行为的典型表现之一。在此种情形下,期货公司报告给客户的价位是虚假价位,在虚假价位和真实价位之间有一个差额,该差额利益被期货公司所吃掉,因此该种行为在实践中又被称为"吃点"。期货公司应当将其侵占的"点差"金额及侵占期间的利息返还给客户。[9]

第六,未将客户交易指令下达到期货交易所。在期货交易中,期货公司应当严格执行客户的交易指令,将客户的交易指令及时下达到期货交易所,否则客户无法参与期货交易,其交易目的也无法实现。但是,期货公司未将客户交易指令下达到期货交易所的原因有很多,不考虑期货公司的行为意图而将此种情形一概归为欺诈客户似有不妥。根据相关司法解释的规定,期货公司私下对冲、与客户对赌等不将客户指令入市交易的行为,应当认定为无效,期货公司应当赔偿由此给客户造成的经济损失;期货公司与客户均有过错的,应当根据过错大小,分

[6] 《最高人民法院关于审理期货纠纷案件若干问题的规定》第17~24条。

[7] 《最高人民法院关于审理期货纠纷案件若干问题的规定》第52条。

[8] 姜洋主编:《期货市场新法规解释与适用》,法律出版社2007年版,第268页。

[9] 江必新主编:《最高人民法院〈关于审理期货纠纷案件若干问题的规定〉的理解与适用》,人民法院出版社2015年版,第229~230页。

别承担相应的赔偿责任。[10] 期货公司应当对客户的交易指令是否入市交易承担举证责任。确认期货公司是否将客户下达的交易指令入市交易,应当以期货交易所的交易记录、期货公司通知的交易结算结果与客户交易指令记录中的品种、买卖方向是否一致,价格、交易时间是否相符为标准,指令交易数量可以作为参考。但客户有相反证据证明其交易指令未入市交易的除外。[11]

第七,挪用客户保证金。《期货交易管理条例》第28条第3款规定:"期货公司向客户收取的保证金,属于客户所有,除下列可划转的情形外,严禁挪作他用:(一)依据客户的要求支付可用资金;(二)为客户交存保证金,支付手续费、税款;(三)国务院期货监督管理机构规定的其他情形。"因此,期货公司在法定情形之外,挪用客户保证金的,就构成了此种违法行为,但此种行为并非欺诈。期货公司挪用客户保证金,或者违反有关规定划转客户保证金造成客户损失的,应当承担赔偿责任。[12]

第八,不按照规定在期货保证金存管银行开立保证金账户,或者违规划转客户保证金。《期货交易管理条例》第28条规定:"期货交易应当严格执行保证金制度。期货交易所向会员、期货公司向客户收取的保证金,不得低于国务院期货监督管理机构、期货交易所规定的标准,并应当与自有资金分开,专户存放。……期货公司向客户收取的保证金,属于客户所有,除下列可划转的情形外,严禁挪作他用:(一)依据客户的要求支付可用资金;(二)为客户交存保证金,支付手续费、税款;(三)国务院期货监督管理机构规定的其他情形。"因此,不按照规定在期货保证金存管银行开立保证金账户,或者违规划转客户保证金,就构成了此种违法行为。但是,此种行为本质上是违反了期货市场法规中有关保证金存管和使用的监管规范,有可能是某个欺诈行为的手段行为,也有可能不是,因此将其一概归为欺诈客户似有不妥。

第九,国务院期货监督管理机构规定的其他欺诈客户的行为。在法律中对欺诈客户行为进行列举,难免挂一漏万。因此,该条例就将对其他欺诈客户行为的认定权力赋予了国务院期货监督管理机构,即中国证券监督管理委员会(以下简称中国证监会)可以对期货市场上新出现的欺诈客户行为进行规定。

(二)编造、传播虚假信息行为

《期货交易管理条例》第39条规定:"任何单位或者个人不得编造、传播有关

---

[10] 《最高人民法院关于审理期货纠纷案件若干问题的规定》第53条。

[11] 《最高人民法院关于审理期货纠纷案件若干问题的规定》第56条。

[12] 《最高人民法院关于审理期货纠纷案件若干问题的规定》第55条。

期货交易的虚假信息,不得恶意串通、联手买卖或者以其他方式操纵期货交易价格。”第67条第3款规定:“任何单位或者个人编造并且传播有关期货交易的虚假信息,扰乱期货交易市场的,依照本条第一款、第二款的规定处罚。”而第67条第1款、第2款是对期货公司欺诈客户行为的处罚规定。可见,《期货交易管理条例》是将编造、传播有关期货交易虚假信息视为欺诈行为,但是相关规定比较简单。

三、《期货和衍生品法》中落实反欺诈要求的具体条款

《期货和衍生品法》第6条规定:“期货交易和衍生品交易活动,应当遵守法律、行政法规和国家有关规定,遵循公开、公平、公正的原则,禁止欺诈、操纵市场和内幕交易的行为。”亦包含了禁止市场违法行为的一般性规定。其中,落实禁止操纵市场要求的具体条款是第12条,落实禁止内幕交易要求的具体条款是第13~15条。然而,在这部法律中,与《期货交易管理条例》禁止期货公司欺诈客户条款在内容上相似的是第78条关于“禁止期货经营机构从事下列损害交易者利益的行为”的规定。该条在表述上将所列举的行为统称为损害交易者利益的行为,而非“欺诈客户的行为”,从而避免了欺诈在内涵和外延上的不合理扩张。这也导致在整部法律中,除了第6条中“禁止欺诈”的抽象规定之外,再无落实反欺诈要求的具体条款。但是,经过深入考察和分析,我们可以发现,《期货和衍生品法》中存在一些虽无反欺诈之名,但有反欺诈之实的条款。首先,第16条关于禁止编造、传播虚假信息或者误导性信息的规定可以归为此类。其次,第78条关于禁止期货经营机构从事损害交易者利益的行为的规定中,所列举的第4~6项行为类型也可以归为欺诈行为。此外,第51条第2款应当解释为证明责任规则或责任推定规则。而第133条关于骗取期货公司行政许可的规定,则不属于反欺诈规则。

(一)期货经营机构欺诈客户的行为

《期货和衍生品法》第78条列举的损害交易者利益行为,可以分为涉嫌欺诈、诱骗交易者的行为,违反期货交易规定的行为和利用职务之便获取不正当利益或转嫁风险的行为三类。[13] 其中,第4项“隐瞒重要事项或者使用其他不正

〔13〕 参见叶林主编:《中华人民共和国期货和衍生品法理解与适用》,中国法制出版社2022年版,第247页。

当手段,诱骗交易者交易”、第5项“以虚假或者不确定的重大信息为依据向交易者提供交易建议”、第6项“向交易者提供虚假成交回报”,均属于提供虚假信息或采用其他欺骗性手段,可能使得客户就期货交易陷入认识错误,属于欺诈行为。质言之,上述三项规定是期货经营机构的反欺诈行为规范。对于期货经营机构与投资者之间的欺诈纠纷,《最高人民法院关于审理期货纠纷案件若干问题的规定》第52条规定故意提供虚假信息误导客户下单,造成客户的经济损失由期货经营机构承担。期货经营机构违反上述三项规定时,法律并未确立推定欺诈的规则,交易者还需要就侵权的构成要件,承担损失结果、交易因果关系等的证明责任。

而《期货和衍生品法》第78条列举的其他行为,则不属于欺诈。该条第1项“向交易者作出保证其资产本金不受损失或者取得最低收益承诺”、第2项“与交易者约定分享利益、共担风险”,对这两种行为的禁止是对期货经营机构与投资者可能达成的合同内容的限制,属于《最高人民法院关于审理期货纠纷案件若干问题的规定》第2条规定的“当事人的约定违反法律、行政法规强制性规定”的情形,而并非以反欺诈为落脚点。《期货和衍生品法》第78条第3项“违背交易者委托进行期货交易”、第7项“未将交易者交易指令下达到期货交易场所”,属于违背投资者委托授权的行为。《期货和衍生品法》第66条规定,期货经营机构以自己的名义为交易者进行期货交易,交易结果由交易者承担——期货经营机构与交易者之间形成代理关系,代理人超越或违反委托权限和内容的,应当承担合同违约责任,而通常不构成欺诈,《最高人民法院关于审理期货纠纷案件若干问题的规定》第22条、第54条等规定亦可印证。至于《期货和衍生品法》第78条第8项“挪用交易者保证金”、第9项“未依照规定在期货保证金存管机构开立保证金账户,或者违规划转交易者保证金”等保证金违规行为,与《期货交易管理条例》的相应内容类似,属于违反交易监管规则的行为,可能构成对交易者的一般侵权,但不能一概而论。第9项“利用为交易者提供服务的便利,获取不正当利益或者转嫁风险”、第10项“其他损害交易者权益的行为”,则属于以结果为导向的兜底性规定。

《期货和衍生品法》第51条是关于交易者分类及普通交易者特殊保护的规则,其中第2款规定普通交易者与期货经营机构发生纠纷时,后者应当证明不存在误导、欺诈等情形。该规定是过错推定规则,发生证明责任倒置的效果——普通投资者受到倾斜保护,并不承担证明“存在欺诈”的责任;期货经营机构不能证明自身不存在误导、欺诈情形时,需要承担举证不能的不利后果。在行为指引和宣示意义上,该规定强化了期货经营机构在宣传推介、投资者适当性履职等环节的底线要求。在普通法上,与证券、期货交易有关的欺诈可以分为实际欺诈(actual fraud)和推定欺诈(constructive fraud)。前者以存在欺诈故意为构成要件,而后者适用于对被欺诈方存在信义义务的人,采推定故意原则。[14] 虽然我国并未引入推定欺诈的概念,但诸如第51条的过错推定规则,也会课以期货经营机构和从业人员更严格的反欺诈义务。

(二)编造、传播虚假信息或者误导性信息行为

《期货和衍生品法》第16条规定禁止编造、传播虚假信息或者误导性信息。该条未延续《期货交易管理条例》将此种行为直接比照期货公司欺诈客户行为处罚的做法,而是在立法逻辑和条文表述上均借鉴了《中华人民共和国证券法》的经验,但同时根据期货和衍生品市场的特点作出了一些修改。但是,由于此种行为事实上向市场注入了虚假或者误导性的信息,对其他市场参与者的决策会造成误导,因此在性质上应当认定为欺诈。在条文的逻辑结构上,该条第1款是一个一般条款,第2款和第3款是针对特定主体的特殊条款。[15]

第1款概括性地禁止任何单位和个人编造、传播虚假信息或者误导性信息,扰乱期货市场和衍生品市场。这是因为,随着互联网等信息传播技术的不断发展,能够通过编造、传播虚假信息或者误导性信息,从而扰乱期货市场和衍生品市场的主体不再限于类似第2款和第3款中规定的那些具有特定身份的机构和个人。现实中诸如"网络大V""金融网红""带货主播"等,都是普通人通过互联网社交媒体等建立较大社会影响力的典型例子。因此,将该款的主体规定为包括"任何单位和个人",具有现实的必要性。

第2款规定,禁止期货经营机构、期货交易场所、期货结算机构、期货服务机构及其从业人员,组织、开展衍生品交易的场所、机构及其从业人员,期货和衍生品行业协会、国务院期货监督管理机构、国务院授权的部门及其工作人员,在期货交易和衍生品交易及相关活动中作出虚假陈述或者信息误导。该款规定的机构及其工作人员基于其业务和职能本身就会知晓或发布与期货交易和衍生品交易的相关信息,且其发布的信息具有更强的公信力,也会对市场造成更大的影响。因此该款作出特别规定,禁止这些特殊主体在期货交易和衍生品交易及相关活动中作出虚假陈述或者信息误导。

〔14〕 See Harry B. Borders, *Ernst &(and) Ernst v. Hochfelder as Applied to Commodities Fraud: No Intent Required*, 79 Kentucky Law Journal 369, 381 (1990).

〔15〕 参见叶林主编:《中华人民共和国期货和衍生品法理解与适用》,中国法制出版社2022年版,第56~57页。

第3款规定,各种传播媒介传播期货市场和衍生品市场信息应当真实、客观,禁止误导。传播媒介及其从事期货市场和衍生品市场信息报道的工作人员不得从事与其工作职责发生利益冲突的期货交易和衍生品交易及相关活动。传播媒介能够使信息在较大范围得到迅速传播,而且市场参与者通常会信赖甚至依赖于各种传播媒介发布的信息。如果传播媒介作出信息误导,那么就会对市场造成很大影响。该款对传播媒介的要求比一般主体更高,除了禁止误导外,还要求其在传播期货市场和衍生品市场信息时要做到真实、客观,这也是其特殊属性所决定的。此外,传播媒介及其从事期货市场和衍生品市场信息报道的工作人员如果从事与其工作职责发生利益冲突的期货交易和衍生品交易及相关活动,就有可能会影响其报道的客观性,或者其有可能利用信息报道工作实施期货和衍生品市场违法行为。因此,有必要禁止这些主体的此种利益冲突交易。

(三)关于骗取期货公司行政许可的行为

《期货和衍生品法》第133条规定了骗取期货公司行政许可或行政核准的法律责任,包括撤销许可、没收违法所得、罚款等,大致沿袭了《期货交易管理条例》第68条的规定。笔者认为,该条虽然有"提交虚假申请文件或者采取其他欺骗手段"的表述,但系关于撤销行政许可和行政处罚的规定,不应当属于我国《期货和衍生品法》中的反欺诈条款。

骗取行政许可本身即属于《中华人民共和国行政许可法》第69条规定的"被许可人以欺骗、贿赂等不正当手段取得行政许可的,应当予以撤销"的情形,应当撤销行政许可。行政许可的撤销是为了实现行政行为的合法性和合目的性恢复而设置的一种纠错机制。[16] 在期货公司存续期间产生的交易,并不应当因行政许可被撤销而产生效力瑕疵。质言之,骗取行政许可的"欺诈"对象是行政机关工作人员,法律后果是公法责任而非民事责任,并不属于导致交易中产生认识错误并且落脚于期货和衍生品交易上的欺诈行为,也不能为民事责任提供请求权基础。

四、一般性反欺诈规则的确立及其涵摄范围

在解释论上,我国《期货和衍生品法》中"禁止欺诈"的规定本身也应当是可

〔16〕 参见王青斌:《行政撤销权的理论证成及其法律规制》,载《法学》2021年第10期;王太高:《行政许可撤销制度研究——以企业工商登记为例》,载《法治研究》2012年第1期。

执行的,有望确立并发展成为这部法律中涵盖范围广泛的一般性反欺诈规则。除了上述从《期货交易管理条例》中延续下来并被解释为实质包含了反欺诈要求的具体条款所包含的违法行为之外,一般性反欺诈规则所能涵盖的范围至少还应包括市场操纵和内幕交易行为。此外,对于市场中可能出现的法律未明确规定,但是包含欺诈成分的新型违法行为,一般性反欺诈规则亦能实现兜底性规制。

(一)一般性反欺诈规则的确立及意义

期货和衍生品市场中的欺诈行为与证券市场中的欺诈行为有所区别。具体来说,证券市场的大多数欺诈行为以发行人为核心,欺诈内容在于对证券价值的判断,而期货和衍生品市场中并不存在"发行人"的概念,价格和价格风险基本来源于自由市场力量的消长。[17] 但两个市场中欺诈行为的共同点在于,均会通过虚假信息对他人的交易决定造成误导和影响。

期货和衍生品市场的欺诈行为在内涵上有广义和狭义之分。通常认为的广义欺诈行为的范围非常之大,包括内幕交易和市场操纵行为在内,几乎涵盖了期货市场上所有具有欺骗性质的违法行为。[18] 在比较法上,一些金融市场发达国家法律中的欺诈采取了广义的定义模式,主要体现为涵盖范围宽泛的反欺诈条款,其典型就是美国《证券交易法》和《商品交易法》中的一般性反欺诈条款。狭义的欺诈行为不包括内幕交易和操纵市场行为,通常仅指期货市场上除这两种行为以外的含有欺骗性质的违法行为,主要表现为期货经营机构欺诈客户的行为。[19] 期货公司或经纪人欺诈客户的行为是与期货市场相伴而生的欺诈形式。在美国,期货市场欺诈行为最初表现为,经纪人罔顾客户的投资利益,为了赚取佣金而进行得过于频繁的交易。[20] 自20世纪90年代初我国期货市场产生开始,期货公司与客户之间的纠纷就不断发生并呈上升趋势,其中相当一部分期货经纪公司在实际操作中存在不同程度的违法行为,也以欺诈最为突出。[21] 因此,我国《期货交易管理条例》第67条中规定的就是狭义的欺诈行为。

---

〔17〕 See Philip F. Johnson, *Applying Hochfelder in Commodity Fraud Cases*, 20 Boston College Law Review 633, 645 (1979).

〔18〕 参见高明生:《期货欺诈行为及其认定》,载《政治与法律》1996年第3期;吴礼洪:《期货欺诈行为及其法律责任探究》,载《法商研究(中南政法学院学报)》1996年第2期。

〔19〕 参见韩凌:《期货欺诈行为的认定与审理初探》,载《法学评论》1994年第6期;张林伟:《论期货经纪公司欺诈行为的认定及其法律责任》,载《法律适用》1995年第2期。

〔20〕 See Harry B. Borders, *Ernst &(and) Ernst v. Hochfelder as Applied to Commodities Fraud: No Intent Required*, 79 Kentucky Law Journal 369, 371 (1990).

〔21〕 参见张临伟:《期货欺诈行为与其他违法行为的区别》,载《人民司法》1995年第2期。

但是,在法律概念或法律规则形成的一般逻辑上,有必要确立一般规则或兜底概念,包容性地提供弹性解释的可能,为监管实践需求和立法滞后性之间的张力提供弥补空间。期货和衍生品市场上欺诈行为的表现形式是多元的,并且随着交易技术的发展而不断创新。虽然诸如编造传播虚假信息、内幕交易、操纵市场等行为均已经由立法的类型化而成为单独的违法行为,但类型化和相对独立的违法行为概念,往往无法有效应对新兴的欺诈形式,抑或在构成要件上要求过于严格而在实践中难以适用。美国证券法上的一般反欺诈条款,"使法院能够适应个案中的特别事实,秉持保护投资者的证券法基本原则作出适当的判决,并在常年的审判实践中逐渐总结出一套充满弹性而又有一定传承性的判例体系",这一思路具备可参考性。一般性反欺诈规则可以对一时难以定性的新类型欺诈性违法行为,以反欺诈作为认定责任成立的依据,因而也被多个国家或地区的衍生品立法所采纳。此外,一般性反欺诈条款也可以为民事救济规则的发展保留空间。譬如,在美国第一例支持期货市场欺诈默示民事救济的 Goodman v. H. Hentz & Co. 案〔22〕中,法院基于美国《侵权法重述》的规则,将美国《商品交易法》的第 4 条(b)解释为默示的欺诈民事救济规则,开启了美国对《商品交易法》反欺诈规则民事救济的大门。〔23〕

对欺诈行为的规制具有共同的法理基础,而共同的法理基础就提供了统一调整的可行性和必要性,最终要求设立一般性的反欺诈条款。在体系位置上,《期货和衍生品法》第 6 条"禁止欺诈"的规定,也足以承担这一功能。公平、公正、公开是证券与期货立法的根本宗旨,确立欺诈性期货交易之类的一般概念、建立完备的反欺诈体系,〔24〕对于交易者保护和促进市场公平,具备长远意义。

(二)市场操纵的反欺诈规制路径

在价格影响之外,观察市场操纵的第二种视角,就是操纵行为对市场上其他交易者的影响和误导。〔25〕倘若可以证成,市场操纵通过制造人为的价格或交易量,使其他交易者对市场供求力量产生认识错误,从而影响其他交易者的交易决策,就可以将市场操纵纳入欺诈的涵摄范围。而这有赖于对市场操纵具体形态的考察。以下分别考察期货市场中信息型操纵、虚假交易操纵、连续交易操纵和市场力量型操纵的概念内涵和行为模式,进而判断是否属于具备欺诈内容的操

〔22〕 Goodman v. H. Hentz & Co., 265 F. Supp. 440 (N. D. Ill. 1967).

〔23〕 See C. Bruce Crum, *Remedies: Commodity Options: Implied Civil Remedies for Fraud*, 31 Oklahoma Law Review 217, 219 (1978).

〔24〕 参见张国炎:《期货交易中"对敲"的定性与规制》,载《社会科学》2015 年第 1 期。

〔25〕 参见钟维:《欺诈理论与期货市场操纵二元规制体系》,载《清华法学》2021 年第 3 期。

纵形式。

信息型操纵主要表现为《期货和衍生品法》第12条第2款第4项规定的蛊惑操纵和第6项规定的抢帽子操纵。蛊惑操纵与该法第16条规定的“编造、传播虚假信息或者误导性信息”在欺诈手段和内容上具备相似性。由于《期货交易管理条例》中没有关于蛊惑操纵的规定，因此在中国证监会制定的《关于〈期货交易管理条例〉第七十条第五项“其他操纵期货交易价格行为”的规定》(已失效)第一次明确规定蛊惑操纵之前，在相关案件中监管机构是以编造、传播虚假信息的名义处罚的。比如，在曾某雄编造、传播虚假信息案中，当事人以虚构的“蛋品流通协会”名义编造、传播虚假信息，使投资者产生全国性鸡蛋行业协会实名举报，交易所等监管部门会调查JD1609合约做多资金的认识，导致当日JD1609合约成交28.98万手，成交量为近5个月新高。收盘结束合约价格下跌152点，跌幅3.87%，盘中最大下跌160点，跌幅4.1%。不仅如此，当事人在编造并传播虚假信息前，还使用其个人期货交易账户分两次卖开1手、2手JD1609合约空单，6月15日虚假信息发布后，于当日买入3手JD1609合约平仓，获利1260元，扣除交易手续费36.18元，违法所得1223.82元。[26] 可见，该案当事人的行为实际上构成了蛊惑操纵。监管机构之所以能够如此处理，是因为蛊惑操纵包含了编造、传播虚假或误导性信息的情节，因此当时在有关前者的规定尚未明确的时候，可以以后者的名义进行处罚。而抢帽子操纵的行为人通常会对相关期货交易或者合约标的物的交易作出公开评价、预测或者投资建议，影响其他交易者的交易决策，并进行与其评价、预测或者投资建议方向相反的期货交易，亦属于欺诈行为。

虚假交易型操纵主要表现为《期货和衍生品法》第12条第2款第2项规定的约定交易操纵、第3项规定的洗售操纵和第5项规定的虚假申报操纵。期货市场的价格和价格风险来源于自由市场力量的消长，实质上是合约供求关系的变化。[27] 约定交易操纵和洗售操纵制造了不应当存在的交易量和人为价格，本质上是制造了人为的供求表现。而虚假申报虽然通常不会实际成交，但仍会在集中竞价系统中表现为虚假的挂单，同样属于制造人为的供求关系，进而对其他投资者的决策产生影响。虚假交易型操纵造成了虚假的供求关系，却又使其他交易者误以为相应的市场力量真实存在，从而构成对整个市场的欺诈。

---

〔26〕 中国证监会大连监管局行政处罚决定书〔2018〕1号。

〔27〕 See Philip F. Johnson, *Applying Hochfelder in Commodity Fraud Cases*, 20 Boston College Law Review 633, 645 (1979).

真实交易型操纵主要表现为《期货和衍生品法》第12条第2款第1项规定的连续交易操纵。此种操纵行为类型具有借助资源优势而连续买卖的外在形式,但市场操纵的欺诈本质依赖于是否具有制造交易活跃的假象或诱使他人跟风买卖的主观动因。[28] 由于真实交易型操纵会使得市场自由竞争的力量因为受到人为操控在一定程度上失灵,从而制造出虚假的价格或交易量信息,因而能够构成欺诈。

市场力量型操纵通常不构成对其他交易者的欺诈。市场力量型操纵是指在采用实物交割机制的市场中,行为人利用其所具备的垄断性力量,包括在基础资产市场上的控制性地位和金融合约市场上的支配性头寸,以及利用实物交割机制下合约对手方无法交割/接受交割的易受损性,来扭曲市场价格。[29] 市场力量型主要包括囤积和逼仓两种情形,在《期货和衍生品法》第12条第2款第7项和第8项分别被表述为"为影响期货市场行情囤积现货"和"在交割月或者临近交割月,利用不正当手段规避持仓限额,形成持仓优势"。市场力量型操纵的行为人在期货和现货市场上积累头寸的活动并不以在市场上制造假象为目的,法律上也要求不能强制其披露自己正在买入大量期现货头寸的策略,因此行为人保密和隐瞒自己积累大额期现货头寸的做法不构成欺诈。而操纵者一旦积累起支配性的头寸,其只需要在合约届期时就这些合约发出大量交割通知,就可以逼迫缺乏可交割现货供应的合约对方以高价对冲。因此,市场力量型操纵根本不需要通过欺诈的手段来实现。[30]

信息型、虚假交易型和真实交易型操纵均可以被解释进入欺诈的涵摄范围,而该种解释的意义在于实现对市场操纵行为更为有效的规制。例如,美国在2010年通过《多德－弗兰克华尔街改革和消费者保护法》第753条引入了"欺诈型操纵"的概念,使得市场操纵同时可选择适用关于价格操纵的规则或关于欺诈操纵的规则。引入反欺诈规制路径的意义在于,价格操纵规制路径的证明难度较高,[31] 而欺诈路径不需要证明存在人为价格,对行为人意图的证明要求也更低,从而可以降低执法难度,提升监管机构的执法能力。[32]

---

〔28〕 参见汤欣、高海涛:《证券市场操纵行为认定研究——行政处罚案例的视角》,载《当代法学》2016年第4期。

〔29〕 参见钟维:《跨市场操纵的行为模式与法律规制》,载《法学家》2018年第3期,第115页。

〔30〕 参见钟维:《欺诈理论与期货市场操纵二元规制体系》,载《清华法学》2021年第3期。

〔31〕 参见钟维:《基于价格影响的期货市场操纵规制理论:反思与重构》,载《法学研究》2022年第1期。

〔32〕 参见钟维:《欺诈理论与期货市场操纵二元规制体系》,载《清华法学》2021年第3期。

(三)内幕交易的反欺诈规制路径

内幕交易的规制理论和执法实践均始于证券市场。美国证券交易委员会制定了规则 10b－5 这一概括性的反欺诈条款,在司法实践中最终发展成为追究内幕交易责任的基础。[33] 美国证券法上关于内幕交易的反欺诈规制路径,也多次更迭,包括公开或戒绝交易规则(disclose or abstain rule)、古典理论(classical theory)和盗用理论(misappropriation theory)等,均在一段时间被作为规制内幕交易的主流理论。[34] 但是,期货市场上内幕交易的构造和表现形式与证券法存在重大区别。如前所述,证券法上各种欺诈行为大多以发行人的偿付能力或经营状况为最终欺诈内容,而期货市场中并无发行人的概念。与之相应,证券法上以反欺诈路径规制内幕交易的理论,很大程度上也是围绕发行人、公司股东等主体展开的,不宜直接套用于期货市场。[35]

古典理论主张,对于公司股东负有信义义务的内部人,利用了公司重要的非公开信息,就违反了对股东的信义义务。而盗用理论主张,内幕交易本质是对未公开信息的盗用,将信义义务拓展至对公司负有信义义务或保密义务的外部人,即行为人基于特定身份或特定行为而对内幕信息财产的欺诈性侵害。[36] 毫无疑问,期货市场中的内幕交易和利用未公开信息交易的行为在本质上都是对未公开信息的盗用。[37] 但证券法上以“对发行人或发行人的股东的信义义务”为核心的欺诈构造,在期货和衍生品交易中并无适用空间。

过去对期货市场内幕交易的实践和理论进展,主要围绕抢先交易(front-running)和双重交易(dual trading)等情形,可以落入盗用理论的反欺诈框架之下。其中,抢先交易表现为,经纪商及其工作人员等在获知客户的交易动向后,抢先于客户而为自己的账户和自己的利益交易相应的合约。而双重交易是指,经纪商在为客户执行指令的同时,也为自己的相关账户进行交易,在证券市场上又被称为“老鼠仓”行为。美国的监管和司法实践曾指出,抢先交易的行为人与

---

〔33〕 参见[美]托马斯·李·哈森:《证券法》,张学安等译,中国政法大学出版社 2003 年版,第 713 页。

〔34〕 See Liu Duan, *The Ongoing Battle against Insider Trading: A Comparison of Chinese and U. S. Law and Comments on How China Should Improve Its Insider Trading Law Enforcement Regime*, 12 Duquesne Business Law Journal, 129, 130 (2009).

〔35〕 参见钟维:《期货市场内幕交易:理论阐释与比较法分析——兼论我国期货法之内幕交易制度的构建》,载《广东社会科学》2015 年第 4 期。

〔36〕 参见缪因知:《反欺诈论下的内幕交易类型重构:原理反思与实证检验》,载《法学家》2021 年第 1 期。

〔37〕 参见鲍晓晔:《中国期货内幕交易规制立法现状与完善》,载《上海师范大学学报(哲学社会科学版)》2021 年第 6 期。

其雇主或客户之间存在信义义务关系,行为人违反了信义义务,使客户或雇主误以为是为其利益而交易,并将其认定为欺诈行为。[38] 美国商品期货交易委员会和芝加哥商品交易所在对双重交易的规制中,也曾试图通过技术性手段对经纪人加强监控,来尽量减少场内交易员在价格波动期间通过欺诈和虚构交易使客户受害的机会。[39] 在美国《多德 - 弗兰克华尔街改革和消费者保护法》出台后的执法实践中,适用美国《商品期货法》第4b条反欺诈条款查处的内幕交易案件也以抢先交易居多,即行为人利用其雇主的交易动向信息,进行抢先交易,违反了对雇主的信义义务或披露义务,从而构成欺诈。[40]

但值得注意的是,上述适用信义义务和盗用理论的规制框架,仅限于利用以客户交易动向为内容的未公开信息为自己谋利的行为。此类行为仅是《期货和衍生品法》上内幕信息"期货交易场所会员、交易者的资金和交易动向"可能的表现形态之一,并不属于内幕交易的一般情况。此外,上述规制路径仅处理行为人与其客户之间的关系,并未涉及内幕交易对市场上其他交易者的侵害。质言之,上述适用范围较为狭窄的盗用理论规制路径,在"盗用"和"欺诈其他投资者"之间无法构成联结关系,不能以此推导出内幕交易对整个市场或其他交易者构成欺诈。

笔者认为,在期货市场中,不存在违反对发行人或发行人股东的信义义务从而构成欺诈的空间,以信义义务基础的古典理论和盗用理论也因此无法适用。对证券法上的最初反内幕交易的"公开或戒绝交易理论"进行重新阐发,可以突破内部人的限制范围,从而使其能够适用于期货市场内幕交易。"公开或戒绝交易理论"主张,交易者都对市场负有要么公开内幕信息、要么戒绝交易的义务。《期货和衍生品法》第13条禁止"内幕信息的知情人和非法获取内幕信息的人"从事内幕交易的规定,即将反内幕交易的范围扩展至所有掌握内幕信息的人。在该条的解释论上,"公开或戒绝交易"应当理解为,无论任何渠道获得的内幕信息,都应当向其他交易披露,否则即应戒绝交易。当行为人没有披露内幕信息而进行交易时,就违反了法定的信息披露义务,从而构成对其他交易者的欺诈。"公开或戒绝交易理论"事实上为不公平获取市场信息的行为人创设了一项法定

---

[38] See Jerry W. Markham, *Front – Running – Insider Trading under the Commodity Exchange Act*, 38 Catholic University Law Review 69, 98 (1988).

[39] See Jerry W. Markham, *Prohibited Floor Trading Activities under the Commodity Exchange Act*, 58 Fordham Law Review 1, 42 (1989).

[40] 参见贺绍奇:《美国商品期货内幕交易法的最新发展及内幕交易第一案》,载曹越主编:《期货及衍生品法律评论》第1卷,法律出版社2018年版。

的披露或戒绝交易义务。诚然,行为人通常并无权限披露信息,事实上也不大可能尝试通过事先披露而获得豁免,但创设这一义务的目的在于要求其戒绝交易。质言之,如果从事了内幕交易,即违反了法定的信息披露义务,从而落入欺诈行为的规制范围。

通过对“公开或戒绝交易理论”的重新阐发,可以将期货和衍生品市场上的内幕交易纳入欺诈行为的涵摄范围。从而在执法实践中,可以选择适用内幕交易的专门构成要件或欺诈的构成要件。美国《证券交易法》和《商品交易法》均以概括性反欺诈条款作为反内幕交易规则,给监管执法和司法实践留下空间,并且在实践中不断修正和完善解释。〔41〕美国证券和期货市场的立法和司法经验也印证了将内幕交易纳入反欺诈框架这一路径的可行性。

五、结语

我国《期货和衍生品法》第6条关于“禁止欺诈”的规定,除了包含编造传播虚假信息和期货经营机构欺诈客户两类欺诈行为,还应当能够涵摄包括市场操纵和内幕交易在内的欺诈性交易行为。进而,该规定应当被解释为我国《期货和衍生品法》中的一般性反欺诈规则。这一规则可适用于内幕交易行为和大部分的市场操纵行为,在行为认定、监管执法和民事救济方面提供更多的制度供给,并为期货和衍生品市场中可能出现的新型欺诈行为提供兜底性规制。通过法律解释方法在《期货和衍生品法》确立一般性反欺诈规则,能够极大地丰富我国期货和衍生品市场法律中欺诈理论的内涵。

---

〔41〕 参见鲍晓晔:《中国期货内幕交易规制立法现状与完善》,载《上海师范大学学报(哲学社会科学版)》2021年第6期。

期货及衍生品法律评论
第四卷，第60~69页

《期货和衍生品法》框架下交易者保护体系解读

郭重清* 姜 毅** 王 芮***

2022年8月1日起施行的《中华人民共和国期货和衍生品法》（以下简称《期货和衍生品法》）对期货市场稳定发展极具重要性，特别是对市场各方主体均将产生重大影响。交易者是参与期货市场交易的重要主体，《期货和衍生品法》从期货经营机构的交易者适当性义务、交易者权利、民事赔偿诉讼制度、行政执法等各方面构建了期货市场的交易者保护体系，本文拟对《期货和衍生品法》框架下交易者保护体系进行解读。

首先需要说明的是，在《期货和衍生品法》出台前，期货市场的交易主体一般被称为"投资者"或是"客户"，但期货市场不同于证券市场，期货市场的交易标的是各类期货合约，并非某个特定上市企业，用"投资者"形容参与期货交易的主体并不十分准确，而"客户"是期货经营机构服务对象的通俗说法，并非法律用语，因此《期货和衍生品法》将交易主体界定为"交易者"更贴合期货市场特点。据统计，截至2020年10月，我国期货市场有效交易者数量为181万，[1]这个数字虽比2015年有了大幅增长，但是与证券市场动辄过亿的

* 上海市锦天城律师事务所，高级合伙人。
** 上海市锦天城律师事务所，律师。
*** 上海市锦天城律师事务所，律师。

[1] 杨光：《持续完善场外衍生品交易报告库建设》，载《上海证券报》2020年11月12日。

投资者相比，规模还是比较小的，因此，如何培育并壮大期货交易者群体，并充分吸引海外期货交易者参与我国期货市场，则是《期货和衍生品法》需要解决的主要问题之一。从《期货和衍生品法》关于交易者保护的内容来看，集中于期货交易者章节，另外，在期货经营机构及法律责任章节也存在相应的条款，纵览整部法律，期货交易者保护体现在以下几个方面。

一、期货经营机构的交易者适当性义务成为法定义务

交易者适当性义务是要求期货经营机构通过一系列措施了解交易者的情况，充分说明所提供的服务信息，以达到向交易者提供与其状况相匹配的服务目的。《期货和衍生品法》施行前，期货市场交易者适当性义务适用的依据主要是中国证券监督管理委员会（以下简称证监会）颁布的《证券期货投资者适当性管理办法》（2016 年颁布，2022 年修正）、《期货公司监督管理办法》以及中国期货业协会（以下简称中期协）和各期货交易所公布的相关自律规则。《期货和衍生品法》实施后将期货经营机构的交易者适当性义务上升为法定义务，也使期货经营机构违反适当性义务时的赔偿责任有法可依。

《期货和衍生品法》第 50 条对期货经营机构的交易者适当性义务的基本内容进行了规定："期货经营机构向交易者提供服务时，应当按照规定充分了解交易者的基本情况、财产状况、金融资产状况、交易知识和经验、专业能力等相关信息；如实说明服务的重要内容，充分揭示交易风险；提供与交易者上述状况相匹配的服务。"该条包含的适当性义务内容涉及三层含义：一是充分了解客户，这里指的是交易者的基本情况；二是如实说明服务内容，并充分揭示交易风险；三是适当性匹配，即提供的服务应当与交易者专业能力、风险承受能力等相匹配。

上述法条主要针对期货经营机构对交易者提供服务。目前实务中，期货经营机构的经营范围，早已不仅仅局限于为期货交易者提供经纪服务，还有《期货和衍生品法》第 63 条规定的期货交易咨询服务、资产管理服务等，除了上述服务外，期货经营机构还广泛开展销售业务，如销售或代销基金、理财、保险等金融产品。另外，依据《期货和衍生品法》第 59 条的规定，期货经营机构的主体范围也不再局限于期货公司，而是延展到国务院期货监督管理机构核准从事期货业务的其他机构，不排除未来符合条件的证券公司或基金公司等金融机构也可以开展期货业务。2016 年 12 月证监会颁布的《证券期货投资者适当性管理办法》规

定的证券期货经营机构对象就已经明确指向了那些向投资者销售证券期货产品或者提供证券期货服务的银行、保险、证券、期货及基金等一众金融机构。因此,我们认为,《期货和衍生品法》规定的交易者适当性义务应当理解为包括为交易者提供服务和销售产品两个方面,这也是对证监会等监管机构既往监管思路的承袭和确认。

司法实践中,2019 年 11 月最高人民法院颁布的《全国法院民商事审判工作会议纪要》(以下简称《九民纪要》)在第 72 条描述"适当性义务"时,明确"适当性义务"是指卖方机构在向金融消费者推介、销售银行理财产品、保险投资产品、信托理财产品、券商集合理财计划、杠杆基金份额、期权及其他场外衍生品等高风险等级金融产品,以及为金融消费者参与融资融券、新三板、创业板、科创板、期货等高风险等级投资活动提供服务的过程中,必须履行的了解客户、了解产品、将适当的产品(或者服务)销售(或者提供)给适合的金融消费者等义务。卖方机构承担适当性义务的目的是确保金融消费者能够在充分了解相关金融产品、投资活动的性质及风险的基础上作出自主决定,并承受由此产生的收益和风险。在推介、销售高风险等级金融产品和提供高风险等级金融服务领域,适当性义务的履行是"卖者尽责"的主要内容,也是"买者自负"的前提和基础。

在规定期货经营机构的适当性义务的同时,《期货和衍生品法》第 50 条第 2 款也规定了交易者的"如实告知义务",延续了《证券期货投资者适当性管理办法》第 33 条的做法。《九民纪要》也明确规定:"因金融消费者故意提供虚假信息、拒绝听取卖方机构的建议等自身原因导致其购买产品或者接受服务不适当,卖方机构请求免除相应责任的,人民法院依法予以支持,但金融消费者能够证明该虚假信息的出具系卖方机构误导的除外。"

此外,对于督促期货经营机构履行适当性义务的监管责任,中期协在 2017 年 11 月颁布的《期货经营机构投资者适当性管理实施指引(试行)》就明确协会对期货经营机构履行适当性义务进行自律管理。《期货和衍生品法》第 104 条也明确规定了中期协负有督促落实交易者适当性管理制度之职责。对于违反交易者适当性义务的期货经营机构,《期货和衍生品法》第 135 条规定,除责令改正、警告,没收违法所得外,最高可处以违法所得十倍的罚款,情节严重的,期货监督管理机构还将其吊销相关业务许可。以上规定也从监督、处罚的不同层面进一步确保交易者适当性管理制度能够在实际中得到落实。

二、区分普通交易者与专业交易者,侧重于保护普通交易者

《期货和衍生品法》框架下交易者保护体系的一大亮点,即规定了根据财产状况、金融资产状况、交易知识和经验、专业能力等因素,将交易者分为普通交易者和专业交易者,并侧重于对普通交易者的保护,具体表现在以下两个方面:

(一)强制调解

《期货和衍生品法》第56条规定,交易者与期货经营机构等发生纠纷,双方可向行业协会申请调解,而普通交易者提出调解请求的,期货经营机构不得拒绝,要求期货经营机构必须参与普通交易者提出的调解,与其就纠纷的解决进行协商,增加了通过调解快速解决纠纷的可能性。

(二)民事举证责任倒置

《期货和衍生品法》第51条规定,普通交易者与期货经营机构发生纠纷时,由期货经营机构承担证明其行为合法合规,不存在误导、欺诈的举证责任。关于期货经营机构的举证责任,《证券期货投资者适当性管理办法》第34条第2款与该条规定宗旨相同。

在司法实践中,最高人民法院2020年修订颁布的《最高人民法院关于审理期货纠纷案件若干问题的规定(二)》中对期货经营机构在订立期货经纪合同未进行风险提示、接受交易指令、通知交易者追加保证金及交易结果的通知等事项,规定均由期货经营机构承担举证责任。此外,《九民纪要》第75条亦规定经营机构对其是否履行了适当性义务承担举证责任,不能提供其已经建立了金融产品(或者服务)的风险评估及相应管理制度、对金融消费者的风险认知、风险偏好和风险承受能力进行了测试、向金融消费者告知产品(或者服务)的收益和主要风险因素等相关证据的,应当承担举证不能的法律后果。而《期货和衍生品法》规定的举证责任范围则涵盖了期货经营机构服务过程中应遵守的法律、行政法规以及国务院期货监督管理机构规定的适当性要求,对期货经营机构提出了更高的经营和执业标准,从而更全面地保障了普通交易者的合法权益。

我们也注意到,《期货和衍生品法》并未明确何为"普通交易者",以及相对于"专业交易者"的区分标准,而只是在第51条中将专业交易者的标准交由国务院期货监督管理机构来规定。此前证监会在《证券期货投资者适当性管理办法》已经明确了专业投资者的认定标准,如"金融资产不低于500万元或者最近3年个人年均收入不低于50万元,且具有2年以上证券、基金、期货、黄金、外汇等投

资经历或者2年以上金融产品设计、投资、风险管理及相关工作经历的自然人投资者”等,并规定普通投资者与专业投资者在一定条件下可以互相转化,符合一定条件的普通投资者也可以申请转化成为专业投资者,但经营机构有权自主决定是否同意其转化。

三、明确期货市场主体民事责任,补强交易者事后救济

(一)明确期货市场各类主体民事责任

《期货和衍生品法》对于期货市场各类主体实施的扰乱期货市场秩序,侵害期货交易者权益的违法行为规定了相应的民事赔偿责任,具体包括:

1. 针对期货经营机构

《期货和衍生品法》第78条明确规定了期货经营机构应予禁止的十一种损害交易者利益的行为,具体包括:(1)向交易者作出保证其资产本金不受损失或者取得最低收益承诺;(2)与交易者约定分享利益、共担风险;(3)违背交易者委托进行期货交易;(4)隐瞒重要事项或者使用其他不正当手段,诱骗交易者交易;(5)以虚假或者不确定的重大信息为依据向交易者提供交易建议;(6)向交易者提供虚假成交回报;(7)未将交易者交易指令下达到期货交易场所;(8)挪用交易者保证金;(9)未依照规定在期货保证金存管机构开立保证金账户,或者违规划转交易者保证金;(10)利用为交易者提供服务的便利,获取不正当利益或者转嫁风险;(11)其他损害交易者权益的行为。

《期货和衍生品法》第135条第2款规定,期货经营机构有上述侵害交易者利益的行为,给交易者造成损失的,应当依法承担赔偿责任。

《期货和衍生品法》第50条第3款规定,期货经营机构未履行交易者适当性义务导致交易者损失的,应承担相应的赔偿责任。《期货和衍生品法》第134条规定,期货经营机构在保证金管理(第40条)、公司变更(第62条)、内控制度建设(第65条)、股东担保(第68条)、信息披露(第71条)及重大事项报告(第72条)等经营行为活动中违反法律规定造成交易者损失的,应当依法承担赔偿责任。同时,《期货和衍生品法》第69条还规定,期货经营机构从业人员的业务活动违反期货交易规则,全部责任由所属的期货经营机构承担。但关于这一点,也曾引起业内人士争议,认为“全部责任”范围过大,应限于“相应责任”。

2. 针对期货交易场所

《期货和衍生品法》第87条规定,在期货市场出现异常情况时可以采取调整

保证金，调整涨跌停板幅度，调整会员、交易者的交易限额或持仓限额标准，限制开仓，强行平仓，暂时停止交易等紧急措施；第 89 条规定，因突发性事件导致期货交易结果出现重大异常，按交易结果进行结算、交割将对期货交易正常秩序和市场公平造成重大影响的，期货交易场所可以按照业务规则采取取消交易等措施。对于期货交易场所依照前述规定采取措施造成的损失，《期货和衍生品法》第 90 条规定，如期货交易场所存在重大过错的，应承担民事赔偿责任。这是《期货和衍生品法》首次明确规定了期货交易所可以采取取消交易的市场监管措施，该措施所带来的巨大影响说是重塑市场亦不为过。但是实务中，国内尚未有期货交易所实施取消交易的先例。〔2〕 司法机关如何认定期货交易所在“重大过错”下的民事责任尚待观察，但期货交易所采取此类强监管措施也必将十分审慎。〔3〕

3. 针对期货服务机构

《期货和衍生品法》第 140 条规定，期货服务机构未勤勉尽责，所制作、出具的文件有虚假记载、误导性陈述或者重大遗漏的，给他人造成损失的，应承担赔偿责任。该条规定在《期货交易管理条例》的基础上，大幅度提高了期货服务机构及相关责任人员的违法成本，进一步强调期货市场中介机构“看门人”的责任。

4. 针对实施“市场滥用行为”的违法主体

这里的“市场滥用行为”，并非《中华人民共和国反垄断法》中规定的“滥用市场地位”，而是指为了使金融市场投资者处于不利地位，或投资者自身为优先获得不公平信息差而滥用信息的行为，典型的市场滥用行为如操纵市场、内幕交易及非法披露内幕信息等。虽然我国证券期货法律没有明确“市场滥用行为”这一提法，但这个概念已被欧美成熟金融市场广泛接受和运用。〔4〕 就《期货和衍生品法》规定的内容来看，市场滥用行为主要涉及第 12 条操纵市场、第 13 条内幕交易及第 16 条传播虚假信息或误导性信息。上述违法行为扰乱了期货市场正常秩序，损害了广大交易者的合法权益，应依法予以惩处。《期货和衍生品法》

---

〔2〕 目前为止，仅有的交易所取消交易的实例是曾轰动一时的“327 国债事件”。1995 年 2 月 23 日晚 10 点，上交所经过紧急会议后宣布当日 16 时 22 分 13 秒之后的所有交易异常并无效，2 个月后，上市仅 2 年 6 个月的国债期货画上了句号。

〔3〕 最近的案例是伦敦金属交易所（London Metal Exchange，LME）在青山控股“妖镍”事件中实施了取消交易的监管措施，引发市场巨大争议，并已有英美投资机构起诉 LME 要求就 LME 实施该措施承担赔偿责任，参见 2022 年 9 月 19 日《新浪财经》报道《取消妖镍交易惹争议，LME 遭多家金融公司集体起诉要求赔偿》。

〔4〕 2016 年欧盟出台了《市场滥用条例》（Market Abuse Regulation，MAR），旨在通过提高金融市场透明度，遏制市场滥用等行为，切实保护投资者利益。

还借鉴了《中华人民共和国证券法》(以下简称《证券法》)相关规定,分别在第125条、第126条及第127条规定了对于上述市场滥用行为应受到的行政处罚,且相较于《期货交易管理条例》,处罚力度大为增加,同时对于上述行为给交易者造成的损失均应当承担民事赔偿责任。这些整肃市场秩序、打击市场滥用行为的规定从根本上讲也是为了保护交易者利益。

(二)民事赔偿责任优先

为贯彻"民事赔偿责任优先"的原则,《期货和衍生品法》第154条规定期货市场违法行为人的财产不足的,民事赔偿优先于行政罚没。

在"零容忍"打击证券期货违法行为背景下,期货市场违法行为人被处以高额罚款也将更为常见,其财产不足以同时承担民事赔偿责任和缴纳罚没款的问题将更加凸显,民事赔偿责任优先原则在事后救济环节为交易者提供了保障,有利于增强交易者信心,同时也是践行"以人民为中心"的发展思想的重要举措。实践中,对于行政处罚一般先于民事诉讼发生的情况,交易者如何求偿索赔到位的问题,2022年7月27日,中国证券监督管理委员会、中华人民共和国财政部联合发布《关于证券违法行为人财产优先用于承担民事赔偿责任有关事项的规定》,规定了证券市场违法案件民事赔偿优先于行政处罚责任,在申请主体、申请期限、申请材料、办理流程等内容,也明确了违法行为人所缴纳的行政罚没款用于承担民事赔偿责任的具体工作机制,是民事赔偿责任优先原则在证券领域的落地。《期货和衍生品法》实施后,期货市场民事赔偿责任是否可以参照证券民事赔偿优先制度或是期货监管部门单独制订期货民事赔偿相关操作制度,值得广大期货交易者期待,这对于优化期货市场法治环境,切实保护交易者合法权益将具有重要现实意义。

(三)代表人诉讼制度

《期货和衍生品法》第57条规定,交易者提起操纵市场、内幕交易等期货民事赔偿诉讼时,诉讼标的是同一种类,且当事人一方人数众多的,可以依法推选代表人进行诉讼。这是《期货和衍生品法》参照《证券法》设立的又一重要制度,《中华人民共和国民事诉讼法》确立的代表人诉讼制度在证券、期货领域具有重要实践意义,期货市场的交易对手方的不特定性、损害的广泛性等问题使得代表人诉讼制度更便于交易者发起和参与诉讼,降低维权成本;对于惩治期货违法违规行为,该制度对于保护期货交易者合法权益具有极为重要的促进作用。实践中,2020年7月,最高人民法院就证券诉讼代表人制度颁布了《最高人民法院关于证券纠纷代表人诉讼若干问题的规定》,涉及普通代表人诉讼和特别代表人诉讼的程序规定及其他一些代表人诉讼中的实践问题,但该司法解释仅针对证券投资领域，期货领域未来司法机关在处理期货交易者代表人诉讼过程中是否可以借鉴该司法解释判案，尚待最高人民法院释明。

四、从法律层面确立期货市场当事人承诺制度

当事人承诺制度属于行政和解制度范畴，是指国务院证券监督管理机构对涉嫌证券期货违法的单位或者个人进行调查期间，被调查的当事人承诺纠正涉嫌违法行为、赔偿有关投资者及交易者损失、消除损害或者不良影响，并经国务院证券监督管理机构认可，当事人履行承诺后国务院证券监督管理机构终止案件调查的行政执法方式。2015 年证监会公布实施了《行政和解试点实施办法》（已废止），后根据证监会公开资料显示，2019 年证监会与高盛（亚洲）有限责任公司、北京高华证券有限责任公司以及前述两家机构的相关工作人员等 9 名行政和解申请人达成行政和解协议，为中国资本市场首起公开的行政和解案例。

2021 年 10 月 26 日，国务院发布《证券期货行政执法当事人承诺制度实施办法》，以行政法规的形式对当事人承诺制度作出了相关规定。

《期货和衍生品法》的出台再次以立法的形式确立了该项制度，该法第 112 条规定，“国务院期货监督管理机构对涉嫌期货违法的单位或者个人进行调查期间，被调查的当事人书面申请，承诺在国务院期货监督管理机构认可的期限内纠正涉嫌违法行为，赔偿有关交易者损失，消除损害或者不良影响的，国务院期货监督管理机构可以决定中止调查。被调查的当事人履行承诺的，国务院期货监督管理机构可以决定终止调查；被调查的当事人未履行承诺或者有国务院规定的其他情形的，应当恢复调查。具体办法由国务院规定。国务院期货监督管理机构中止或者终止调查的，应当按照规定公开相关信息”。当事人承诺制度的制定，推动了行政和解在证券期货领域的贯彻实施，这不仅对提高执法效率、减少执法成本，尽快恢复市场秩序方面具有积极意义，且当事人承诺制度能够快速、有效地赔偿交易者损失，也是保护交易者权益的一项重要举措。

五、多角度保护交易者，促进期货交易的公平、公正、公开

除前文所述的各项交易者保护措施外，《期货和衍生品法》还从其他几个方面强化了对交易者的保护，具体而言：

(一)明确交易者享有知情权

《期货和衍生品法》第54条规定,交易者对其委托记录、交易记录、保证金余额,以及其他接受服务有关的重要信息享有知情权,有权进行查询。

(二)交易者信息依法受保护

《期货和衍生品法》第55条规定期货经营机构、期货交易场所、期货结算机构、期货服务机构,以及其工作人员应当依法为交易者信息保密,不得非法买卖、提供或者公开交易者的信息。

除上述知情权和信息受保护之外,交易者还享有哪些权利?这里需要明确的一个概念是,期货交易者是否属于金融消费者的范畴?我们认为,从广义上看,金融消费者是指为满足个人和家庭需要,购买金融机构金融产品或接受金融服务的自然人。金融消费者一般包括两类:一类是传统金融服务中的消费者,包括存款人、投保人等为保障财产安全和增值或管理控制风险而接受金融机构储蓄、保险等服务的人;另一类是购买基金等新型金融产品或直接投资证券期货市场的中小投资者。因此,期货交易者,特别是普通交易者属于广义金融消费者的范畴。依据《国务院办公厅关于加强金融消费者权益保护工作的指导意见》(国办发〔2015〕81号)的规定,金融消费者享有八项基本权利,分别是:财产安全权、知情权、自主选择权、公平交易权、依法求偿权、受教育权、受尊重权、信息安全权。《期货和衍生品法》虽然只是明确规定了知情权和信息受保护的权利,但在其他条款同样彰显了对交易者基本权利的保护,例如,前面提及的《期货和衍生品法》第78条期货经营机构禁止行为中,关于禁止经营机构挪用交易者保证金、禁止获取不正当利益或转嫁风险,则是保护交易者财产安全和交易公平;第104条中期协职责之开展交易者教育和保护工作的规定,则是明确交易者受教育的权利;此前论及的代表人诉讼制度、民事赔偿相关规定则是确保交易者依法求偿权利,诸如此类的规定散见于《期货和衍生品法》相关条款中,不一而足。

(三)禁止期货行业相关人员参与期货交易,防范利益冲突

《期货和衍生品法》第53条规定,期货经营机构、期货交易场所、期货结算机构的从业人员,国务院期货监督管理机构、期货业协会的工作人员,以及法律、行政法规和国务院期货监督管理机构规定禁止参与期货交易的其他人员,不得进行期货交易。上述人员往往是内幕信息的接触者,禁止上述人员参与交易能够较大程度上防范内幕交易的发生。

(四)设立交易者保障基金

《期货和衍生品法》第58条规定,国家设立期货交易者保障基金。期货交易者保障基金的筹集、管理和使用的具体办法,由国务院期货监督管理机构会同国务院财政部门制定。该条也是参照《证券法》设立证券投资者保护基金的做法，通过设立期货交易者保障基金来为广大期货交易者设立一道市场风险防范的“保险”。

六、结语

《期货和衍生品法》的出台是我国期货行业发展的里程碑，广大期货交易者作为期货市场的重要参与主体，其利益理应受到法律的重点关注和保护，《期货和衍生品法》从多方位、多层次，从行政救济到民事权利救济，从程序到实体，较为详尽地规定了对期货市场交易者权益的保护，有助于吸引更多交易者参与期货和衍生品交易，有利于实现期货和衍生品市场交易的“三公”环境，对我国期货和衍生品市场的发展具有重要意义。

期货及衍生品法律评论
第四卷，第 70 ~81 页

从银行衍生品业务视角解读《期货和衍生品法》实施影响

曲　峰*　王　敏**　章明芳***

十三届全国人大常委会第三十四次会议表决通过《中华人民共和国期货和衍生品法》（以下简称《期货和衍生品法》），该法于 2022 年 8 月 1 日起施行。《期货和衍生品法》的最大亮点之一，不仅在法律名称中加入衍生品，也在内容上涵盖了衍生品交易内容，通过对过往衍生品交易实践经验的总结，在法律层面为衍生品交易设立了基本法律规则和框架。作为长期关注期货期权及金融衍生品市场并向银行、证券、期货等金融机构提供诉讼与非诉法律服务的律师团队，笔者持续关注并研究《期货和衍生品法》及其他配套法规规章对金融机构从事衍生品交易业务的影响。

一方面，《期货和衍生品法》第 3 条明确对衍生品交易予以定义。除期货合约以外，还提及互换合约、远期合约和非标准化期权合约及其组合交易的形式。同时，除对期货合约、期权合约予以定义以外，按照巴塞尔银行监管委员会和国际证监会组织有关衍生品的定义，还明确了互换合约、远期合约属于金融合约的属性。从金融法角度，衍生产品就是一种金融合约，合约的基本种类包括远期、期货、互换和

* 北京大成（上海）律师事务所高级合伙人、中国区金融机构组牵头人、大成金融部主任、大成董事会董事。

** 北京大成（上海）律师事务所资深律师。

*** 北京大成（上海）律师事务所资深律师。

期权。

另一方面,《期货和衍生品法》第二章第三节中,单独规定了关于衍生品交易的内容。章节中明确了单一主协议、终止净额结算、集中结算、破产隔离等基础法律条款的适用。这些内容,既总结了中国金融机构的过往实践经验,也参考了国际衍生品交易的成熟制度,有力地提升了中国衍生品市场的国际化程度,更有力地打造了中国衍生品市场发展的空间。

商业银行作为比较活跃的参与金融衍生品交易的机构,本文将主要研究《期货和衍生品法》对商业银行开展金融衍生品交易的影响,包括银行衍生品交易场景、衍生产品类型、交易者适当性、交易文本适用、合同范本备案、终止净额结算、集中清算、交易报告库、域外适用等问题,并分享我们的一些意见和建议。

一、中国场外衍生品市场发展概况

根据交易场所来划分,衍生品可以分为场内衍生品和场外衍生品。从全球的衍生品的发展历史来看,场外衍生品早于场内衍生品的出现。场外衍生品能够根据不同客户的个性化需求,提供专属化的交易方案,仅在交易双方之间达成交易,满足多样化的套期保值或套利功能的需求。

然而与全球场外衍生品市场不同,长期以来,中国衍生品市场以场内衍生品为主,场内衍生品市场发展整体早于场外衍生品市场,分为商品衍生品和金融衍生品两大类,其中场内商品衍生品为主导,发展相对规范,场外金融衍生品也日渐成熟。

中国场外衍生品市场起步于1997年,晚于场内衍生品市场,随着《中国银行间市场金融衍生产品交易主协议(2009年版)》(以下简称NAFMII主协议)和《中国证券市场金融衍生品交易主协议(2013年版)》先后推出,场外衍生品的监管日趋规范。目前,银行间场外衍生品市场和证券间场外衍生品市场是最重要的两个场外衍生品市场,银行间场外衍生品市场占据主导地位,其成交量占到中国场外衍生品市场的90%以上,证券公司间场外衍生品市场快速发展。此外,外资机构在国际掉期与衍生品协会(International Swaps and Derivatives Association, ISDA)主协议项下的柜台交易也是重要的部分。中国场外衍生品市场经过十几年的发展,逐步形成了中国银行间市场交易商协会(以下简称NAFMII)体系下的银行间场外衍生品市场、中国证券业协会体系下的证券期货场外衍生品市场以及国际掉期与衍生品协会(以下简称ISDA)体系下的外资机构柜台市场三大子市场体系共存的市场格局。

银行场外衍生品市场兴起最早,目前银行间场外衍生品市场规模最大,商业银行是该市场最活跃的参与机构。自2005年人民币利率互换交易试点后,银行间衍生品市场正式启动,2006年推出人民币利率互换交易,随后人民币远期利率协议、人民币外汇远期等衍生品陆续推出。利率衍生品和外汇衍生品为银行间场外衍生品两大主要类型,其中外汇衍生品占主导。除了利率衍生品和外汇衍生品之外,银行间场外衍生品还包括大宗商品类和信用类衍生品。在分业监管的框架下,不允许银行参与期货交易、股权投资及上市公司的股票交易业务,因此,银行不提供"权益类"衍生品。

银行场外衍生品的主要交易场所及主导机构主要是中国外汇交易中心暨全国银行间同业拆借中心、银行间交易商协会、上海清算所、上海黄金交易所以及商业银行柜台,每一个交易场所或主导机构分别支持不同类型的场外衍生品交易。[1] 结合目前各交易场所及主导机构所交易的场外衍生产品,汇总见表1。

表1　各交易场所及主导机构所交易的场外衍生产品

交易场所及主导机构	主要场外衍生品
外汇交易中心	外汇类和利率类 远期、互换、期权
银行间交易商协会	信用类 合约和凭证
上海清算所	大宗商品类 远期、掉期、期权
上海黄金交易所	黄金 远期、掉期、期权
商业银行柜台	外汇类、利率类、大宗商品类 远期、互换、期权

二、银行衍生品交易的监管变化

在本次全国人大《期货和衍生品法》颁布之前,基于"分业经营,分业监管"

〔1〕 赵恒珩、刘颖出:《你们心心念的场外衍生品报告,全文来了,值得收藏》,载微信公众号"期权世界"2020年7月9日,https://mp.weixin.qq.com/s/wJJUXaPXLYi5NJNN6Ar7kg。

的监管理念，商业银行、城商银行、外资银行、保险公司及金融资产管理公司、信托公司等金融机构从事衍生品交易业务，主要受原中国银行保险监督管理委员会（以下简称原银保监会）的监督管理。

但是，《期货和衍生品法》第8条第2款规定："衍生品市场由国务院期货监督管理机构或者国务院授权的部门按照职责分工实行监督管理。"对于该条中的监督管理，有行业人士解读为场外衍生品市场将逐渐转向由中国证券监督管理委员会（以下简称证监会）监管，银保监会的监管地位将大大削弱。对此，我们理解，上述条款规定是为避免监管空白和多头监管的一种技术性处理，也是对目前衍生品市场交易情况和监管框架的概括确认。

截至目前，2011年1月5日发布的《银行业金融机构衍生产品交易业务管理暂行办法》（以下简称《暂行办法》）是银行业金融机构开展金融衍生品交易的总领性文件。其中第6条第1款规定："银行业金融机构开办衍生产品交易业务，应当经中国银监会批准，接受中国银监会的监督与检查。"依据该办法，银保监会仍是银行衍生品交易的主要监管机关。

另外，2021年12月3日，中国人民银行、银保监会、证监会、国家外汇管理局联合发布《关于促进衍生品业务规范发展的指导意见（征求意见稿）》（以下简称《指导意见》）。由此也可以看出，衍生品业务监管出现了一行两会及一局的局面。

我们预测，随着《期货和衍生品法》的正式颁布，一方面，《指导意见》会作为相应衍生品交易的配套制度出台，规范并助推场外衍生品业务的发展。另一方面，场外衍生品业务市场，将由中国人民银行、证监会、银保监会及国家外汇管理局依照其职能，按不同主体及不同标的资产，分别监管。当然，结合《期货和衍生品法》的出台，我们预测，在各监管角色之间，既可能存在分别监管、多重监管，也可能存在交叉监管、联合监管的局面。

三、银行开展衍生品交易的业务类型

《期货和衍生品法》第3条第2款规定："本法所称衍生品交易，是指期货交易以外的，以互换合约、远期合约和非标准化期权合约及其组合为交易标的的交易活动。"这一定义与当前主流金融学定义相同，与《暂行办法》规定的衍生品交易基本一致。

目前，银行开展衍生品交易的基础资产主要包括利率、外汇、大宗商品、信用四大类,其中利率衍生品和外汇衍生品占比较大。利率类衍生品主要是利率互换、债券远期、利率远期;外汇类衍生品主要是人民币外汇掉期、人民币外汇远期和人民币外汇期权。

因此,我们认为,银行目前正常开展的衍生品交易能够被《期货和衍生品法》所覆盖。由于《期货和衍生品法》只是规定了衍生品交易的基本原则,因此,银行能够开展的衍生品业务类型仍应遵守《暂行办法》的相关规定。笔者预期,将来银行开展的衍生品业务类型也仍是分为套期保值类衍生产品交易和非套期保值类衍生产品交易两类。

套期保值类衍生产品交易,即银行主动发起,为规避自有资产、负债的信用风险、市场风险或流动性风险而进行的衍生产品交易。此类交易需符合套期会计规定,并划入银行账户管理。

非套期保值类衍生产品交易,即除套期保值类以外的衍生产品交易,包括三种:(1)代客交易:由客户发起,银行为满足客户需求提供的一对一交易和银行为对冲前述交易相关风险而进行的交易。需要强调的是代客交易中,银行不是受托人,双方并非委托代理关系,而是交易对手关系,这一点要严格与银行代客理财业务或委托理财产品相区分。(2)做市交易:银行为承担做市义务持续提供市场买、卖双边价格,并按其报价与其他市场参与者进行的交易。(3)自营交易:银行主动发起,运用自有资金,根据对市场走势的判断,以获利为目的进行的自营交易。此类交易划入交易账户管理。

四、交易者适当性制度

《期货和衍生品法》从交易者适当性管理义务、交易者权利、民事赔偿诉讼制度等方面系统构建期货和衍生品交易者的保护体系。根据《期货和衍生品法》第31条的规定,金融机构开展衍生品交易业务,应当履行交易者适当性管理义务。该条规定用了“交易者”而非“投资者”字眼,这从侧面肯定了衍生品交易双方系平等交易主体且风险自担的原则。但何为适当性管理,适当性管理的边界在哪里?如果发生法律纠纷,应该由哪一方举证银行已经履行了适当性管理义务?我们理解,在配套实操制度出来前,银行在遵守原银保监会的相关规定下可以视为履行了适当性管理义务。目前银行衍生品交易主要适用的是《暂行办法》,但该法未区分专业交易者和普通交易者,也未禁止个人投资者参与场外衍生品交易。

根据《指导意见》规定，银行保险机构不得通过柜台与个人客户直接开展衍生品交易，不得为企业提供以非套期保值为目的的交易服务。

虽然《指导意见》尚未生效，但是对于银行的代客业务，笔者认为应该谨慎评估对个人开展的衍生品交易业务。根据《暂行办法》的规定，银行可以开展代客衍生品交易的客户主体包含个人和除金融机构以外的机构，其中还特别强调了对个人衍生产品交易的风险评估和销售环节适用个人理财业务的相关规定。但是，《指导意见》第 8 条规定了银行保险机构不得通过柜台与个人客户直接开展衍生品交易。虽然《指导意见》尚未正式生效，但出于国家统一监管、解决监管套利问题的目的，我们预测，银行代客衍生品交易未来很难再以个人客户作为交易对手方，银行需谨慎新增这类以个人为交易对手方的衍生品业务。

此外，在金融衍生品交易双方均为依法批准或核准的金融机构为对冲自身风险而进行衍生品交易时，交易双方应当互相对交易相对方负有适当性管理义务。

五、单一协议及主协议备案制度

《期货和衍生品法》第 32 条规定："衍生品交易采用主协议方式的，主协议、主协议项下的全部补充协议以及交易双方就各项具体交易作出的约定等，共同构成交易双方之间一个完整的单一协议，具有法律约束力。"

《期货和衍生品法》第 33 条规定："本法第三十二条规定的主协议等合同范本，应当按照国务院授权的部门或者国务院期货监督管理机构的规定报送备案。"首次以立法形式明确了衍生品交易单一协议的法律地位和法律效力，建立了衍生品主协议的备案制度，对金融衍生品行业具有深远的指导意义。但单一协议制度，可以防止破产管理人在主协议项下行使"挑选履行权"，只履行对破产企业有利的协议，不符合场外衍生品的国际惯例，不利于场外衍生品的国际化。

但该规定是指金融机构需要向监管部门备案合同范本？还是指金融机构使用的合同范本需是经监管部门备案的合同范本？这些尚需要出台配套细则。目前在银行场外业务中，通常使用的模板为中国银行间市场交易商协会制定的衍生产品交易合同模板《NAFMII 协议》和国际掉期与衍生品协会制定的示范合同文本模板《ISDA 协议》。虽然《ISDA 协议》目前并未经监管机关备案，但我们理解，按照目前市场衍生品交易及跨境交易的需求，作为国际通用模板的《ISDA 协议》符合《期货和衍生品法》的规定。

根据我们所知,部分银行的代客衍生品交易合约名称都类似是《代客××业务协议》或者《代客××买卖协议》,实践中存在开展衍生品交易的金融机构自行制定主协议的情况,为确保单一协议的法律效力,结合具体的衍生品交易类型,判断是否向监督管理机构备案。由于衍生品交易各方的种种考量,银行金融机构在开展外汇远期交易等简单衍生品交易时,可能未与交易对手方签署主协议,未签署备案的主协议而达成的多笔衍生品交易是否能够适用单一协议制度存在一定的法律风险。因此,我们建议银行在境内开展衍生品业务时应尽可能使用 NAFMII 主协议模板,在与境外机构交易时可以使用 ISDA 主协议模板。在修改合同时,应尽量避免使用理财、委托、代理、授权等误导性字眼。

六、终止净额结算制度

《期货和衍生品法》第 31 条、第 32 条、第 35 条、第 37 条规定了衍生品交易的“单一协议”和“终止净额结算”制度。

《期货和衍生品法》颁布之前,法律上并未规定“单一协议”和“终止净额结算”,但是在过去司法实践中,在能够确定衍生品交易法律关系的前提下,“单一协议”和“终止净额结算”基本都能得到司法认可。但长期以来,由于我国《企业破产法》下终止净额结算机制的最终有效性存在不确定性,国际行业协会发布的备忘录认定我国属于“非净额结算司法管辖区”。此外,中外资银行普遍将以中资银行为衍生品工具交易对手的风险暴露和资本占用进行全额计算,影响了中资银行在国际金融市场的竞争力。

中资银行参与国际衍生品交易时通常会面临如下困境,例如,大部分外资金融机构未采用净额结算方式计算中资银行的风险暴露和资本占用,不与中资银行签署信用支持文件等保证金协议,以此提高对中资银行的报价;部分外资金融机构与中资银行签署 ISDA 主协议等时,通常会将自动提前终止条款单方面适用于中资银行,以此规避中资银行进入破产程序的风险;部分外资金融机构由于属地监管原因,要求中资银行以全额方式缴纳保证金,增加了中资银行的交易成本。[2]

2021 年 11 月 23 日,原银保监会发布了《关于衍生工具交易对手违约风险资

---

〔2〕 郭远、葛琳等:《〈关于衍生工具交易对手违约风险资产计量规则有关问题的通知〉对终止净额结算机制的积极影响》,载《中国场外金融衍生品市场发展报告(2021 年度)》。

产计量规则有关问题的通知》，明确符合条件的商业银行可以净额计算衍生工具交易对手风险敞口和计提资本，标志着我国监管对终止净值结算制度有效性的确认。目前《期货和衍生品法》从法律层面确定了"单一协议"和"终止净额结算"约定的有效性和可执行性，意义重大。这有利于帮助中资银行在国际衍生品交易中合理争取有利地位，提升中资银行市场地位和参与度，增强中资商业银行在国际衍生品交易中的竞争力。

值得指出的是，中国人民银行于2022年4月6日发布了《中华人民共和国金融稳定法（草案征求意见稿）》（以下简称《金融稳定法草案》），该草案征求意见期间从2022年4月6日至2022年5月6日。该草案第30条规定，国务院金融管理部门可以采取的处置措施中包含"暂停合格金融交易的终止净额结算"。单纯从规定上看，《期货和衍生品法》规定的终止净额结算可能存在例外情形，增加了终止净额结算的不确定性，笔者相信，在《期货和衍生品法》已经生效的情况下，人民银行会对此进行回应，比如在《金融稳定法草案》或其他配套制度中规定"暂停合格金融交易的终止净额结算"的限制性前提条件、审批程序、暂停的时间及后果等。

另外，需要提示银行的是，虽然终止净额结算的效力从法律层面予以确定，但是在过往一些衍生品纠纷案件中，关于每笔交易是否已经达成、提前终止款项的计算方式、提前终止款项的性质等都很容易产生争议，因此，银行在开展衍生品交易中，仍需高度关注净额结算相关条款，尽量使这些条款明确无歧义。

七、衍生品交易履约保障制度

《期货和衍生品法》第34条规定："进行衍生品交易，可以依法通过质押等方式提供履约保障。"根据该规定，以列举式的概括性写法肯定了多种履约保障形式，且未将其限定于"具有担保功能的合约"。从广义上来说，履约保障品包括现金、债券等有价证券、实物资产等。但在中国目前市场实践中，以现金作为场外衍生品交易中的履约保障品较为常见，笔者相信，未来履约保障品形式将会更加多样。比如，在原始保证金中采用现金形式，但是，在维持保证金中则可以采用债券、仓单等多种形式。

履约保障机制是场外衍生品交易的重要制度，包括"质押式履约保障"和"转让式履约保障"，两者在法律关系、设立流程、担保品或履约保障品使用和实现权益方式等方面都有所区别。质押式履约保障创设的是担保法律关系，从属于主债权关系,担保品的所有权并未转移。现阶段国际通行 ISDA 和境内市场 NAFMII 均有相应的质押式履约保障文件。

转让式履约保障所创设的是合同法律关系,履约保障文件作为主协议的一项交易文件,与其他交易文件共同构成“单一协议”,履约保障品的所有权直接转让给接收方,作为接收方在主协议项下的一项应付金额。在提供方违约的情况下,转让式履约保障品价值纳入主协议债权计算,适用净额结算条款将主协议项下的所有应付金额在轧差计算后产生一方向另一方支付的单一金额,从而达到履约保障的效果。[3]

需要提示的是,“转让式履约保障”是国际上一种常用的信用方式,中国衍生品交易也有此类应用。现阶段国际通行的 ISDA 和境内市场 NAFMII 均有相应的转让式履约保障文件。在中国法项下,虽然 NAFMII 转让式履约保障文件中对于履约保障双方的权利义务有了较为明确的约定,但是中国司法实践对“转让式履约保障”安排存在不确定性,“转让式履约保障”是否会被理解为让与担保或者其他非典型担保形式,更是现实的法律适用问题。在《全国法院民商事审判工作会议纪要》和《最高人民法院关于适用〈中华人民共和国民法典〉有关担保制度的解释》明确规定让与担保的背景下,转让式履约保障机制可能存在被司法裁判认定为让与担保的风险。但是,笔者认为,本次立法的信号是积极正向的,对履约保障安排的开放式规定预留了想象空间,为转让式履约保障机制在中国法项下的认可增加了确定性。目前,适用转让式履约保障,在现行中国法下具有一定的合法性和可行性。但我们仍建议银行及金融机构在开展衍生品交易过程中,需谨慎评估“转让式履约保障”模式的风险,并采取一定的缓释措施,同时,密切关注后续相关配套法规和司法实践对该问题的认定。

八、集中结算与中央对手方制度

本次立法,首次在全国人大法律层面确认了期货结算机构为中央对手方的属性。《期货和衍生品法》第 37 条第 1 款中规定:“衍生品交易,由国务院授权的部门或者国务院期货监督管理机构批准的结算机构作为中央对手方进行集中结算的,可以依法进行终止净额结算……”

---

〔3〕 李季、李川等:《转让式履约保障机制的法律认定探析及国际实践的启示》,载《中国场外金融衍生品市场发展报告(2021 年度)》。

根据该规定,可以看出法律层面并未规定所有的衍生品交易均必须通过中央对手方进行集中清算,立法中肯定了衍生品交易可以采取中央对手方集中清算的制度。

场外衍生品市场的清算模式一般会经历非标准化双边清算模式、标准化双边清算模式、中央对手方清算模式三个阶段。虽然我国场外衍生品市场发展时间较短,但是规模已经超万亿,存在对手方难找、机构间难以达成交易、标准化合约限制多不利于标的对冲、双边交易无法解决对手方信用不对等等问题。我国目前处于初级摸索阶段,随着业务规模的进一步发展,集中清算模式势在必行。场外衍生品的集中清算主要包括产品、规则、交易、结算以及风险处置的标准化。

目前,衍生品市场主要分为银行间衍生品市场、证券公司衍生品市场和期货风险管理公司的衍生品市场,各个市场衍生品交易的发展和标准化程度不一。银行间场外衍生品市场集中清算机制建立较早,2014 年 1 月 28 日,中国人民银行发布《关于建立场外金融衍生产品集中清算机制及开展人民币利率互换集中清算业务有关事宜的通知》,正式建立起了我国场外金融衍生品的集中清算机制,并同时要求人民币利率互换交易均应提交银行间市场清算所股份有限公司(以下简称上海清算所)实行集中清算。目前,上海清算所已建立了我国场外金融市场统一、专业的集中清算服务体系,覆盖债券、利率、外汇、信用及大宗商品五大类产品。

同时,《期货和衍生品法》出台之前,证监会已经正式批准了包括中国金融交易所、上海期货交易所、大连商品交易所、郑州商品交易所、上海国际能源交易中心、上海黄金交易所等在内的合格中央对手方资格。

我们预测,随着《期货和衍生品法》在法律层面肯定了中央对手方集中清算制度,银行间衍生品市场对于集中清算的要求可能越来越高。但是,目前银行金融机构与客户的衍生品交易,既可以进行双边清算,也可以采用提交合格中央对手方开展集中清算。特别是对于具有较高标准化程度的衍生品交易品种,未来应加大鼓励交易双方提交中央对手方实施集中清算。否则,进行双边清算则应当适用更高的保证金或质押品。

九、衍生品交易报告库制度

《期货和衍生品法》第 36 条规定:"国务院授权的部门、国务院期货监督管理机构应当建立衍生品交易报告库,对衍生品交易标的、规模、对手方等信息进行集中收集、保存、分析和管理,并按照规定及时向市场披露有关信息。具体办法由国务院授权的部门、国务院期货监督管理机构规定。”

另外,《指导意见》第5条也规定:“金融机构开展衍生品交易,应当向交易报告库报告衍生品交易相关数据,并妥善保存所有衍生品交易相关数据、交流信息记录等,保存期限不少于5年。”

场外衍生品风险管理在防范金融风险中发挥重要作用,加强场外衍生品交易报告库有助于统一数据标准、提高数据质量,掌握场外市场的运作情况,为每个市场参与主体和整个衍生品市场提供相关交易数据,开展场内外的联动分析,监测单个主体的交易风险以及防范系统性风险,提升整个衍生品市场的运营效率。“交易报告库”是很重要的金融市场基础设施之一,是承担接收、维护交易信息的数据系统的运营机构,其核心是建立中央数据库,集中收集、存管及分发金融产品交易数据,并为参与者提供交易后的相关服务,同时服务监管机构风险管理需求。我们预测,未来衍生品交易均可能建立衍生品交易报告库制度。不过,具体办法会由国务院授权的部门、国务院期货监督管理机构另行规定。

目前,在金融稳定理事会(Financial Stability Board,FSB)发布《2021年全球场外衍生品市场改革进展报告》中,我国有两家公司被列入正式交易报告库名单,分别为中国期货市场监控中心有限责任公司(以下简称中国期货监控)和中证机构间报价系统股份有限公司(以下简称中证报价)。从这两家公司的定位看,中国期货监控主要负责期货市场及衍生品的交易报告库,中证报价主要负责证券行业衍生品交易报告库。对于银行间市场的场外衍生品交易信息是否要适用以及如何适用,尚待有关部门出具相应的配套制度及操作细则。

十、域外适用效力

在期货和衍生品市场的国际化和全球化背景下,《期货和衍生品法》第2条明确了该法的适用范围,在属地管辖原则的基础上,同时赋予了该法的域外适用效力。第2条第2款规定:“在中华人民共和国境外的期货交易和衍生品交易及相关活动,扰乱中华人民共和国境内市场秩序,损害境内交易者合法权益的,依照本法有关规定处理并追究法律责任。”

该表述借鉴了《中华人民共和国证券法》(以下简称《证券法》)第2条规定,《期货和衍生品法》与《证券法》两部法律在域外效力方面具有异曲同工之处。

《期货和衍生品法》关于域外效力的适用在“第十一章　跨境交易与监管协作”得到了充分体现，并共同形成了“对等互惠”的跨境监管理念。

值得特别注意的是，目前境外交易者可与中国境内期货、期权合约等资产挂钩的场外衍生品交易，如总收益互换、股票互换等，通过总收益互换交易挂钩境内标的资产，无须申请相关合格境外机构投资者/人民币合格境外机构投资者的跨境交易资格，可以间接取得境内底层资产的经济收益。尽管中国法律法规并没有明确禁止该类场外衍生品交易方式，但如果从穿透监管的原则来看的话，可能会违反账户实名制度、间接持股、操纵股票价格等相关监管规定。

因此，根据我们对于《期货和衍生品法》域外效力的理解，如果该类衍生品交易行为影响了境内标的资产的价格和交易量，从而扰乱了中国境内衍生品市场的交易秩序或损害境内交易者合法权益的，该类场外衍生品交易可能会因违反该法而被追究法律责任。未来中国监管机构将如何适用该域外效力和采取何种监管措施，我们仍有待观察。

十一、结语

《期货和衍生品法》的制定和颁布，为中国期货和衍生品市场发展提供坚实的法律保障，填补了金融市场的法律空白，与中国现行的商业银行法、证券法、证券投资基金法、保险法、信托法等组成了完整的金融法律体系。从长远来看，《期货和衍生品法》必将给期货和衍生品行业带来巨大的发展机遇，极大促进中国期货和衍生品市场的健康发展，与国际市场实现互联互通和双向循环，进一步提升中国期货市场的市场化、法治化和国际化水平。

【业务探讨】

期货及衍生品法律评论
第四卷,第 85 ~94 页

期权市场功能的中国案例

股票期权课题研究组*

2015 年,我国首只股票股指期权产品上市,经过 7 年多的发展,我国股票股指期权市场已初具规模,已上市的期权产品均已成为全球市场重要的期权品种,市场规模位居全球同类产品前列。随着我国股票股指期权市场规模的不断扩大,其市场影响受到广泛的关注。因此,有必要对股票股指期权的功能发挥情况进行深入分析研究,以期形成市场共识,做好期权市场建设,助力股票市场平稳健康发展。

一、期权市场功能的理论依据

期权是重要的风险管理工具,理论上具备为现货提供保险、降低标的价格波动、提高流动性和定价效率等功能,对于资本市场的长期稳定发展具有重要作用。

(一)为现货提供保险

期权具有独特的保险功能,有助于投资者坚定持有标的现货,减少频繁买卖而引起的现货价格波动。期权是投资者管理风险的重要工具,在管理现货价格风险的同时,还能保留潜在收益的可能,有助于投资者长期持有股票,逐步树立

---

* 课题研究组成员:皮六一、钱源、孙悦、于鑫、唐凯、邹冬、王泳、邓韬、陈炜、王奕彬、王彩虹、徐磊。
本文仅代表作者个人观点,不代表任何单位意见。

长期投资理念,促进资本市场长期健康发展。

期权保险功能的原理是,期权买方通过支付权利金(期权合约价格)获得在未来特定时间以约定价格买入(卖出)标的资产的权利,锁定资产的未来买入(卖出)价格,在未来资产价格波动造成损失时,期权产生的收益可以全部或部分抵消损失。这与保险产品的原理类似,买期权类似于买保险,支付的权利金类似于保险费,期权的卖方近似于保险公司,成为风险的承担者,通常以机构为主要群体,专业和风控能力相对较高,且期权产品在制度设计上通过一系列措施有效监控和管理卖方风险,可以保障市场平稳运行。

(二)降低标的价格波动

投资者通过期权交易可以更加有效地对风险进行管理,从而减少标的证券的波动性。[1] 对于机构投资者特别是公募基金、社保基金、保险资金等资产管理人来说,保持资产组合的价值稳定是重要的投资目标,经过波动性风险调整后的收益是衡量资产管理效果的重要标准,部分投资组合对此类风险还有硬性风控要求。而期权价格既反映了标的价格变化,也反映了标的波动变化,可以同时管理标的价格风险和波动性风险,使投资组合整体在更好地满足风控合规要求的同时,获得更加稳定的收益。例如,可以在持有现货的同时,买入一个认沽期权并卖出一个认购期权(领口策略,见图1),将一定时期资产组合的收益保持在一个确定的区间内,减少了现货资产波动对收益的影响。

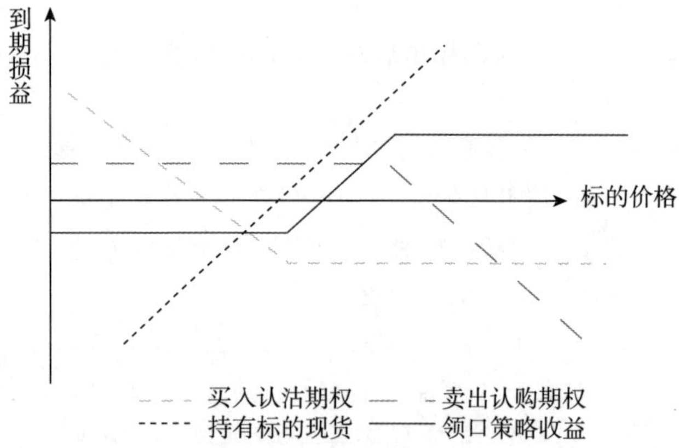

图1　领口策略收益特征

[1] Detemple J. & Selden L., *A General Equilibrium Analysis of Option and Stock Market Interactions*, 32 International Economic Review(1991).

（三）客观反映市场波动，衡量市场情绪

期权价格包含的信息较为丰富，能够度量当下市场波动，衡量市场情绪，为宏观决策和市场监管提供参考〔2〕。

期权价格体现了投资者对管理当前标的市场价格风险所愿意支付的“保险费”，基于期权价格信息可以编制形成波动率指数等指标，来反映投资者当前的市场情绪。波动率指数上升，说明投资者认为未来市场波动可能加剧，市场恐慌或者贪婪情绪正在高涨，反之，则代表投资者情绪的缓和。在2008年国际金融危机中，芝加哥商品交易所根据标普500股指期权编制的波动率指数（Volatility Index，VIX）为美国监管机构提供了观察市场情绪的指标，提升了监管决策的有效性和及时性。目前，波动率指数也是国际货币基金组织、国际清算银行、美联储、欧洲央行、英国央行等全球重要金融管理部门及监管机构进行金融决策的重要指标之一。

（四）丰富交易方式，改善市场生态

期权的非线性收益结构为投资者提供了更丰富的交易方式，有助于改善投资者追涨杀跌的行为模式，减缓价格波动，促进市场生态的良性发展。期权的推出丰富了现货市场的多空机制，为投资者提供了更加精细化的交易工具和风险管理工具。投资者可以根据自身的收益、风险偏好选择更多交易模式，有助于减少现货市场大幅波动时追涨杀跌的“羊群效应”，减少一致性交易行为，促进市场的整体稳定。尤其是当现货市场大幅下跌时，投资者可以买入认沽期权锁定标的持仓的最大损失，或卖出认购期权，以权利金收益弥补标的持仓的损失，从而减少集中抛售引发的市场恐慌。

（五）提升标的资产流动性，扩大标的市场广度和深度

期权为投资者提供了灵活的资产配置和风险管理工具，降低了市场的信息不对称性，有助于提升现货市场流动性〔3〕。主要体现在三个方面：

一是期权与标的现货可以构建丰富的投资策略，增加标的现货的交易需求。期权是一种灵活的投资工具，包含买卖方向、执行价格、到期日等关键因素，投资者可以根据对市场的趋势判断以及风险偏好，与现货构建多样的投资策略，相关交易会增加现货市场的买卖报价总量，拓宽现货市场深度和广度。

---

〔2〕 Fernandes M., Medeiros M. C. & Scharth M., *Modeling and Predicting the CBOE Market Volatility Index*, 40 Journal of Banking & Finance (2021).

〔3〕 Kumar R., Sarin A. & Shastri K., *The Impact of Options Trading on the Market Quality of the Underlying Security: An Empirical Analysis*, 53 The Journal of Finance (1998).

二是期权的制度设计有助于促进标的现货交易。期权交易采取做市商制度,做市商为了对冲被动持有期权头寸的方向性风险,需要通过现货进行对冲,这也将增加现货的交易量。同时,对于采用实物交割模式的期权而言,行权时期权的买方有权利从卖方获取或向卖方卖出标的资产,这些都能一定程度增加标的的流动性。

三是期权可以降低现货市场的信息不对称程度,提升标的流动性〔4〕。期权产品上市后,具有信息优势的交易者将从现货市场转移至期权市场进行交易,从而可以降低现货市场的信息不对称性,减少标的证券的买卖价差,提升标的证券的流动性。

(六)提高定价效率,减少定价偏差对市场运行的干扰

期权通过丰富现货市场的信息含量和提升现货市场对信息的反应速度,降低市场噪声交易,可以提高现货市场的定价效率〔5〕。当现货市场出现定价偏差时,期权和现货市场之间的套利交易将促使价格回归合理水平,从而减少定价偏差对市场运行的干扰〔6〕。期权市场的投资者通过充分博弈完善价格形成机制。投机、套保、套利等行为都需要收集和评估当前信息并对未来供需关系进行分析,根据相关信息做评估,形成未来价格预期,并据此建仓,这些行为能够让标的现货和期权价格关系保持适当的一致性。这种关联的存在是因为市场参与者可以在两个市场进行无风险套利降低价格差异,具体来看,如果其中一个市场的价格明显过低,可以在该市场做多,并在另一个市场做空,推升低估资产的价格的同时,压低高估资产的价格,使得各个市场价格的相对关系维持在合理的水平。

此外,期权与标的现货的价格关系还可以通过认购—认沽期权平价关系加以维系,包括做市商在内的专业投资者的套利交易会消除市场之间不合理的价差关系。

二、境内外市场期权市场功能发挥情况

我们通过考察境内外期权市场运行实践情况,对期权市场功能发挥情况进

〔4〕 毛杰:《指数ETF期权上市对标的指数成份股市场质量的影响——来自上证50ETF期权上市的经验证据》,载《证券市场导报》2017年第3期。

〔5〕 Kumar R., Sarin A. & Shastri K., *The Impact of Index Options on the Underlying Stocks: the Evidence from the Listing of Nikkei Stock Average Options*, 3 Pacific - Basin Finance Journal(1995).

〔6〕 Ackert L. F. & Tian Y. S., *Efficiency in Index Options Markets and Trading in Stock Baskets*, 25 Journal of banking & finance(2001).

行了总结分析。

(一)境外市场期权市场功能发挥情况

关于期权的功能和作用,美国联邦储备委员会、商品期货交易监管委员会(The Commodity Futures Trading Commission, CFTC)、证券交易监管委员会(United States Securities and Exchange Commission, SEC)会同美国财政部于1985年联合完成并向美国众议院提交的《期货期权交易对经济的影响研究》。该报告充分肯定了期权的市场功能,认为期权市场对实体经济运行具有积极作用。此外,大量实证研究表明,期权具有提升市场定价效率、降低市场波动、提升市场流动性等市场功能〔7〕。

一是期权有利于投资者管理投资组合风险。2010年Tower Group的调查结果表明,79%的机构投资者将避险目的列为其使用期权的原因,同时,61%的机构投资者表示使用期权是为了构建一种现金流中性策略来防范投资组合价值下降的风险。以保险公司为例,全美保险监管协会(National Association of insurance commissioners, NAIC)定期披露报告显示,2018年,美国保险公司期权交易占比从2016年的39%上涨至2017年的45%。其中以对冲风险为目的的金融衍生品交易占比达95%。

二是期权的推出增加了机构投资者投资股票市场的意愿,增加了股票市场投资总额。一方面,期权为投资者提供了管理市场风险的高效机制,投资者通过买入认沽期权可以为股票投资组合提供防范市场下行的"保险",投资者不需担忧在市场下行期间所持大量股票被套牢。另一方面,期权为投资者提供了灵活的交易方式,便于投资者实现更加丰富的投资策略,增加了配置股票的需求。总体而言,在期权推出后,机构投资者更愿意向股票市场投入更多的资金,股票市场投资总额有所增加。

三是期权有利于投资者配置和再平衡投资组合中的资产,降低大规模交易对现货市场的不利影响。投资者通过期权,可以快速、高效、低成本地调整其投资组合中不同资产的配置比例,而不必立即买入或卖出大量股票,从而避免在短期内对股票市场产生负面影响。例如,基金公司可以通过持有股指期权的多头头寸,在其投资组合中快速实现配置更多的股票头寸的目的,之后再逐步买入股票的过程中平掉期权多头头寸,降低对市场的不利影响。

---

〔7〕 Conrad J., *The Price Effect of Option Introduction*, 44 Journal of Finance (1998). Skinner D. J., *Options Markets and Stock Return Volatility*, 23 Journal of Financial economics (1989).

四是期权有利于增加现货市场流动性。芝加哥期权交易所推出股票期权后,32 只期权标的的流动性优于市场平均水平。1974 年,股票市场随机样本的买卖价差由期权推出前的 0.243 提高到 0.265,而 32 只期权标的的平均买卖价差则由推出前的 0.271 下降至推出后的 0.252。对比来看,在股票市场整体流动性有所恶化的背景下,期权标的的流动性明显改善。

五是期权有利于降低大幅波动期间标的现货市场卖压。2020 年 2 月 19 日,美国标普 500 指数达到峰值,随后出现持续大跌,多次出现熔断,并于 3 月 23 日跌至最低点,标普 500 指数下跌幅度达 33.92%。在股市大跌期间,期权的避险功能凸显,认沽期权持仓增加 430 万张(日均),相当于承接了近千亿美元的现货卖压。当美股快速下行时,美国交易型开放式指数基金(以下简称 ETF)市场的基金份额持续下降,ETF 投资者出逃现象非常明显,但成交最为活跃的 3 只 ETF 期权〔8〕标的份额保持稳定,没有明显资金出逃现象。

同时也需看到,股票股指期权稳定市场的功能,在特殊市场环境下可能失灵。1988 年美国总统工作组的市场机理报告中〔9〕指出,在 1987 年的股灾中,由于个股价格波动过于剧烈,股指期权出现大量价格错配,期权做市商的对冲行为边际增大了其他市场的抛压。此外,窄基股指及个股期权在一定条件下可能对标的价格产生较大冲击,特别是中小散户将期权作为加杠杆工具非理性交易时尤为明显。例如 2021 年初美股散户逼空事件中,散户除了直接买入股票,还购入了大量游戏驿站、AMC 等个股的看涨期权,加剧了相关个股的价格波动幅度。相对而言,我国股票股指期权市场有较高的准入门槛,加之标的均为宽基指数,对现货市场冲击有限,上述风险整体较低。

(二)境内市场期权市场功能发挥情况

近年来,我国股票股指期权市场产品体系不断完善,市场规模逐步扩大,投资者交易理性有序,期现市场联动紧密,市场结构不断优化,经济功能逐步发挥,期权在吸引长期资金、提升市场流动性、平滑市场波动等方面发挥了积极作用。

一是保险功能发挥,减少现货抛压。投资者可以通过持有认沽期权开展避险交易,为现货持仓提供保护。经测算,2021 年以来,股票股指期权市场日均受保市值约 523.74 亿元,较 2020 年增加 213.28%,分别占标的成份股日均成交金额和日均市值的 15.28%、0.10%,期权保险功能进一步发挥。受保市值反映了

〔8〕 分别为标普 500ETF 期权(SPY)、纳斯达克 100ETF 期权(QQQ)和罗素 2000ETF 期权(IWM)。

〔9〕 the US Presidential Task Force, *Report of the Presidential Task Force on Market Mechanisms: submitted to Present of the United States*, U. S. Government Printing Office(1988).

投资者通过持有认沽期权对其现货持仓的保护程度,在市场下行过程中,投资者持有的认沽期权可对冲其持有的现货损失,减少现货市场抛压。

二是提升定价效率,降低市场波动。股票股指期权自推出后,相关标的市场的运行质量有一定改善。市场实践中表现为标的 ETF 折溢价率均有所下降。沪市沪深 300ETF 期权标的〔10〕日均折溢价率〔11〕由 0.17% 下降至 0.11%,深市沪深 300ETF 期权标的〔12〕日均折溢价率由 0.21% 下降至 0.12%。而同期其他主流 ETF 折溢价率均有所上升,中证 500ETF、创业板 ETF、深 100ETF、华夏沪深 300ETF(非期权标的)分别从 0.09%、0.09%、0.12%、0.09% 上升至 0.12%、0.14%、0.14%、0.13%。同时,期权丰富了现货市场的多空机制,为投资者提供了更加精细化的交易工具和风险管理工具,减少一致性交易行为,降低标的证券的日内波动。例如,2020 年 3 月、7 月市场出现较大波动,沪市沪深 300ETF 期权标的日均超额波动率〔13〕分别为 0.74%、0.89%,低于沪市其他沪深 300ETF(平均分别为 1.08%、1.15%),深市沪深 300ETF 期权标的日均超额波动率分别为 0.92%、0.92%,低于深市其他沪深 300ETF(平均分别为 1.24%、1.03%)。

三是吸引长期资金,促进标的市场发展。股票股指期权的推出增强了投资者尤其是中长期资金配置相关标的的积极性,对相应指数成份股交易形成替代,促进了指数投资发展。从投资者结构来看,期权推出后,上证 50ETF 期权标的的机构持仓占比由 60% 增至 70%,沪深 300ETF 期权标的的机构投资者占比由 76% 增至 77%。从规模来看,期权推出后,上证 50ETF 期权标的、沪深 300ETF 期权标的规模分别增长 32.33%、16.36%,远超同期全市场同类宽基指数 ETF〔14〕规模增幅(6.42%、6.95%)。

四是平滑现货交易,稳定现货市场热度。股票股指期权能够部分替代股票交易,预期市场上涨时买入认购期权,预期市场下跌时买入认沽期权,从而降低集中交易对个股流动性和价格的冲击。以 2021 年 6 ~ 8 月为例,A 股持续震荡,板块轮动加快,成交金额明显放大,日均成交金额增幅为 45%,中证 500、上证 380 指数成份股增幅为 37%、41%,而上证 50 和沪深 300 成份股成交金额增幅仅

〔10〕 沪市沪深 300ETF 期权标的为华泰柏瑞沪深 300ETF(510300.SH)。

〔11〕 折溢价率是指基金交易价格和基金净值的价格比率,反映了基金的定价效率。

〔12〕 深市沪深 300ETF 期权标的为嘉实沪深 300ETF(159919.SZ)。

〔13〕 超额波动率为日内波动与日间波动的差额。其中,日内波动为当日最高价与当日最低价的差额除以前一日收盘价,日间波动为当日收盘价与前一日收盘价差额的绝对值除以前一日收盘价。

〔14〕 宽基指数 ETF 包括上证 180、上证 380、沪深 300、深证 100、深证 300、创业板指、中证 100、中证 500 等。

为 35% 和 29%,成交热度明显低于市场整体及同类宽基指数水平。

三、期权市场功能发挥典型案例

为进一步说明期权市场功能发挥情况,我们分别对市场下跌、市场较热和市场波动三个阶段的情景进行案例分析。

(一)案例 1:市场下跌期间缓解现货抛售压力

投资者在市场下行期间通过持有认沽期权可以规避现货价格下行造成的损失,降低了现货的抛售压力。2020 年受新冠疫情影响,春节后开市当日(2 月 3 日),股票市场出现大跌,在此情况下,股票股指期权市场交易有序、流动性良好(见图2),经开盘3 分钟密集交易后,全天的分钟成交量基本稳定在2.5 万张/分钟水平,且 90% 以上合约(318 个)全天正常交易,仅少数合约(24 个)曾触及涨停。与此同时,期权避险作用显现,据估算,2020 年 2 月 3 日股票股指期权的受保市值超过 240 亿元,有效降低了投资者现货持仓的亏损,缓解了现货市场抛压。

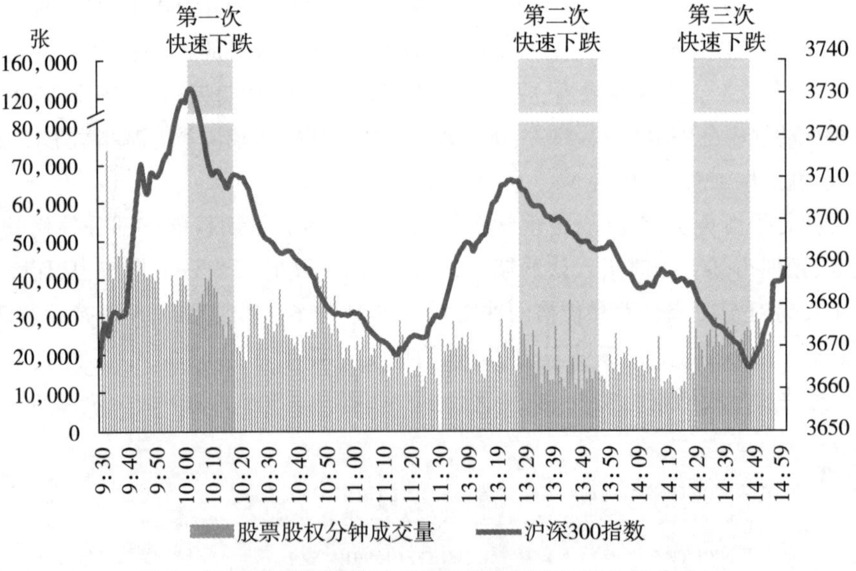

图 2　股票股指期权分钟成交量情况(2020 年 2 月 3 日)

(二)案例 2:市场较热期间分散现货买入压力

在市场较热期间,投资者通过买入认购期权可以以较低的成本替代现货交易,分散现货的买入压力。例如,2020 年 7 月 1 日至 9 日,A 股市场上涨较快,日均成交额达 1.5 万亿元,股票股指期权市场承接了部分现货市场的买入需求。以中国金融期货交易所沪深 300 股指期权为例,期间认购期权日均成交量达到 6 万手,相当于股票成交 270 亿元,累计认购期权买入量达到 21.9 万手,对应股票市值达到 985 亿元,累计认购期权持仓增加 1.3 万手,对应股票持仓市值达到 60 亿元。

(三)案例 3:市场大幅波动期间降低现货市场波动

市场大幅波动期间,股票股指期权保险功能的发挥,有助于降低现货市场波动。2020 年 7 月,沪深 300 指数波动加大,期权投资者积极构建保险策略,不急于卖出标的现货,有利于降低现货市场波动。例如,沪市沪深 300ETF 期权标的日均超额波动率分别为 0.89%,低于沪市其他沪深 300ETF(平均为 1.15%),深市沪深 300ETF 期权标的日均超额波动率为 0.92%,低于深市其他沪深 300ETF(平均为 1.03%),表明期权对降低标的日内波动具有促进作用。

四、启示与建议

境内股票股指期权运行实践表明,期权通过为市场提供保险、部分替代现货交易、改善标的市场定价效率、吸引长期资金入市等方式,一定程度上减少现货市场波动和过度交易,发挥了稳定股票市场的功能。因此,建设一个功能发挥良好的期权市场,对于提升股票市场活力和韧性,促进股票市场平稳健康发展具有十分重要的意义。为此,我们建议:

一是进一步丰富期权品种,完善股票市场稳定机制。当前,我国期权市场仍处于发展初级阶段,产品数量相对较少,市场覆盖程度相对不足,难以完全满足市场多元化的风险管理需求。丰富期权品种,能够进一步健全市场风险管理体系,夯实市场稳定运行基础,提升股票市场的韧性。

二是推动更多机构投资者入市,优化期权市场结构。从国际实践来看,期权已被广泛用来构建保险、收益增强、波动率交易等多种策略,满足了公募基金、对冲基金、银行、保险、养老金等各类型机构的交易和风险管理需求,成为促进市场稳定的重要因素。目前,银行、保险、公募基金、养老金等机构参与境内期权市场存在一定障碍和困难,一定程度上制约了期权市场功能的发挥。建议进一步完善市场制度,优化市场机制,推动更多机构投资者参与期权市场。

三是加强舆论宣传和投资者教育,引导投资者正确认识期权市场功能。期权是专业化程度较高的风险管理工具,需要投资者具有一定的专业知识。目前,我国期权投资者数量较少,大部分现货投资者对期权接触少、了解有限,对产品的功能认知存在不足。因此,有必要通过舆论宣传和投资者教育,营造良好的舆论环境,引导投资者正确认识期权市场功能,合理利用期权进行风险管理和资产配置。

期货及衍生品法律评论
第四卷,第95~102页

浪人资本违约事件对我国期货结算体系的思考

程 莘*

一、浪人资本违约事件回顾

浪人资本有限公司(Ronin Capital LLC,以下简称浪人资本)是一家总部在芝加哥的全球化多策略自营交易公司,成立于2001年,在纽约、伦敦和我国香港特别行政区设有办事处,主要从事股票、固定收益和衍生品等方面的交易。浪人资本在美国商品期货交易委员会(Commodity Futures Trading Commission,CFTC)并未进行牌照注册;在美国证券交易委员会(Securities and Exchange Commission,SEC)注册为经纪/交易商(Broker/Dealer),但只能开展自营交易,不得代理客户从事证券交易结算服务。浪人资本是多家证券及衍生品期货交易所的会员:一是芝加哥商品期货交易所集团(以下简称CME集团)结算公司的自营结算会员,可以为其在集团内芝加哥商品交易所(Chicago Mercantile Exchange,CME)和芝加哥期货交易所(Chicago Board of Trade,CBOT)两家期货交易所的自营交易进行结算;二是存款信托清算公司(Depository Trust Clearing Corporation,纽约证券期货交易所NYSE的清算公司,DTCC)所属的固定收益结算公司(Fixed Income Clearing Corporation,FICC)的自营结算会员;三是芝

* 中国证监会期货监管部一级巡视员。
本文仅代表作者个人观点,不代表单位意见。

加哥期权期货交易所（Chicago Board Options Exchange，CBOE）的交易会员但非结算会员。

根据 CME 集团和纽交所结算机构 DTCC 的声明：2020 年 3 月 20 日，全球最大的衍生品期货交易所——CME 集团发布公告称，期货交易所自营结算会员——浪人资本不能满足期货交易所对结算会员的资本要求，根据规则已于当日上午完成对浪人资本投资组合的拍卖程序，公告强调其为自营交易清算，该处置未影响其他客户，但暂未透露头寸的成功竞购者（winning bidder）以及其他信息。2020 年 3 月 20 日晚些时候，DTCC 也发布公告称其下属结算机构固定收益结算公司 FICC 立即停止为浪人资本提供会员服务，FICC 将继续采取必要措施，以解决浪人资本和 FICC 的所有未清债务和其他未决事项。该公告虽然未明确指出浪人资本问题，但其处置措施所援引的条款适用于会员出现违约、不符合参与要求、财务与运营出现问题、违反协议、商业欺诈等情况。

从当时的审计报告看，截至 2018 年年底，浪人资本的总资产为 212 亿美元，净资产为 4 亿美元，净资本为 1.38 亿美元。由于 CME 对自营类结算会员的净资本要求是 500 万美元，浪人资本已不能满足最低资本要求，且持仓已被拍卖，说明浪人资本净资本已被交易损失侵蚀殆尽。财务数据显示公司负债率高达 98%，且未有报道公司破产的消息，说明浪人资本资产大概率尚能偿付到期债务。另据美国媒体报道，此前浪人资本持有大量 VIX[1]衍生品的空头头寸，以及与市场波动率挂钩的衍生品，本次违约事件系因 VIX 指数暴涨和市场大幅波动导致浪人资本出现巨额亏损、经营出现严重问题。此外，浪人资本已无法履行支付义务，与监管机构合作完成公司有序关闭。

二、浪人资本违约事件的原因分析

根据公开信息分析，此次浪人资本违约事件是交易损失导致其在期货交易所的保证金不足，同时净资本也不能满足期货交易所对结算会员的最低要求，因此 CME 按照规则，迅速采取措施止损。

（一）浪人资本保证金资金不足

浪人资本在 CME 的保证金资金不足，无法履行对期货交易所的支付义务，

[1] Volatility Index 是芝加哥期权期货交易所在 1993 年推出的指数，用于衡量标普 500 指数期权的隐含波动率，亦被称为“恐慌指数”。

或者依据适用的法律进入破产、重组、无力偿债、暂停或结算及其他相关程序，CME判断其违约，根据期货交易所规则违约处置流程对其仓位进行处理。针对一般的结算会员违约，CME主要采取以下措施：立即对未违约客户的持仓和担保品进行移仓；对违约会员的头寸进行风险对冲、平仓或拍卖；处置违约会员的持仓资产；动用违约会员的担保金、CME的贡献额、未违约会员的担保金，最后是结算会员补缴的担保金。如果浪人资本进入了违约程序，从公告的信息来看，CME仅完成了头寸处置，可能动用或未动用浪人资本缴纳的担保金，但并未在违约瀑布序列向下进行，如动用CME的贡献额等。

（二）浪人资本净资本不符合监管要求

浪人资本交易出现巨额亏损，导致净资本不符合CME对于结算会员净资本的持续监管要求。在此背景下，为化解结算会员可能出现的违约风险，CME对浪人资本的持仓进行拍卖。由于目前CME对于结算会员的持续性管理，主要体现在以下两个方面：一是日常监控结算会员的财务情况，要求结算会员每日、每月、每年报送相关财务数据，期货交易所根据每个结算会员所持头寸、风险管理政策对结算会员的资本要求进行检测；二是定期对结算会员进行全面的风险评估，包括客户及自营交易风险管理、压力测试报告、风控系统检查、担保品管理制度等。评估显示该结算会员存在风险点或不满足要求的情况，CME可以要求结算会员在限定时间内解决该问题，并有权采取更严厉的措施。

三、CME对结算会员的管理及违约处置规则

（一）交易所对结算会员持续管理，并设置资本要求

CME的会员分为结算会员、企业会员和个人会员，仅结算会员有权和CME进行结算，企业会员和个人会员有和期货交易所直接交易的权利，但需委托结算会员进行结算。申请成为CME结算会员的机构必须满足CME对于交易席位、最低净资本、定期财务报告、对期货交易所报备、缴纳最低担保金、提供母公司担保、开立资金账户等方面的要求。目前对结算会员执行的净资本标准如下：

非银行结算会员的净资本标准：（1）5,000,000美元，如果只结算期货交易所交易的期货、期权或OTC农产品合约；（2）或20,000,000美元，如果结算期货交易所交易的期货、期权，并对纽约商业交易所922号规则界定的纽约商业交易所场内会员（Floor Member）进行担保；（3）或50,000,000美元，如果结算场外交易市场（以下简称OTC）衍生品［包括但不仅限于OTC金属、OTC能源、OTC外

汇、信用违约互换、利率互换(Interest Rate Swap, IRS)];(4)或所持有的包含CME结算的CDS和IRS头寸的所有客户和自营账户的集合履约保证金的20%。

对银行结算会员的净资本标准:(1)5,000,000,000美元,如果结算期货交易所交易的期货、期权;(2)或50,000,000美元,如果仅结算OTC衍生品;(3)或持有的包含CME结算的CDS和IRS头寸的所有自营账户和关联账户的集合履约保证金的20%。

类金融工具结算会员,可为自营账户结算某些CME和CBOT的产品交易,其净资本要求为500,000美元。浪人资本即属于这类会员。

(二)违约处置程序

CME启用的紧急处理程序(emergency protocols)是其风险保障系统的一部分,该风险保障系统也被称为"违约风险瀑布"。所有的风险准备金由结算会员预存的保障资金、CME结算所贡献的自有资金和可征收资金组成。当有会员违约时,CME先用违约会员可用资源来弥补缺口,其次再动用CME的自有风险金及其他非违约会员的保障资金。整个风险准备金额度旨在覆盖CME最大的两家结算会员及其附属公司的违约敞口。风险瀑布如表1所示。

表1　CME风险瀑布

项目	内容
违约会员可用资金	用违约结算会员所有可用的资金来弥补损失缺口,但是不能动用其客户的资金
CME自有风险金	当违约结算会员的可用资金无法覆盖损失缺口时,CME结算所将首先用其自有资本金来偿付,即CME自有风险金。CME在基础产品风险瀑布中贡献1亿美元资金,利率掉期风险瀑布中贡献1.5亿美元
非违约会员保障资金	这部分资金是结算会员预先存入CME结算所的资金,作为其成为结算会员的义务,这部分资金池也是会员共有利益
可征收资金	可征收资金是风险瀑布中尚未征收的金额。如果所有前面三个级别的资金都无法覆盖损失,该部分金额则为可向结算会员征收的资金最大额度

截至2019年12月底,CME基础产品资金池的各级别额度见表2。

表 2　CME 基础金融产品保障资金

项目	金额/美元
保障资金额度	4, 902, 813, 757
CME 自有资金贡献	100, 000, 000
可征收额度	13, 482, 737, 831

如表2所示,CME的基础产品资金池的资金保障主要来自会员,其自有资金贡献仅为1亿美元,占保障资金(前两项相加)的2%;如果加上可征收额度(前三项相加),占比更是降至0.5%。由此可见,CME真正用于化解风险的资金量有限,远低于境内各期货交易所计提的风险准备金。在完成对违约会员的处置之后,如需动用资金时,其更强调会员之间的互保联保机制。

四、浪人资本违约事件带来的思考

美国期货交易所吸收自营公司、交易商类自营会员,行业对此一直有其直接与中介机构争利的诟病。期货交易所公司化改制并上市后,也一度有放松对会员自律管理的倾向。2008年国际金融危机后,全球范围内展开了针对中央对手方的金融监管改革,国际结算银行支付结算体系委员会和国际证监会组织技术委员会于2012年联合发布《金融市场基础设施原则》(Principles for Financial Market Infrastures, PFMI),明确要求金融基础设施应该具备稳健的风险管理框架,从法律基础、公司治理、信用和流动性风险管理、结算参与者管理、违约处置等多个维度对中央对手方提出了更高要求。在本次违约事件中,CME对于浪人资本违约事件的平稳处置,还是得益于危机后的一系列加强监管举措。

我国期货市场现行风险控制体系是与目前市场的制度设计相匹配的,经实践证明是有效的,多年来切实保障了期货市场的平稳运行。后续我们需要根据我国市场的特点,深入研究成熟市场实践,不断提升我国期货市场运行质量和影响力。

(一)完善结算会员体系,着力提高结算会员的抗风险能力和整个市场的风险吸收能力

《中华人民共和国期货和衍生品法》(以下简称《期货和衍生品法》)已明确规定,期货结算机构作为中央对手方,是结算参与人共同对手方,进行净额结算,为期货交易提供集中履约保障。中央对手方制度是2008年金融危机后二十国

集团公认的国际最佳实践,可以有效降低结算风险、提高结算效率。《期货和衍生品法》在法律层面强调了期货结算机构的中央对手方地位,为中国期货市场的国际化发展提供了有力的法律支持。《期货和衍生品法》立足于中国期货市场30多年的发展经验,对我国独特的保证金封闭圈管理等结算制度予以了充分肯定。以此为基础,优质的结算会员是市场风险管理第一道防线,其财务资源和风险管理能力是吸收市场风险最基础的屏障。

分级结算的核心目标是提高市场化程度,建立市场风险分担机制,提高市场对风险的吸收能力,最终能够支撑市场的高速发展。我国自上而下设立市场,期货交易所天然在市场体系中居于主导地位,在出现风险时是风控主体。相较而言,分级结算制度有助于市场逐级控制和吸收风险,有利于形成多元化、多层次的风险控制体系,使局部风险在结算会员层面得到缓解,体现风险共担机制。

分级结算制度需要配套的管理制度做保障,在分级制度下,期货交易所需要在期货公司净资本监管要求的基础上提高对不同类型结算会员的持续管理要求,动态掌握会员的抗风险能力的变化,以维护结算体系的安全。以CME为代表的境外期货交易所对结算会员的持续管理要求高于境内,主要是通过持续管理和退出机制不断优化会员结构,确保了结算会员持仓能够满足期货交易所风险管理要求。目前期货交易所结算会员主体是期货公司,自2007年实施净资本制度以来,期货行业净资本从当年的50亿元,通过股东增资、利润留存、公开发行融资和发行次级债,已发展至目前的1078亿元,行业形成的净资本已在结算中成为有效的风险吸收屏障。后续期货交易所可以在财务资源、应急处置、业务连续性等方面提高对结算会员的要求,以提升结算会员的风险吸收能力。

(二)不断完善市场违约处置机制和应急机制,丰富风险管理工具箱,完善相关程序

本次违约事件中,CME能够在风险发酵之前完成处置,主要得益于其在金融危机后日渐完备的风险处置程序和丰富的风险管理手段。目前,CME、Eurex等境外主要交易所均按照自身市场的法律法规体系设计了完备的违约处置流程,不断丰富违约处置手段,并按规定每年进行演练,例如,交易所可以使用流动性好的产品对违约头寸进行对冲,避免风险敞口进一步扩大;对违约头寸进行拍卖或独立抛售,避免大规模平仓操作可能对市场造成的冲击;对独立账户或综合账户中未违约客户进行移仓,尽可能保护未违约客户的权益;交易所可以通过自设交易团队或委任外部经纪商等方式完成违约处置。

目前境内期货交易所的违约处置手段仍以强制平仓为主,未充分考虑在资金缺口较大、头寸规模较大时强制平仓对市场价格产生的压力和影响等。未来随着国内期货市场的对外开放,期货交易所需要结合国内实际,不断加强违约演练,同时参考成熟市场违约处置理念,逐步引入拍卖、对冲和保护未违约客户等相应机制,兼顾风控目标、合规需求与现实可行性,不断丰富违约处置工具箱。

(三)充分考虑金融基础设置之间的关联影响,研究建立极端行情下结算风险隔离机制

本次违约事件中,浪人资本在多个交易所从事交易,投资亏损导致了CME对其采取了相应的处置措施,进一步验证了金融基础设施之间的风险传导作用。事实上无论是境内还是境外,金融基础设施之间的风险传导事件并不罕见。在极端情况下,金融基础设施也存在无法运行或破产的可能性,很可能导致其支持的机构和市场、与之连接的其他基础设施,以及更大范围的金融体系发生系统性中断,成为潜在的风险传播源头。对于上述风险,PFMI原则明确要求,金融市场基础设施应定期评审来自或施加于其他金融市场基础设施的实质性风险,并开发适当的风险管理工具管理这些风险。因此,主动学习国际先进经验,重视期货交易所之间、期货交易所与会员之间的结算相互依赖、风险传导问题,推进结算风险隔离的研究,建立并完善跨期货交易所风险沟通及处置机制,对于我国期货市场长远发展具有重要意义。

五、结语

期货结算制度及其体系一直是维护期货市场安全、高效运行的核心环节,国际上历次违约事件更是揭示了结算违约风险处置机制是期货市场重要的制度安排。《期货和衍生品法》通过明确行政监管机构、自律组织的监管职责,明确国务院期货监督管理机构对全国期货市场实行集中统一监督监管,确认了富有中国特色的期货市场监测监控制度,丰富了监管执法手段,为期货市场“五位一体”监管体系和跨市场监管协作机制夯实了基础。在强化市场结算功能的过程中,“五位一体”相关各方可以充分发挥各自优势,形成合力。

有效的处置措施和充足的财务资源是处置违约事件的基本要素。针对处置措施,《期货和衍生品法》赋予了期货结算机构采取处置有价证券等措施的权利,有利于快速化解违约风险。针对财务资源,《期货和衍生品法》既明晰了发生结算违约时可动用的财务资源,确保结算能顺利完成,防止风险外溢;同时对各类财务资源的偿付顺序安排,保留了制度的灵活性,为实践发展留下空间。

总体来看,《期货和衍生品法》精准把握了期货结算机制的内在逻辑,构建了健全完善的结算制度体系,为防范化解风险、提升期货市场的安全性打下了坚实的法律基础。在此基础上,建议后续工作组织力量对结算制度和结算体系优化开展专项研究,为市场的发展和竞争力的提升提供更为稳健扎实的风控基础。

期货及衍生品法律评论
第四卷,第 103 ~116 页

国际监管新规下人民币债券担保品在跨境场外衍生品市场的应用

中央结算中债担保品业务中心

一、绪言

场外衍生品市场的履约保障制度来源于20世纪80年代国际掉期与衍生工具协会(International Swaps and Derivatives Association, ISDA)发布的信用支持安排(Credit Support Arrangement, CSA)。这一制度要求潜在损失方交付与风险敞口价值相当的担保品,并根据交易市值变化情况对担保品的交付金额进行动态调整,从而控制当事人面临的信用风险,是场外衍生品市场关键的风险防控制度。

2008 年国际金融危机以后,国际金融监管组织对衍生品市场保证金制度的监管持续趋严。2013 年 9 月,巴塞尔银行监管委员会(Basel Committee on Banking Supervision, BCBS)和国际证监会组织(International Organization of Securities Commissions, IOSCO)联合成立的保证金工作组出台了《非集中清算衍生品交易保证金要求》(以下简称新规),明确提出对非集中清算场外衍生品交易采取强制保证金要求。国内立法层面,2022 年 4 月,《中华人民共和国期货和衍生品法》(以下简称《期衍法》)颁布,填补了国内衍生品领域履约保障制度的空白,明确了期货及衍生品交易中以债券等有价证券作为履约保障品的合法有效性。与此同时,国内监管部门、基础设施及要素平台持续出台相关政策和制度规范,推动优化场外衍生品投资者范围扩容、[1]保证金计算方式、[2]担保品快速处置机制等各个环节,积极响应新规要求。

在新冠疫情、地缘政治风险升温的全球大环境下,衍生品市场剧烈动荡,履约保障制度的重要性进一步凸显。与此同时,发达国家负利率盛行,国际市场高质量流动性资产(High Quality Liquid Asset,HQLA)的供需不平衡问题进一步加剧,市场上的优质担保品尤为紧缺。尽管七国集团(G7)政府债券已被国际衍生品市场广泛用作履约保障品,但其相关性较高,在极端情况下所发挥的风险分散作用有限,导致其履约保障功能大打折扣。相较之下,人民币债券具有收益率高、流动性强、波动平稳等优势,已被境内外投资者广泛用于金融市场的各个领域,是理想的履约保障品。近年来,随着中国债券市场对外开放程度的深化和人民币国际化进程的加速,人民币债券用于跨境交易的呼声越来越高,为其在国际衍生品市场发挥履约保障功能奠定了基础。

中央国债登记结算有限责任公司(以下简称中央结算公司)作为重要金融基础设施,深耕担保品管理服务多年,已建成全球最大的债券担保品管理平台。[3] 2015 年,在主管部门指导下,中央结算公司联合中国金融期货交易所(以下简称中金所),率先开展国债冲抵期货保证金业务试点,经过多年探索,已将担保品管理机制覆盖到国内全部期货交易所,涉及 70 多个期货、20 多个期权品种,作为保证金的债券担保品余额超过 1662 亿元,约占保证金总量的 10%。[4] 2020 年,中央结算公司与中金所等期货交易所合力破解了期货市场多级结算架构下的债券担保品违约处置难题,实现了债券作为期货保证金业务中担保品管理的完整闭环。此外,为满足国际投资者对履约保障的多元化、创新型需求,中央结算公司基于国际业务经验,自主研发设计了跨境担保品管理解决方案。以上业务实践和研究探索为场外衍生品市场履约保障机制的健全积累了宝贵经验,也对人民

[1] 例如,2021 年 11 月,中国证券监督管理委员会公布合格境外投资者可参与金融衍生品交易品种,新增三项金融衍生品交易,以开放市场促进投资结构优化。2021 年 12 月,中国人民银行会同原中国银行保险监督管理委员会、中国证券监督管理委员会、国家外汇管理局四部门发布《关于促进衍生品业务规范发展的指导意见(征求意见稿)》,以补齐监管短板,促进衍生品业务规范健康发展。

[2] 国际上多地司法辖区监管保证金规则要求以“监管网格法”或“初始保证金模型法”计算需要交换的初始保证金。单列直插式内存模块(SIMM)是由 ISDA 开发的一种初始保证金模型,在行业中被广泛使用。基于 SIMM 模型的相关风险敞口和保证金计量方法较为复杂,对市场参与者系统计量能力和自动化水平要求较高,我国正积极探寻优化与之配套的金融基础设施建设。

[3] 截至 2022 年 8 月,中央结算公司管理中债券担保品余额超过 18 万亿元。

[4] 《2022 年 7 月期货公司总体及分辖区经营情况》,载中国期货业协会网站,http://www.cfachina.org/informationpublicity/qhgsydjysj/202208/t20220824_29776.html,2022 年 9 月 13 日最后访问。

币债券担保品用于跨境衍生品交易、应对新规要求提供了重要参考。

二、国际场外衍生品市场概况及保证金监管新规

(一)国际场外衍生品市场概览

随着政策制度和金融基础设施配套的逐步完善,国际场外衍生品市场发展迅速。截至2021年年末,全球场外衍生品未偿名义合约金额为598.42万亿美元,同比增长7.15%。其中,利率衍生品占比最大,达到80%以上,外汇衍生品占17%,信用衍生品占1.5%。例如,国际清算银行(Bank for International Settlements,BIS)3年期调查显示,2016年4月至2019年4月,场外利率衍生品市场的日均成交额高速增长,达6.5万亿美元,增长率为143%,各类投资者交易空前活跃。

(二)主要国家及地区的新规推进情况

2008年国际金融危机暴露了场外衍生品市场双边交易合约存在的巨大风险,2009年、2011年G20峰会提议就非集中清算衍生品合约施加更高的监管资本要求,以防范场外衍生品市场系统性风险。新规进一步明确提出对非集中清算场外衍生品交易采取保证金要求的监管标准建议,包括适用机构对象、双边保证金计算要求、保证金规则阶段性实施方案等。

根据巴塞尔银行监管委员会和国际证监会组织联合成立的保证金制度工作组(Working Group Margining Requirements, WGMR)提出的分阶段实施方案,强制变动保证金规则的受监管实体应于2017年9月前完成合规达标;强制初始保证金规则从2016年9月至2022年9月逐年分六个阶段落地实施。目前多数国家与地区已迈入第五阶段至第六阶段,全行业面临最后"冲刺"的严峻的挑战。新规发布以来,多个国家及地区均出台了基于该要求的非集中清算衍生品交易保证金规则。金融稳定理事会(Financial Stability Board,FSB)2021年12月发布的报告显示,[5]针对未纳入清算的场外衍生品合约,已有16个辖区(占FSB成员辖区的2/3)的监管机构颁布了强制双边交易的场外衍生品要求。(见附件)

---

〔5〕 See FSB, *OTC Derivatives Market Reforms – Implementation progress in* 2021, https://www.fsb.org/wp-content/uploads/P031221.

(三)国际监管政策对人民币债券担保品的影响

新规为各地区监管政策的制定与执行设定了统一标准,对用以冲抵保证金的担保品做出了指导性界定,也为人民币债券充当国际非集中清算衍生品保证金提供了制度依托和支持。国际市场上,为了满足初始保证金的破产隔离属性要求,第一阶段机构大多使用政府证券作为合规要求初始保证金。截至2021年年底,提交的初始保证金中,政府债券占比高达74%,其中使用最为广泛的为G7政府债券。随着大量机构进入最后合规阶段,对上述政府证券的需求正在急剧增加。然而,G7国家债券在国际主流押品池中集中度过高,因其债务主体的经济体形势高度关联,极端情况下所发挥的风险分散能力相对有限,国际市场对新兴市场优质资产纳入押品池的呼声越来越高。[6]

根据新规之"关键原则4"对符合冲抵初始保证金的资产特质的要求,人民币债券具有价值稳定、流动性强、收益率高、波动平稳等突出优势,在高流动性、经济下行阶段的保值能力、非极端风险暴露和相关性回避四方面均满足成为跨境合格担保品的合规要求,[7]在广度和深度上都已经具备了作为合格担保品的条件。新规对非集中清算场外衍生品保证金的合规要求,驱动市场对可用于冲抵保证金的安全资产的需求日益旺盛,人民币债券作为理想的HQLA,已进入全球投资者视野。例如,2019年第十次中英经济财金对话提出"推动人民币债券成为英国市场普遍接纳的合格担保品""英格兰银行将考虑将(中方主权债和人民币央行票据)纳入合格担保品范围",为缓解全球HQLA紧缺做出了重要探索。未来,随着境外投资者进入中国债券市场便利度的逐步提高,人民币资产的国际认可度还将持续提升,人民币债券担保品在国际市场的应用未来可期。

三、人民币债券冲抵跨境衍生品交易保证金的可行性分析

(一)外部环境具有独特优势

1. 宏观经济环境稳中向好

近年来,国际形势复杂多变,世界经济增速明显放缓。尽管如此,中国整体

---

〔6〕 See Markus K. Brunnermeier & Lunyang Huang, *A Global Safe Asset for and from Emerging Market Economies*, NBER, Working Paper 25373, 2018.

〔7〕 参见金杜律师事务所:《正逢其时:中国政府债券作为非集中清算衍生品初始保证金初探》,载《债券》2020年1月。

经济形势经历考验仍然企稳回升,2022 年上半年 GDP 同比增长 2.5%,基本面长期向好,韧性强,潜力大。国际货币基金组织(IMF)对于中国宏观经济增长的预期也高于全球经济平均水平以及美国、欧元区、日本、英国等经济体,[8] 人民币资产国际吸引力稳步上升,为其广泛运用于国际市场提供了强有力背书。

2. 人民币国际化进程加速

从 2011 年到 2021 年,人民币在国际支付中的份额不断提高,一度跻身为第四大国际支付货币[9],是第五大储备货币。境外投资者持有人民币金融资产规模稳步攀升,截至 2022 年 5 月末已达到 10 万亿元。[10] 得益于中国经济基本面稳中向好,2022 年 8 月起,人民币在特别提款权货币篮子的占比已由此前的 10.92% 上调至 12.28%,国际影响力进一步提升,为人民币债券跨境使用创造了良好机遇。

3. 中国债券市场不断发展和开放

作为世界第二大债券市场,中国债券市场不断提升对外开放水平,丰富投资渠道,放宽政策限制,提升境外投资者入市便利程度。截至 2022 年 7 月末,境外机构持有银行间市场债券 3.51 万亿元,约占银行间债券市场总托管量的 2.9%。[11] 此外,中国国债纳入全球三大主流债券指数,进一步增强外资投资中国债券的热情与信心,为人民币债券作为担保品提供了坚实基础。

(二)法律制度保障取得突破性进展

《期衍法》通过建立场外衍生品交易履约保障制度和其他基本制度回应了国际市场对国内衍生品市场的诸多疑虑,实现了重大立法突破。一是明确场外衍生品交易履约保障制度。首次以法律形式,对场外衍生品交易中的履约保障机制进行了原则性规定,并且通过明确规定期货交易中场外衍生品交易履约保障的保证金要求及形式、保证金的存放与调整、违约处置原则,[12] 为衍生品市场的

---

〔8〕 See IMF, *World Economic Outlook Update July* 2022, https://www.imf.org/zh/Publications/WEO/Issues/2022/07/26/world-economic-outlook-update-july-2022.

〔9〕 参见中央人民政府:《2021 年 12 月在国际支付中占比升至第四——人民币全球地位稳步提升》,载中央人民政府官网,http://www.gov.cn/xinwen/2022-02/10/content_5672832.htm。

〔10〕 参见丁志杰:《人民币国际化再上新台阶》,载《当代金融家》2022 年第 6 期。

〔11〕 参见中国人民银行上海总部:《2022 年 7 月境外机构投资银行间债券市场简报》,载中国人民银行官网 2022 年 8 月 15 日,http://shanghai.pbc.gov.cn/fzhshanghai/113595/4632085/index.html。

〔12〕 场外衍生品交易中的履约保障机制参见《期衍法》第 34 条;期货交易中履约保障的保证金要求及形式参见《期衍法》第 22 条;保证金的存放参见《期衍法》第 40 条;违约处置原则参见《期衍法》第 42 条。

保证金规则提供了参考。二是其他基本制度解决关键障碍。参考国际成熟市场经验,确立单一主协议、终止净额结算、交易报告库等衍生品市场依赖的基本制度,使其与国内相关法律协调衔接,贴近市场需求、接轨国际标准,降低了跨境场外衍生品交易中的合规成本和磋商难度。

以终止净额结算制度为例,目前,境内场外衍生品交易除在适用的主协议框架下,认可终止净额结算机制、通过履约保障文件等约定担保品使用条款外,也在监管层面、市场实践中持续推进净额结算制度的应用落实。例如,第九次中英经济财金对话成立中英终止净额结算工作组,从监管机构、行业协会、金融基础设施等各个层面探索我国对终止净额结算的过渡期安排。其中包括:2018 年,原中国银行业监督管理委员会在《衍生工具交易对手违约风险资产计量规则》中认可净额结算的信用风险缓释作用。2021 年 11 月,原中国银行保险监督管理委员会通过《关于衍生工具交易对手违约风险资产计量规则有关问题的通知》,肯定了主协议中净额结算对境内商业银行的可适用性。与此同时,国内还持续推进细化系统重要性金融机构的恢复处置机制,通过司法解释或其他书面形式确认终止净额结算或“抵销”制度的有效性等。[13] 以上举措体现了我国在落实终止净额结算制度、促进境外机构对中资机构净额结算交易对手方地位认可等方面的连续性。正因如此,《期衍法》实施后,ISDA 立即承认了中国是支持终止净额结算不可撤销的司法管辖区,[14] 有望降低金融机构开展场外衍生品业务的成本,也为人民币债券作为衍生品交易保证金提供了制度支持。

(三)市场实践不断丰富

1. 国内衍生品市场层次不断丰富

一是产品供给不断丰富。一方面,场内市场经过多年发展,已具备较为成熟的产品体系和市场机制,市场规模稳步扩张,运营机制平稳高效。另一方面,场外市场厚积薄发,场外期权、基差贸易、商品指数等场外创新型产品层出不穷,与场内市场形成有效互补。衍生品在实体企业和金融机构日常风险管理中发挥着日益重要的作用。二是对外开放程度持续深化。截至 2022 年 9 月,合格境外机构投资者和人民币合格境外机构投资者可参与的交易品种扩增至 41 个,包括 23 个商品期货品种,16 个商品期权,2 个金融期权,进一步满足了国际投资者多元

---

〔13〕 参见王卫东:《强化中资机构在债券担保品跨境应用中的角色与责任》,载《债券》2020 年第 10 期。

〔14〕 See ISDA, *ISDA Publishes China Netting Opinion as FDL Comes into Effect*, https://www.isda.org/2022/08/01/isda-publishes-china-netting-opinion-as-fdl-comes-into-effect/.

化的风险管理需求。

2. 人民币债券作为期货保证金机制日臻成熟

自中央结算公司与中金所于2015年联合开展国债冲抵期货保证金试点以来,经过多年完善和发展,该机制平稳运行,业务流程不断优化,市场参与主体结构更加丰富,于2019年覆盖全部金融期货和期权品种,并支持境外投资者在期货交易中成功运用人民币债券作为担保品。2020年,又辐射至商品期货及期权。截至2022年8月末,参与业务的投资者达到442家,管理中担保品余额超过1662亿元。

债券作为期货保证金机制促进完善了期货市场价格发现与风险管理功能。一方面,提高投资者的资产使用效率,降低期货交易成本,提升期货市场流动性,促进期货价格发现。另一方面,帮助投资者更加便利、高效地进行资产风险管理,有效发挥期货套期保值功能。

基于期货市场的成功经验,越来越多交易者认识到人民币债券作为担保品的独特优势,并在场外衍生品领域进行了广泛探索。例如,早在2016年,中央结算公司以担保品管理人角色,支持境内商业银行与境外央行进行货币互换,首次使用债券作为履约保障品。2022年6月,人民币债券担保品首次在境内场外衍生品市场得到应用,这也是首次在利率期权交易中引入债券作为履约保障品,成为人民币债券发挥场外衍生品交易履约保障功能的"风向标"。

3. 违约处置机制打造场外衍生品风险管理闭环

担保品信用风险防范功能的发挥,离不开违约处置机制保驾护航。中央结算公司基于多年研究,联合中金所等期货交易所,创设期货市场的担保品快速处置方案,凭借独特优势得到了主管部门和市场的一致认可。该模式充分结合期货市场分层结算、平仓机制等特点,区分了交易所申请违约处置和会员申请违约处置两种情形,平衡投资者、会员和交易所之间的利益关系。处置方式涵盖了协议折价、拍卖、变卖三种,法律基础明确,处置流程简洁明晰,保障违约时质权快速实现。

基于以上方案,期货市场违约处置机制持续完善、不断优化。2020年,中金所修订并发布《中国金融期货交易所结算细则》及《中国金融期货交易所国债作为保证金业务操作指引》,明确会员对交易所层面发生违约的相关制度安排。2021年,期货市场监控中心与中央结算公司建立违约惩治信息的核查机制,进一步完善投资者对期货公司层面违约处置机制,完善违约处置环节。2022年出台的《期衍法》从立法层面肯定了期货市场的违约处置实践,为衍生品市场的担保品违约处置探索提供了明确指引,对消除市场投资者关于担保权利实现的顾虑、充分发挥债券担保品风险缓释的作用有重要意义。

(四)人民币债券用于跨境场外衍生品交易的担保品管理解决方案

中央结算公司作为中国债券市场对外开放的重要平台,在推动人民币债券担保品跨境应用方面积累了丰富的实践经验,并基于"中债方案"之"多级服务、合作共赢"理念,充分发挥联通国际、国内市场的枢纽功能,自主研发设计了与境内外投资者交易诉求相匹配的跨境担保品管理解决方案(以下简称方案),可适用于包括非集中清算衍生品交易在内的多种跨境交易场景,能满足投资者对场外衍生品履约保障的多元化、创新型需求。

1. 业务结构

该方案通过债权人(担保品接收方)、债务人(担保品提供方)之间达成的交易合约及履约保障安排,由担保品提供方将其托管于中央结算公司的人民币债券提供给担保品接收方,为履行合约提供担保。中央结算公司作为担保品管理人,对人民币债券担保品开展逐日盯市、置换调整、信息报告、违约处置等全流程管理,为交易双方开展跨境交易提供履约保障支持。具体流程如图1所示:

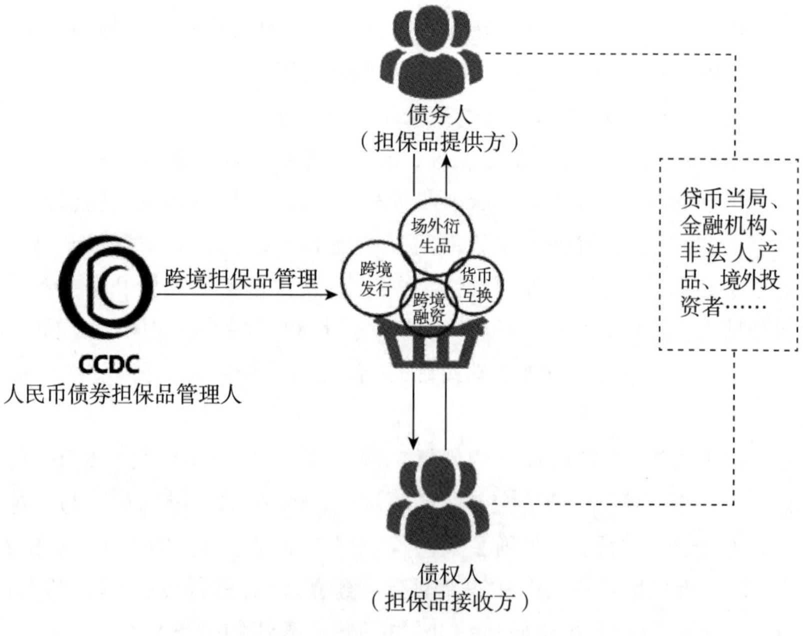

图1 跨境担保品管理解决方案

以上方案在参与主体、业务场景、适用区域方面具有较强的可延展性,能灵活满足投资者的多元化交易需求。参与主体方面,可接入央行类机构、金融机构、非法人产品等多类型的境内外投资者,为其与各类交易对手方提供精细化、专业化跨境担保品管理服务。交易场景方面,可支持融资类、融券类、保证金替代类、借贷类、政策类等多类跨境交易。目前,中央结算公司已在中资金融机构跨境债券发行、境内外央行货币互换、境外金融机构跨境融资等项目中进行了成功实践,在多元化交易场景中建立了成熟的履约保障机制。区域跨度方面,该方案既能支持进入中国债券市场、持有人民币债券的境外投资者参与境内交易品种,也能为其参与国际市场的金融交易、开展跨区域资产配置和投融资管理提供便捷的担保品服务支持,实现人民币债券担保品对"引进来"与"走出去"的双向跨境担保。

2. 方案优势

以上方案融合了人民币债券担保品跨境使用的最优路径和技术优势,为人民币债券参与跨境场外衍生品交易提供了创新思路和重要经验。一是借助中央证券托管机构专业优势,构建人民币债券担保品跨境使用渠道。从国际经验来看,中央证券托管机构作为金融市场管网〔15〕的重要结点,联通国内外监管机构、金融基础设施、要素平台、市场机构等多元化主体,发挥着重要的枢纽功能。以上方案整合了中央证券托管机构的渠道优势,搭建人民币债券担保品跨境使用渠道,拓展了人民币资产的可用性和流动边界,为更大范围的跨境衍生品交易提供了可能性。二是丰富国际场外衍生品交易的合格担保品选项。在全球 HQLA 稀缺的背景下,人民币债券可满足投资者对于担保品多样化、分散风险、提高效率的客观要求。该方案扩充了国际场外衍生品交易合格担保品池,有助于优化投资者资产配置和管理效率,增强金融机构在跨境交易中的风险管理能力及盈利能力,提升其国际展业能力和市场竞争力。三是为跨境衍生品交易提供可复制、可拓展的履约保障路径。该方案以人民币债券担保品为载体,可拓展至多国投资者、多类衍生品市场,在业务模式、技术实现上都具有较强的可复制性,为推动人民币债券成为国际衍生品市场认可的合格担保品铺设了可行的实现路径。

---

〔15〕 管网是对金融机构组成系统的一种比喻,这些机构使信用、资本、金融风险的流动成为可能。在管网结构中包含一些大型的"阀门"和"管道",连接了中央银行、交易商银行、货币市场基金、主要机构投资者、回购清算银行、场外衍生品中央清算所、交易所。参见 IMF:《新兴市场证券加入全球金融管网》,载《债券》2022 年第 5 期。

四、人民币债券担保品应用于跨境场外衍生品交易的挑战和建议

(一)在国际场外衍生品市场使用人民币债券担保品的挑战

1.交易环节

一是国际投资者交易惯性有待缓冲。《期衍法》出台前,ISDA 并不承认中国属于“支持终止净额结算的司法管辖区”,致使中资机构被国际衍生品市场对手要求采用标准法确定强制初始保证金,而非国际市场普遍采用的 SIMM 模型,增加了中资机构履约保障成本。此外,部分国际投资者选择在交易中全额计算风险暴露和资本占用,制约了对中资机构的报价水平。尽管目前 ISDA 已正式认可中国属于有效支持终止净额结算的司法管辖区,但国际衍生品市场针对中国投资者交易惯性的改变仍需一定窗口期,相关交易机制有待同步推行。二是跨境衍生品市场层次有待继续丰富。例如,交易品种方面,信用违约互换等信用风险对冲工具及多元化回购融资工具有待全面放开;交易场所方面,境外投资者目前主要集中在银行间市场,期货交易所和非集中清算的场外衍生品市场仍有较大开放空间。

2.履约保障环节

一是人民币债券的合格担保品地位有待被进一步认可。目前,大多数新兴市场国家的政府债券在跨境融资中不具备作为担保品的资格。例如,亚洲证券业及金融市场协会(Asia Securities Industry & Financial Markets Association,ASIFMA)与国际资本市场协会(International Capital Market Association,ICMA)调查显示,亚洲回购以及逆回购市场中,所用的亚洲担保品(除日本证券外)占比例仅为7.1%和0.5%[16]。就人民币债券而言,尽管外资机构持有量逐年提升,国际认可度不断增强,但还需被纳入更多的国际主流押品池,方能在跨境衍生品交易中发挥履约保障优势。二是人民币债券担保品跨境流通渠道有待打通。国际货币基金组织研究表明,[17]一方面,全球系统重要性银行的排他性担保框架阻碍了与欧洲美元体系形成流通管网,制约了新兴市场担保品的跨境流动。另一方面,新兴市场存在缺乏明晰的合格担保品框架、担保品流动性有限且发展趋势尚未与全球同步等硬性壁垒,进一步加剧了担保品跨境流动的困难。因此,如何

---

〔16〕 See ASIFMA - ICMA, *Asia Pilot Repo Survey*, Working Paper, 2017 年 9 月。

〔17〕 参见 IMF:《新兴市场证券加入全球金融管网》,载《债券》2022 年第 5 期。

搭建常态化、多元化的人民币债券担保品跨境流通渠道，是将人民币债券用于跨境衍生品交易的关键前提。

3. 风险处置环节

一是跨境交易的违约处置存在不确定性。《中华人民共和国企业破产法》第75条明确规定，破产重整期间暂停行使担保权。[18] 因此，尽管担保品违约处置机构在技术上可以支持跨境交易中的违约处置流程，且国内金融机构发生破产这一极端情况的概率较小，有关部门也有系统性应对举措，[19] 但对国际投资者而言，法律制度落实预期的不明确，仍然是阻碍跨境交易意愿的一大因素。二是人民币债券处置后的资金出境政策暂不清晰。目前，尚无法律法规、外汇政策对人民币债券担保品违约处置后的资金跨境汇划问题作出明确规定，处置所得款的妥善处置尚存路径障碍，影响了投资者在跨境衍生品交易中使用人民币债券担保品的积极性。

（二）政策建议

1. 法律层面：完善法律制度建设

一是持续完善我国场外衍生品市场基础制度建设。相较于欧美、日本等发达国家金融市场，目前我国在场外衍生品资本金要求和保证金制度建设等方面仍处于探索起步阶段。建议对标国际市场运行框架，出台符合中国衍生品市场需要的非集中清算衍生品交易资本金和保证金制度规则，为参与国际衍生品交易的金融机构提供制度依据，为人民币债券发挥风险缓释作用营造良好的法治环境。二是丰富担保模式方面的制度供给。我国现行担保制度脱胎于民商事领域的担保物权，担保模式的合法性需要遵从“物权法定”原则。近年来，尽管《民法典》担保物权编、《全国法院民商事审判工作会议纪要》等法律法规对非典型担保的认可空间逐步拓展，但金融担保品具有价值易确定、流动性较高等特殊性，决定了其相对于普通担保物权，具有更加旺盛的创新需求。建议参考发达国

---

〔18〕《中华人民共和国企业破产法》第75条第1款规定：“在重整期间，对债务人的特定财产享有的担保权暂停行使。但是，担保物有损坏或者价值明显减少的可能，足以危害担保权人权利的，担保权人可以向人民法院请求恢复行使担保权。”

〔19〕例如，2021年11月，原中国银行保险监督管理委员会发布《关于衍生工具交易对手违约风险资产计量规则有关问题的通知》，相关负责人在答记者问中表示“第一，我国商业银行法、保险法、证券法等法律规定赋予金融监管部门金融机构破产前置审批权，因此不会出现商业银行突然破产导致非违约方无法行使终止净额结算权利的极端情况；第二，根据法律授权，金融机构出现重大风险，监管部门将依法采取接管、托管等风险处置措施，可以保障净额结算合同安排在风险处置阶段有序执行；第三，从司法角度看《企业破产法》《民法典》均支持抵销权，《民法典》合同编承认当事人意思自治，终止净额结算的合同约定与法律强制性规定并无冲突”。

家或地区对金融担保品专门立法的实践经验,探索增加针对金融担保品的法律供给,为更好衔接国际衍生品市场履约保障机制创造更多可能性。

2. 监管层面:强化制度供给和政策指引

一是推动提升人民币债券担保品国际认可度。国际市场广泛使用的代理中央银行模式(Correspondent Central Bank Model),[20]允许当地中央银行接受以外币计价的担保品或位于外国辖区内的担保品,以支持金融机构融资,促进担保品跨境使用。例如,韩国和印度尼西亚通过代理中央银行模式,实现了担保品的跨境调拨使用。建议借鉴国际经验,从国家层面推动国际监管互认,助推境内金融基础设施获得国际市场展业资质,为人民币债券担保品铺设跨境调拨通道。二是增强配套政策的确定性。例如,进一步完善跨境交易涉及的账户体系和划汇安排,妥善处理跨境衍生品交易后担保品违约处置资金的划转问题,为境外投资者提供明确的资金出入境预期,从而为衍生品市场风险防控闭环的有效实现提供政策保障。

3. 基础设施层面:充分发挥基础设施连接枢纽职能

一是搭建人民币债券担保品的跨境流通渠道。中央证券托管机构(Central Securities Depository,CSD)是推动人民币债券实现跨境流通的重要枢纽。例如,中央结算公司已与国际中央证券存管机构(International Central Securities Depository ,ICSD)建立密切联系,并与全球主要托管行探索开展多级服务合作,在跨境融资、跨境发行等领域开展了丰富的担保品管理实践。下一步,应继续深化核心枢纽职能,探索多渠道、多层级联通方式,为人民币债券担保品的跨境使用夯实渠道。二是发挥金融基础设施专业技术优势。以衍生品交易的初始保证金计算为例,相较于国际惯用的 GRID 和 SIMM[21]法,我国衍生品市场一直采用以合约价值一定比例收取保证金的方式,计算比例偏高,履约成本较高。建议借助中央证券托管机构在市场权威定价基准、第三方担保品管理等方面的领先地位和专业优势,建立精细化、动态化的保证金风险模型,为交易双方提供高效、便捷、低成本的履约保障解决方案,提升衍生品交易的整体效率。

4. 市场层面:持续推动衍生品市场国际化建设

一是推动交易品类创新。稳步扩大场外衍生品的国际化品种,丰富境外投资者风险管理工具,逐步放开境外投资者可参与的衍生品交易范围,例如利率期权、国债期货和标准债券远期等长期利率风险对冲工具、信用违约互换等信用风

---

〔20〕 参见欧清:《ECMS: a game changer to access your central bank》,White Paper,2022 年 6 月。

〔21〕 参见刘全雷:《强制初始保证金规则的国际实践及影响》,载《债券》2021 年第 12 期。

险对冲工具,充分发挥衍生品市场在价格发现、风险管理和资源配置等方面的功能。二是探索多元化开放路径。建议允许境外投资者逐步参与到各类场内交易市场,以及场外衍生品交易市场。进一步完善境外投资者参与我国衍生品市场的配套措施,加速境内外衍生品市场在交易结算和实物交割等规则方面的对接,强化价格联动性,在风险可控的前提下积极探索衍生品市场对外开放新路径。

附件

主要国家和地区非集中清算场外衍生品的保证金要求的监管进展状况(截至2022年)

主要国家和地区		2020年下半年	2021年上半年	2021年第三季度	2021年第四季度	2022年上半年	2022年下半年
阿根廷		1	1	1	1	1	1
澳大利亚		4	4	4	4	4	4
巴西		4	4	4	4	4	4
加拿大		4	4	4	4	4	4
中国	内地	1	2	2	3	3	3
	香港特别行政区	4	4	4	4	4	4
欧盟		4	4	4	4	4	4
印度		2	2	2	3	4	4
印度尼西亚		2	2	2	2	2	2
日本		4	4	4	4	4	4
韩国		4	4	4	4	4	4
墨西哥		2	2	2	3	3	4
俄罗斯		1	1	2	2	2	2
沙特阿拉伯		4	4	4	4	4	4
新加坡		4	4	4	4	4	4
南非		3	3	3	4	4	4

续表

主要国家和地区	2020 年下半年	2021 年上半年	2021 年第三季度	2021 年第四季度	2022 年上半年	2022 年下半年
瑞士	4	4	4	4	4	4
土耳其	1	1	1	1	3	4
英国	4	4	4	4	4	4
美国	4	4	4	4	4	—

资料来源:*OTC Derivatives Market Reforms – Implementation progress in* 2021,FSB,https://www.fsb.org/wp-content/uploads/P031221.pdf,2022 年 8 月 23 日最后访问。

注:1. 立法框架或其他授权已生效,或已颁布征求意见稿。

2. 立法框架或其他授权已生效,并且至少就某些交易而言,已就相关标准/要求向公众咨询或征求建议。

3. 立法框架或其他授权已生效,并且至少就某些交易而言,已采纳了相关标准/要求。

4. 立法框架或其他授权已颁布实施,且部分改革措施已覆盖 90% 以上场外衍生品交易。

期货及衍生品法律评论
第四卷,第117~128页

个股场外衍生品在上市公司股票交易中的运用及监管因应

宋 澜* 武俊桥**

一、提出问题:市场观察与规则发展

新冠疫情叠加经济周期性调整,境内外上市公司回购自身股份的意愿增强。股份回购是各国资本市场的一项基础性制度安排,在优化资本结构、提升公司投资价值、健全投资者回报机制等方面具有重要作用。在我国,随着近年来资本市场的迅速发展、国际化与市场化进程的加快,上市公司风险精细化管理的需求已不限于汇率风险、利率风险、商品价格风险等传统领域,以证券公司为主导、挂钩A股股指和A股个股的权益类场外衍生品不断发展。沃森生物、云南白药、工业富联、中国化学等上市公司通过权益衍生产品交易、辅助股份回购的案例不断出现。场外权益衍生品市场通过个性化合约,可以有效帮助公司控制回购成本、压缩回购时间,因而在企业的并购、融资、股权投资、员工激励等方面得到越来越多的应用,其服务实体经济的重要作用也将日益凸显。

用场外个股衍生品辅助股票交易,从工具类型上,可以分为累计期权、领子期权等不同组合;从交易方向上,可以分为买入(如回购、并购)和卖出(如减持、以券融资)两个方

* 上海证券交易所法律部员工,法学博士、博士后。

** 上海证券交易所法律部副总监,法学博士、博士后。

向;从交易主体上,可以分为上市公司自身及股东董监高等两类主体;从基础资产上,又可分为上市公司自身股票或其他上市公司股票。放眼全球,境外上市公司进行股权交易时,权益衍生品一直扮演着重要角色。根据我国香港特别行政区《证券及期货条例》(第 XV 部—权益披露)及相关规定,股本衍生工具包括股票期权及股票期货、场外衍生品(场外远期、期权或互换)等所有能够使某人获得相关股份中权利、期权或权益的合约或金融文本的产品。截至 2021 年年末,全球市场中场外权益衍生品未到期合约名义本金总额为 7.3 万亿美元,同比上涨 2.8%。权益衍生品的细分市场中,美国和欧盟市场占比较大,其总市值分别占权益衍生品总市值规模的 55.3% 和 27.2%。[1] 以美国为例,2009 年至今,按照回购规模统计,回购排名居前的大多是科技类和金融类企业的行业龙头。如 2022 年第一季度,推特与富国银行、摩根士丹利等签署了回购 20 亿美元的普通股加速股票回购协议,以满足公司快速回购股份用于股份注销、股权激励行权等需求。

2022 年 8 月 1 日《中华人民共和国期货和衍生品法》施行。实践中,随着衍生品市场产品的丰富、规模的扩大,上市公司参与权益衍生品的案例不断丰富,证券市场一线监管面临新的问题与挑战。为引导上市公司在合理利用期货和衍生品工具的同时,加强交易风险的控制,进一步提高相关信息披露的有效性,2023 年 1 月,沪深证券交易所修订《上海证券交易所上市公司自律监管指引第 5 号——交易与关联交易》《深圳证券交易所上市公司自律监管指引第 7 号——交易与关联交易》,进一步细化完善了上市公司开展期货和衍生品交易的内部控制、审议标准、信息披露等规定,并新增“期货和衍生品交易”专节,明确上市公司从事期货和衍生品交易的基础资产可以是证券、指数、利率、汇率、货币、商品等标的或上述标的的组合,同时公司从事套期保值业务的期货和衍生品品种应当仅限于与公司生产经营相关的产品、原材料和外汇等。

当然,在后续市场不断发展、市场监测不断完备的前提下,上市公司大股东、实控人、董监高等特定主体可否参与以该上市公司股票为标的资产的衍生品交易;如何与交易禁止、限售及减持规则相衔接;以信息披露为核心的上市公司监管和以行业协会、衍生品交易报告库为中心的衍生品交易数据的收集、分析和管理,两者如何实现具体的、可落地的跨市场监测监控等,都可以开展进一步的研究与明确。

---

[1] 参见《中国场外金融衍生品市场发展报告(2021 年度)》。

二、权益衍生品原理透视：节约成本、控制时间、实现融资

场外市场具有合约种类多样、合约设计灵活的特点。实践中，上市公司或相关方与证券公司签署《中国证券期货市场场外衍生品交易主协议》（The Securities Association of China，SAC）衍生品框架协议，并向证券公司支付不低于初始保障金额的人民币预付金。目前，境内上市公司对交易使用的具体品种类型的披露程度并未一致，本部分主要以境外资本市场广泛使用且境内主体已有涉及的累计期权、股票加速回购业务及领子期权为例，试图解释股权类场外衍生品蓬勃发展的商业逻辑。

（一）基于累计期权（Accumulator）的股份回购

上市公司为实现以低于市价的成本逐步建仓、实现股份回购的效果，与证券公司签署 SAC 及补充协议，约定证券公司在一个时期内以锁定的股价（低于现时股价的水平）为上市公司提供股票。（1）若该股价高于约定的建仓价格且低于合约终止价格，即股票市价未触及暂停建仓价格，则上市公司以合约约定的建仓价格向证券公司购入一定股票；（2）若该股价低于或等于合约约定的建仓价格，则上市公司以合约约定的建仓价格向证券公司购入更多股票，通常为 1～2 倍。具体环节如表 1 所示。

表 1　每日折价倍速回购风险管理方案要点

项目	内容
建仓价格	期初约定，如期初股价的 92.75%
每日拟建仓规模	每日建仓，建仓数量由股票当日市价决定： ·若当日股票收盘价格 > 目标建仓价格，则以目标建仓价格购买 X 股 ·若当日股票收盘价格 ≤ 目标建仓价格，则以目标建仓价格购买 n × X 股 每日基本建仓数量 X 股根据客户交易意愿事先约定
敲出终止机制	每日观察是否发生敲出事件（股票当日收盘价格 ≥ 敲出价格），如果触发敲出事件，交易提前终止（或约定不建仓，敲出价格可根据客户需求进行结构调整） 敲出价格与客户期初约定，如期初股价的 120%

续表

项目	内容
结算方式/频率	现金结算,结算频率一般为每月结算,结算频率可以根据客户需求进行调整 · 定期结算:根据期间标的每日的收盘价格,期权的行权价格、单日执行倍数进行月度现金结算

当股价触及暂停建仓价格,触发暂停建仓事件,交易仍然存续。当股价回撤到暂停建仓价格以下时,重启建仓。该等合同在合约到期日或者至约定的合约价格时终止。(见图1)

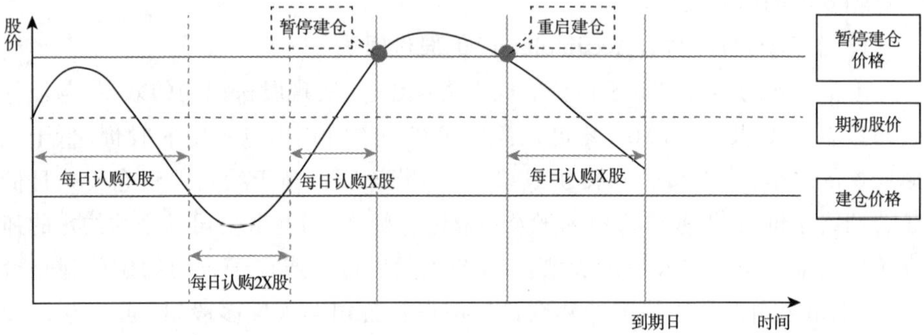

图1 累计期权建仓与敲出示意

最终,在证券公司以客户(上市公司或其相关方)的目标心理价位购买股票后,为实现上市公司股份回购的目标,双方仍需通过定期结算(通常为按月结算)或到期结算的方式将所购股份进行实物交割。

(二)股票加速回购(Accelerated Share Repurchase)方案

一般而言,传统的直接回购需要较长的时间才能完成且每股支付的具体价格取决于回购股票的日期。对于迫切需要股票的上市公司,股票加速回购(ASR)则更为合适。上市公司在期初就收到股票,可以立即用于注销、股权激励,或帮助公司快速巩固其所有权、应对恶意收购,流程更快并为上市公司减少了购买价格的不确定性。同时,上市公司实施加速回购需要在期初支付给投行大笔现金,说明公司有比较充裕的回购资金,因而承诺的可信度更高、股份回购的各方面效果更为积极。境外市场中,股票加速回购通常的实施步骤如图2所示。

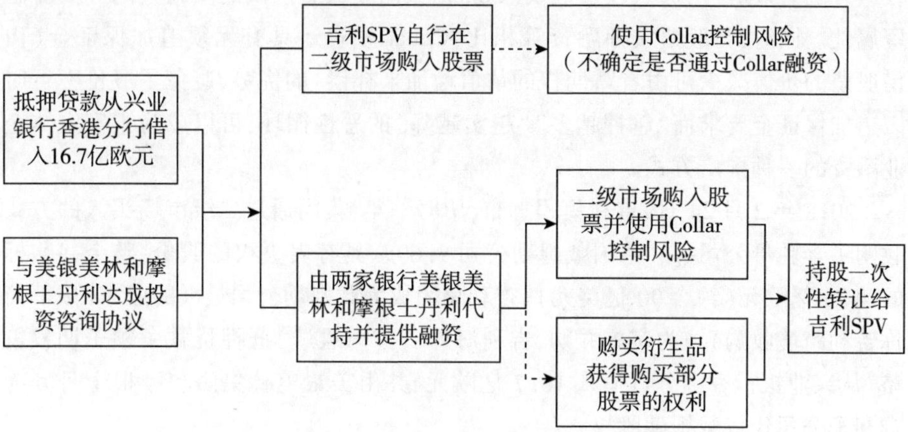

图2　境外市场股票加速回购通常的实施步骤

(1)上市公司在股份回购公告之后与投资银行签署 ISDA 协议。上市公司向投资银行支付不低于初始保障金额的人民币预付金。

(2)投资银行直接先向机构投资者借入股票(而非逐渐买入建仓),将股票出售给上市公司,交付数量为目标回购数量,上市公司支付回购对价(此环节在境内市场较难实现)。

(3)投资银行在二级市场按照成交量加权平均价格(Volume Weighted Average Price, VWAP)买入股票。将股票归还给出借人。此时,因无法控制从公开市场上购买股票的价格,投资银行面临一定程度的风险。

(4)上市公司与投资银行进行双向结算,从而将上市公司回购成本锁定为“期间每日加权平均价格均值”。

境内市场中,2021 年 9 月 24 日,工业富联发布《关于以集中竞价交易方式回购股份方案的公告(修订版)》,表示拟使用自有资金 12 个月内以集中竞价交易方式回购公司股份。公告显示,“为顺利实施本次回购,公司拟与中国国际金融股份有限公司合作,借助证券公司专业交易能力,综合运用收益互换、场外期权等工具,为公司实施本次回购提供综合服务”。2022 年 3 月 24 日,工业富联再次表示公司将运用收益互换、场外期权等工具进行股份加速回购。当然,由于加速回购方案需要依靠健全活跃的证券借贷市场,券源多、成本低、借券用途不受限制等,因此可以推测境内的股份加速回购交易与境外实践相比,在流程和细节上会存在较大差异。

(三)基于领子期权(Collar)策略的收购融资方案

通常,如果标的股票股权结构分散、交易活跃,有足够的流动性,可以实现期权组合的有效对冲,那么领子期权(Collar)策略便具有广阔的实施空间并具有融资属性。同时,与股票质押融资等相比,Collar 融资还具有无须追加保证金(出借股票的价值减少可由看跌期权的估值增加来补偿)的优势,避免了股价下行时因追加保证金要求而“越押越多”“越卖越降”的恶性循环,可以成为丰富实体企业融资的一种推广方式。

2018 年 2 月 24 日,吉利集团宣布,历时一年,集团通过二级市场买入的方式收购了奔驰母公司——德国戴姆勒公司 9.69% 具有表决权的股份,整个并购标的达 73 亿欧元(约合 90 亿美元),吉利集团成为戴姆勒公司最大的股东(以下简称吉利跨境收购)。为实施并购,吉利海外子公司通过“抵押贷款 + 领子期权策略”从兴业银行香港分行借入 16.7 亿欧元,并由美银美林集团和摩根士丹利为吉利子公司代持戴姆勒股权。

由于使用了杠杆资金,且并购的目的是寻求战略控股而非获得股价上涨的资本利得,因此吉利集团的上述战略并购使用了出借证券并配合期权组合的抵押贷款策略,创下了全球针对单一股票进行此类交易的规模之最。公开报道显示,吉利集团通过美银美林集团和摩根士丹利等投资咨询顾问,买入了保护性看跌期权并卖出一定头寸的看涨期权以覆盖买入看跌期权的期权费。如此一来,吉利集团将标的股票下跌的风险转嫁给期权对手方,而后者则收取期权费用作为回报。

具体而言,假设公司实施股份购入计划资金不足,须向证券公司融资,那么借款人(borrower):(1)向贷款人(lender)购买一个行权价格较低的看跌期权(Put,例如 80%);(2)向贷款人卖出具有更高行权价格的看涨期权(Call,例如 133%),以降低总成本;(3)向贷款人交付股票作为抵押品;(4)获得贷款。

假设借款人可出借股数约 1.5 亿股,名义本金 4.5 亿元,并支付 Collar 期权费 1.8 亿元,那么借款人可获得资金约 2.7 亿元。目前,从已发生的案例看,在上市公司或股东已拥有股票持仓并可以将持仓股票出借的情况下,采用领子期权策略交易股票,上市公司可以将损失和收益限定在一定区间内:如果未来股价大跌,可以保护持仓,并且锁定收益;反之如果股价持续增长,可以在能接受的价位卖出股票。换句话说,公司通过放弃股票极端上涨带来的收益(但仍享有部分的上端收益),获得股价下跌的保护。

三、争议问题：是否披露、谁能参与、可否减持

（一）交易主体套嵌：吉利香港特别行政区相关公司并未披露跨境收购事宜

在吉利集团收购戴姆勒公司案例中，吉利汽车控股有限公司（以下简称吉利汽车）为港股上市公司，吉利控股集团有限公司（以下简称吉利控股）为债券发行主体，两者都负有我国香港特别行政区市场的信息披露义务。然而，吉利历时一年的跨国并购行为并未体现在信披主体的定期报告或重大交易的披露文件中。原因在于吉利使用的收购主体（2017 年 10 月在我国香港特别行政区注册成立的 SPV 公司 Tenaciou3 Prospect Investment Ltd.）与两个信披主体之间的关系为同一最终控制人，而非直接控股关系（股权结构见图 3），所以合并报表并不会纳入收购主体的财务数据及动向，因此无法从香港特别行政区相关公司公告及财务报表中获取有效信息。2018 年 2 月 23 日，戴姆勒在德国市场就吉利持有戴姆勒 9.69% 的股份事项进行了披露，并于同年 5 月 13 日根据德国金融监管局 BaFin 的要求对 2 月份的信息的披露做了补充说明。对此，吉利认为，2018 年 2 月 22 日及之前，虽然股东间已基本敲定这一交易，但因为和投行的沟通尚未产生法律效力，所以当时并没有披露义务。

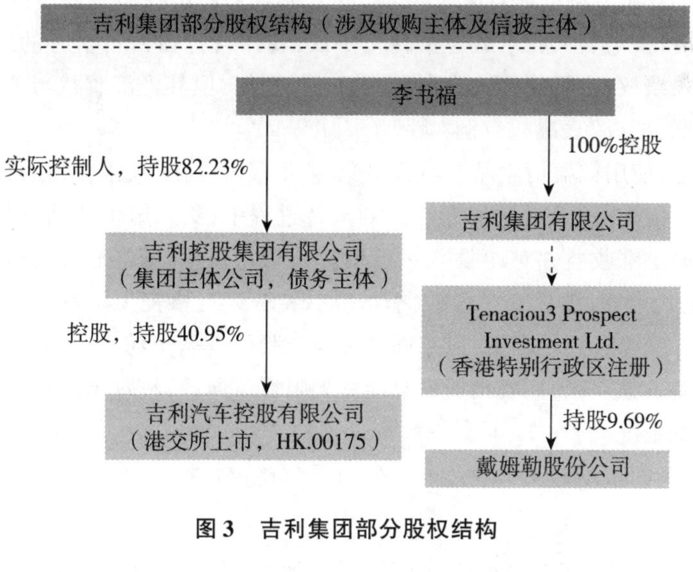

图 3　吉利集团部分股权结构

(二)特殊主体准入:股东及董监高能否参与

目前,是否允许上市公司持股5%以上股份的股东、实际控制人、董监高等关键少数及其一致行动人从事以本公司股票为标的资产的衍生品交易,存在较大争议。这方面,境内市场实证案例有限,爱康科技有关股东曾计划开展场外衍生品交易,但具体实施情况难以评估。

2021年6月10日,爱康科技发布关于公司股东、董事邹某某拟参加场外期权交易的自愿性信息披露的公告。2020年12月29日,爱康科技披露了邹某某的增持股份计划公告,拟增持金额不超过3亿元,不低于1.5亿元,增持价格不超过4元/股,实施期限为自增持计划披露之日起6个月内完成。为顺利实施本次增持股份计划,邹某某控制的赣州慧谷拟与场外期权一级交易商合作,在合法合规的前提下,由证券公司提供综合金融服务,运用场外衍生品等工具,为邹某某或其控制的公司/基金实施本次增持股份计划提供风险管理服务。邹某某女士为爱康科技实际控制人邹某某先生的姐姐;同时,邹某某女士之子刘某,作为有限合伙人间接享有公司控股股东江苏爱康实业集团有限公司的收益权。

(三)卖出股份非买入:纳思达因收益权互换减持

2015年宝能与万科的控制权之争中,深圳市钜盛华股份有限公司(以下简称钜盛华)使用股票收益互换,通过银河证券买入万科股份并享有股份收益权,钜盛华后续回购该部分股份、转为直接持有。如此,股票收益互换使收购意向人在收购前期秘密实施收购计划、一定程度上逃避了公司收购制度中的权益披露规则。同时,公司名义股东通过市场化协议,转让自身在公司享有的经济利益,同时保留投票权,也可能导致股东虽然拥有投票权,但其经济收益与公司表现缺乏有效关联,形成"表决权空洞"。[2]

实际上,使用权益衍生品参与股票交易,不仅可以在"买入端"还可能出现在"卖出端"。比如,上市公司股东在计划减持过程中,买入虚值认沽期权,可以保留股价未来上涨收益并对冲股票下行风险。不过,根据《证券非交易过户业务实施细则》的规定,股东只有在继承、捐赠、离婚、法人资格丧失等特殊情形下才能实施证券非交易过户。因此,股东即便参与个股衍生品交易,也只有通过交易过户的形式将股票卖出,而卖出股份只能是无限售流通股,较难出现股东借此规避减持规则的情况。

当然,境内市场确实出现过上市公司因收益权互换产品触发"被动减持"的

---

〔2〕 Henry T. C. Hu & Bernard Black, *The New Vote Buying: Empty Voting and Hidden (Morphable) Ownership*, 79 S. CAL. L. REV. 811(2006).

情况。2020年12月16日，纳思达股份有限公司（以下简称纳思达）发布《关于控股股东股份减持比例达到1%的公告》。2022年5月20日，深圳证券交易所向纳思达发送监管关注函，要求纳思达就控股股东珠海赛纳打印科技股份有限公司（以下简称赛纳科技）涉嫌通过收益权互换等方式，绕道减持进行套现一事进行说明。根据公司对关注函的回复，2015年年底至2016年2月初，赛纳科技与太平洋证券股份有限公司签署了《股票收益权转让合同》以及一系列相关合同，将其持有的4608.23万股股票对应的收益权转让给太平洋资管计划。该合同项下所涉及的收益权互换，本质上属于控股股东的融资行为，即赛纳科技将所持纳思达的限售股权质押给太平洋资管，以股权收益发行信托计划，同时信托计划约定原股东在条件成就时回购股权。如此，资管计划作为质押方，质押股份仍在出质人名下，质押方无权直接减持股份。根据纳思达5月25日披露的公告，尽管上述收益权互换最终是通过减持来完成资金兑付的，但并未违反减持规定。

需要说明的是，纳思达所进行的“收益权互换”融资并不同于衍生品“收益互换”。前者收益权互换乃股东向资管计划质押了限售股份，股票收益权只是履约保障，系场外质押业务；而中国证券业协会《收益互换指引》下的股票收益互换，即收益互换业务挂钩标的为股票的，是指券商与客户约定在未来某一期限内针对特定股票的收益表现与固定收益金额（如利率）进行现金流交换。简言之，当前中国市场语境下的“收益权互换”为股东质押融资行为，而“收益互换”则为套期保值的手段。

四、权益类衍生品交易规范的制度完善建议

（一）进一步规范上市公司股份回购中的衍生品交易

上市公司运用场外衍生品进行股份回购，本质是公司方与证券公司（一级交易商）进行场外衍生品交易，委托证券公司开展回购计划。在披露事项上，包括上市公司投资场外衍生品及上市公司回购股份两个方面；在披露主体上，若衍生品交易对手方，即证券公司本身也是上市公司，则也可能触发重大交易披露义务。

1. 允许上市公司借助权益衍生品开展股份回购

上市公司通过权益衍生品进行公司股份回购，可以有效锁定回购价格、降低市场波动风险。因此，应当支持内部控制制度健全、具备风险管理能力的上市公司利用期货市场和衍生品市场从事套期保值等风险管理活动，但不鼓励公司从

事以投机为目的的期货和衍生品交易。当然,在审议程序方面,上市公司从事衍生品交易应当全面履行严格的内部决策及内控要求,公司应当指定董事会相关委员会审查期货和衍生品交易的必要性、可行性及风险控制情况,必要时可以聘请专业机构出具可行性分析报告,包括制定严格的决策程序、报告制度、风险监控与应对措施,明确授权范围、操作要点与信息披露等具体要求,并根据公司的风险承受能力确定投资规模及期限。同时,公司从事不以套期保值为目的的期货和衍生品交易的,无论金额大小均应当提交董事会、股东大会审议,独立董事应当发表专项意见。

2. 明确上市公司的首次披露及持续披露要求

上市公司开展期货和衍生品交易时,在初始披露方面,上市公司应当披露交易目的、交易品种、交易工具、交易场所、专业人员配备情况等,并就公司控制权影响、表决权及收益权分离等情况进行充分的风险提示。公司从事以投机为目的的期货和衍生品交易的,应当在公告标题和重要内容提示中真实、准确地披露交易目的,不得使用套期保值、风险管理等类似用语,不得以套期保值为名变相进行以投机为目的的期货和衍生品交易。对于上市公司投资场外衍生品的首次信息披露时间要求,根据《上市公司信息披露管理办法》的规定,上市公司应当在:(1)董事会或者监事会就该重大事件形成决议时;(2)有关各方就该重大事件签署意向书或者协议时;(3)董事、监事或者高级管理人员知悉该重大事件发生并报告时。任一时间最先发生时履行信息披露要求。

在披露进展方面,上市公司相关部门应当跟踪期货和衍生品公开市场价格或者公允价值的变化,应及时评估已交易期货和衍生品的风险敞口变化情况,并向管理层和董事会报告期货和衍生品交易授权执行情况、交易头寸情况、风险评估结果、盈亏状况、止损规定执行情况等。上市公司期货和衍生品交易已确认损益及浮动达到一定标准的,应当及时披露交易进展。

3. 明确证券公司、上市公司及其相关方的大额持股认定原则

我国香港特别行政区《证券及期货条例》规定,上市公司大股东(持有上市公司5%或以上任何类别有投票权股份的权益的个人及法人)须披露其对上市公司的有投票权股份的权益及淡仓,上市公司的董事及高级管理人员则须披露其对上市公司的所有股份(而非只是有投票权股份)的权益及淡仓。至于“持有权益”,除股东姓名记载于股东名册外,还包括代为持有、通过订立合约赋予股东股份权利、优先购买股份的权利、使股东在股价有所改变时收取款项或可能有权/有义务买入股份等情形。

如上文所述,目前规则对上市公司从事衍生品交易及相关信息披露已经作

出了要求，但对以期货和衍生品交易为主营业务的上市公司及其控股子公司，其业务行为并不适用。同时，根据《证券公司风险控制指标计算标准规定》，证券公司自营、跟投、做市业务合并“持有”一种权益类证券的市值一般不超过其总市值的5%。证券公司因权益类衍生品业务、作为股权衍生品交易的对手方而借入或购买证券，应当作为“持有权益”的一种方式。当然，对于一些特殊情形，如证券公司母公司与子公司在合并财务报表过程中，存在彼此间进行的对冲交易，可以考虑予以一定程度的豁免与优化。

（二）规范上市公司大股东、董监高以公司股票为标的开展衍生品交易

注册制改革以来，上市公司股东群体快速扩容。根据 Wind 数据统计，2019 年至 2022 年第三季度，沪深两市累计实现股权融资金额超过 5 万亿元，实现连续三年同比正增长。股东在积极参与资本市场股权融资的同时，其长期投资、价值投资、风险管理理念也在逐渐强化。但是，考虑到上市公司大股东、实际控制人、董监高具有较强的信息优势，在持股管理上受到严格限制，允许其参与以本公司股票为标的资产的衍生品交易，容易引发内幕交易，突破减持新规、限售规定或实现违规持股。因此，本文建议严格规范股东及董监高通过衍生品交易规避股份持有规则或逃避股份限售义务、减持义务。对于首次公开发行前发行的股份或者上市公司向特定对象发行的股份的股东更是如此。同时，衍生品经营机构须加强客户身份穿透核查，与上述主体及其控制的相关产品、法人、合伙企业等进行交易或开展业务应进行实际控制关系审查，从而进一步吸引各类风险偏好的社会资本进入资本市场，完善中长期社会资本“愿意来、留得住”的市场环境。

（三）建立跨市场业务数据共享及监控机制、推动权益衍生品进场交易

一线监管需要“牙齿”。2012 年，国际货币市场爆发严重的操纵事件与信任危机。2014 年，英国金融行为监督管理局对传统中央银行的管辖领域进行机构监管与行为监管重塑。当英国金融行为监督管理局的时任首席执行官被问及为何花费了如此长的时间才发现了汇率市场的不当行为时，安德鲁·贝利（Andrew Bailey）坦言，即期汇率交易并不是我们习惯上的监管对象。国际清算银行每隔三年才会在各中央银行的协助下，统计一次外汇市场的总体数据。对于非监管市场，我们尚缺乏规律性的报告，因而没有审查的依据。[3]

---

〔3〕 Fin. Conduct Authority, *FCA Fines Five Banks fl. 1 Billion for FX Failings and Announces Industry-wide Remediation Programme*（Nov. 13,2014）, http://www.fca.org.uk/news/fca-fines-five-banks-for-fxfailings.

在上市公司与证券公司达成协议、运用权益衍生品进行股份回购的场景中,证券期货交易所无法对场外衍生品交易的授权执行、交易头寸、风险评估、盈亏止损等情况予以证实。在全市场层面统一监控监测体系,建立有生机、可持续的行业信息集中和共享机制已迫在眉睫。有观点认为,证券期货交易场所应当为衍生品经营机构的对冲交易行为提供必要的便利,并对对冲交易账户进行重点监控。为加强上市公司衍生品交易及场内对冲账户的监管,防范潜在跨市场风险,除已有的场内现货数据外,证券期货交易场所还需掌握相关场外衍生品交易持仓数据。因此,应当明确,证券期货交易场所可以要求场内衍生品经营机构提供相关场外衍生品交易数据。

除此之外,推动标准化的场内权益衍生品也是突破上市公司信息披露瓶颈的方法之一。2008 年国际金融危机后,为加强衍生品交易监管,国际会议以及主要市场相继出台的政策与法案大致可分为两个方面:一是不改变交易各方法律关系的集中清算要求,即不改变"一对一""一对多"的交易方式,只是交易数据的集中上报与统计;二是改变交易所交易地位的标准化衍生品"进场"运动,即交易场所提供要素统一的合约产品(如个股欧式期权)、实现更多的交易可能(如撮合)、承担更多的交易履约功能(如中央对手方),从而以更综合的交易所集团满足更丰富的资本市场实践需求。

五、结语

运用场外个股衍生品辅助股票交易,涉及股票衍生品履约与现货交易联动,涉及上市公司信息披露与交易规范,涉及场内场外数据联通与监测互补,是证券监管已有回应但仍须深入讨论的新型复合型问题。中国的证券交易具有中国优势。只有打通场外个股衍生品辅助股票交易中的痛点、堵点,保持定力、久久为功,才能不断探索中国特色资本市场发展之路。

期货及衍生品法律评论
第四卷，第 129 ~141 页

延期合约法律问题

卢 静* 路冠平** 汪智明***

一、延期合约演进及经济意义

延期合约是延期交易的载体，延期交易是现货交易在时间上的延伸，交易者通过连续、短期的保值交易来规避基础资产价格波动，同时达到存货资金融通及节约基础资产储备成本的目的。

（一）延期合约的缘起和发展

延期合约发端于场外即、远期合约，金融市场上可在到期日展期的即、远期合约是一类主流产品，交易员在一个交易到期时，往往通过展期操作，将交割日向后延续。早期，类似操作广泛地发生在即、远期交易及回购交易等场景。例如，即、远期交易在到期日，如果买卖双方达成一致、将当前交割向后延期，则双方会在到期日做一个与当前交割方向相反、成交量相同的即期交易，同时在下一个约定交割日做一个与当前交割方向相同、成交量相同的远期交易。伴随这个合约的执行，双方需支付前一个合约交割价与该即期交易现货价的差价，以及相对应的掉期价格，这就是可展期的远期交易合约。在做市商对可展期的远期交易提供连续报价基础上，形成了滚动合约（Rolling Contract）。金融发展史上，历次金融危机都促使衍生品交易向交易合约更标准、集中清

* 任职于上海黄金交易所。
** 任职于上海黄金交易所。
*** 任职于上海黄金交易所。

算、信息更透明的方向进化,从而使投资者有动力交易标准化的场内滚动即期合约。

为能更加高效地服务市场,体现黄金市场的金融属性,上海黄金交易所扩展符合国内市场需求的保证金品种,参考伦敦场外黄金现货市场交收方式,推出Au(T+D)延期合约。交易双方只冻结一定比例的首付款(保证金)达成交易,成交后客户可以选择合约交易日当天交割,并支付全额的费用,也可以延期交割,同时引入中立仓、延期补偿费机制来平衡交割供求双方。

东京商品交易所(Tokyo Commodity Exchange,TOCOM)在设计黄金滚动期货合约(gold rolling-spot futures)中实地调研,借鉴了上海黄金交易所Au(T+D)合约,为适应监管要求将合约期限改为一日。由于该所既缺乏现货市场提供现货价格,也缺乏平衡实物交割的机制,只能以期货价格推算远期利率和现货价格,按推算现货价格重新开仓,并以一日远期利率展期,因此该合约在日本被归为期货。

此外,欧洲期货交易所(The Eurex Deutschland, EUREX)的外汇即期滚动期货(Rolling spot futures)、伦敦金属交易所(London Metal Exchange, LME)的金属铜远期期货合约等也具备延期合约的基本特征。"Rolling spot futures"为无限期合同,每日日终按即期价格清算后立即按清算价自动重新开仓,并执行计价货币和基准货币的利率互换,该合约被德国、瑞士等国归为期货。LME的金属铜远期期货合约将远期交易、互换展期和清算放到场内,以提高交易的流动性和透明度,该合约亦被英国归类为期货。国际上也有将此类合约作为场内互换进行监管的情况。对以现金结算的场外滚动即期合约,欧洲证券及市场管理局(European Securities and Markets Authority, ESMA)认为其不是期货、期权、互换或远期,而是一类专门的差价合约(Contract For Difference, CFD)衍生品,英国则建议根据交易者行为区分为期货或CFD。

(二)延期合约的特征

从本质上来看,延期合约源于对基础资产价格走势的预期,属于从金融资产价格派生出自身价值的金融产品,在一定程度上具有杠杆效应,因此也存在了一定的风险。从表现形式来看,延期合约一般为交易所统一制定的基本标准化合约,合约的变量是价格和时间,价格由集中竞价产生,交割时间既可以是当日,也可以是未来任何时间,非当日交割时需要另外支付递延费。在交易方式上,延期合约主要是经由交易所组织的公开市场,通过电子撮合成交,价格具有公开性和权威性。

(三)延期合约的经济意义

延期合约交易的是基础资产未来的价格,是基础资产交易的延迟和补充。由于不涉及基础资产所有权的转移,加之交易结算便利及相对充沛的市场流动性,延期合约成为产业链上资产管理和风险管理的重要工具和手段。

1. 延期合约有助于规避系统风险。因投资面临的利率、汇率等波动风险越来越大,交易者可藉由该合约得到分散风险的机会。延期合约的一方可以以当日的价格迅速在交易所市场上买入或卖出与现货数量相等的、方向相反的延期合约,在延期和现货市场上建立盈亏冲抵机制,实现延期市场和现货市场盈亏的大抵一致,从而规避风险。

2. 延期合约具有显著的价格发现功能。延期合约大多是用作套期保值或投机交易,又因其是基本标准的合约,转让方便,流动性高,买卖频繁,可以连续不断的产生延期价格,价格又是在交易所内通过公开竞价产生的,会及时地向社会公布,因此它有预期性、连续性、公开性和权威性等特点。当延期价格过高、现货价格过低时,在延期市场上卖出延期合约,在现货市场上买进基础资产。这样,基础资产需求增多,现货价格上升,延期合约供给增多,延期合约价格下降,期限价差缩小。延期合约交易促使延期价格和现货价格趋向统一,使延期市场真正发挥价格"晴雨表"的作用。

3. 健全完善现货市场机制,促进现货市场功能繁荣。因为现货市场与延期市场具有一定的互补性,延期合约能在一定程度上满足两个市场间资金的合理分配,使得市场无论涨跌都能吸引投资者。诺贝尔经济学家获得者罗伯特·默顿于1992年在《金融创新和经济增长》一文中指出,金融创新是给实体经济带来真实效益的发动机。以上海黄金交易所延期合约为例,历经十余年市场检验,该合约既能及时满足现货交易交割需求,又能在节约资金占用、套期保值等方面具有较强的优越性,在服务黄金白银实体产业方面发挥了重要作用。

二、他山之石——比较视野下的金融产品规制路径

从国内外现状来看,延期合约类似产品是普遍存在的,有视为现货的,有认定为期货的,有归类为互换的,也有认为是新型衍生品的。无论如何,延期合约都被视为一种非基础资产性的金融合约产品,只是定位不统一,尚有轻微争议。如何看待延期合约的法律属性及监管定位,是需要进一步明确的问题。

(一)明确衍生品在金融市场的核心地位

美国1987年10月股市崩盘之后,总统市场机制特别工作小组负责撰写《布雷迪报告》,时任美国证券交易委员会委员、斯坦福大学法学院教授约瑟夫·格兰法在报告中对股市市场危机进行反思。研判之后,美国并未放弃或者停止发展股票市场,而是强化了股指期货等场内交易机制,逐渐奠定了场内衍生品在美国资本市场的核心地位,为美国金融实力壮大夯实了关键根基。此后10余年间,国际社会普遍意识到衍生品在金融市场中的核心作用。2001年11月5日,我国香港特别行政区货币执行署主席在国际清算银行(Bank for International Settlements, BIS)衍生市场研究会上从央行的角度做了衍生产品的报告,指出世界上所有的银行都很关注衍生品市场。

(二)立法包容并引导衍生品市场有序发展

从美国金融合约发展规律来看,一般是某金融合约源于实际需要被创造并投入运用,随之形成相关市场。如果出现风险即市场失灵的现象,此时由政府之手介入。相应地,市场流失并转移至其他地方。为保住行业竞争力,政府对该合约采取暂停整改或立法纠正的措施,将其运作予以规范化后重新推向市场。以美国几次重要的立法修法为例,其在尊重金融业发展客观趋势的前提下,通过法案的制定和调整及时有力地防范金融产品导致的市场风险,最终实现引导金融合约规范化运行的目的。具有代表意义的是期货交易相关立法的推出,彰显出立法对衍生品市场接纳与促进的态度。如20世纪70年代金融衍生品兴起之后,其交易规模和市场容量迅速扩大,给监管带来了新的挑战。特别是商品期权交易丑闻引起了美国国会的注意,为此美国重新修订《商品交易法》(1936年版)并于1974年更新为《商品期货交易委员会法》,该法将法律管辖的期货品种从商品扩展到金融产品,并设立了全国性的商品期货交易委员会,对期货市场行使专属监管权力。该法颁布之后,其采取的严格监管策略导致大量交易流向其他国家。为此,2000年美国国会通过了《商品期货现代化法》,解除了对一些期货合约交易的限制,在期货交易方式上赋予了期货交易所及其他机构相当大的自由度,承认多数场外衍生品的合法地位[1]。《商品期货现代化法》对衍生品市场进行包容和支持,有力确保了美国在国际金融市场的竞争地位。

(三)监管不断优化以适应金融合约的发展

从美国金融历史发展来看,金融产品监管呈现出从无到有、立法先行的特点。随着金融产品不断推陈出新,某些结构复杂的金融合约难以确定管辖权和

---

〔1〕 See Commodity Futures Modernization Act of 2000, Pub. L. No. 106 – 554, 114 Stat. 2763.

法律效力，对这些金融产品的规制思路也经过多次调整。且随着衍生品市场的迅速扩大，各国逐步强化场内交易监管及集中清算。

1. 监管变革立法先行。“金融活动的最初阶段并不需要，实际上也没有专门的金融监管。”[2]因金融危机的出现，产生市场失灵，政府通过立法先行、监管随后的思路介入金融发展[3]。美国的《格拉斯－斯蒂格尔法》《金融服务现代化法》无不影响和主导了世界主要金融大国的监管模式[4]。近年来，为建立顺应金融体系发展需要的新金融监管架构，在金融稳定和金融竞争力两方面进行均衡后，奥巴马政府于2010年推出《多德－弗兰克·华尔街改革与消费者保护法》（以下简称《多德－弗兰克法》），旨在提供最大包容性监管，而不是压制金融创新。

2. 灵活管辖复杂产品。金融产品不断推陈出新，“金融服务的融合以及产品之间的结合，创造了一个与现行监管结构截然不同的提供金融服务的功能系统”。[5] 某些金融产品具有非单一属性，在法律适用方面引发争议，也面临着哪个监管机构享有管辖权的问题，美国为此也多次尝试调整解决方法。

首先其明确专属管辖为主，豁免为例外的原则。专属管辖权限一般将金融合约的类别作为划定标准，《商品期货现代化法》（2000年版）对金融合约监管职责规定为，美国证券交易委员会（United States Securities and Exchange Commission，SEC）监管所有在全国性证券交易所交易的证券，美国商品期货交易委员会（U.S. Commodity Futures Trading Commission，CFTC）对所有《商品交易法》（1936年版）规定的交易所交易的衍生品有监管权。银行监管者只涉及对机

---

[2] [美]艾伦·加特：《管制、放松与重新管制》，陈雨露等译，经济科学出版社1999年版，第1页。

[3] 美国的股票期权已经成功使用了200多年，在芝加哥期权交易所设立之前，场外交易市场已经开始有少量的股票期权交易，20世纪60年代这项业务大部分是由买入卖出期权经济和交易商协会的25名成员进行的。这是个小市场，不受监管部门的注意。在芝加哥期权交易所的建议下，SEC决定对其进行监管，认定期权也是一种证券，后来，股票期权交易引发了一些担忧，因为支付交易的期权费可以获得巨大的杠杆，被投资者滥用。SEC收到若干投诉后，于1977年7月18日宣布对交易所交易的期权进行全面调查，SEC也暂停扩大期权交易品种范围，直到完成对其的研究。当发现股票期权交易中有虚假交易、操纵期权价格以及误导性宣传、诱使客户进行期权投资、兜售专家等行为后，对种种违法行为进行了罗列，并实施了一系列的限制规则。当股票期权交易被规范以后，监管机构均允许增加交易所交易期权的品种，投资者参与交易的兴趣也快速增长，短短几年内，期权成为证券市场的重要组成部分。

[4] 参见[美]杰瑞·马克汉姆：《美国金融史　第三卷　从衍生品时代到新千年》，李涛等译，中国金融出版社2020年版，第1～2页。

[5] [美]杰瑞·马克汉姆：《美国金融史　第三卷　从衍生品时代到新千年》，李涛等译，中国金融出版社2020年版，第392页。

构的直接监控,而不是对市场或特定金融产品的控制。在管辖豁免方面,《商品期货交易委员会法》(1974 年版)加入了财政部修正案的条款,豁免某些特定的金融工具可以不受 CFTC 的管辖。

其次提出协调监管的要求,因并非所有的金融产品具有单一属性,比如金融工程师开发出了既有期货特征又具有证券特征的金融产品,同时银行混业经营又混淆了期货监管和证券监管的分界线,以至于同一个金融产品既是 SEC 的关注对象,也是 CFTC 的管制对象。[6] 虽然有些金融合约不能简单直接地归入特定类别,但是对投资者而言,无论投机还是套期保值,这些金融工具达到的目的是相同的。[7]《多德 - 弗兰克法》指出,从法律制度背后的公共政策出发,期货和证券的监管目标大体一致,保护投资者,保证市场的完整和统一,促进价格的透明。虽然证券和期货作为不同类型的金融产品也存在差别,但其所产生的监管差异并不明显,需要监管机构间的合作和协调。监管整合的目的是结束管辖权的不确定性及保障具有同等经济属性的产品受到一致的监管,而金融产品隶属于哪些监管机构不在重点考虑之内[8]。如美国国会规定 CFTC 对吉利美期货合约的专属管辖权,但明确要求 CFTC 在管辖权成立的领域保持与 SEC、财政部和美联储之间的联系。

最后,美国采取公式判断法。SEC 和 CFTC 在芝加哥期权交易所(Chicago Board Options Exchange,CBOE)交易的股票指数合约管辖权问题上曾产生重大争议,SEC 认定股票指数参与权是一种证券,但芝加哥第七巡回上诉法院裁定这些金融工具是 CFTC 独家管辖的期货合约。这种合约同时具有证券、期货和期权的要素,但与其中任何一种工具的传统定义都不完全吻合。CFTC 在 1989 年采取一种判断规则,其中包含了一项非常复杂的公式,该公式用于计算产品期权和期货的元素是否超过了证券的特征要素。如果超过,那么该产品将受到 CFTC 的监管。

3. 不断强化衍生品的场内交易及集中清算,重视发展中央对手清算机制。

---

[6] http://www.treasury.gov/initatives/Documents/FinaReport_web.pdf.

[7] Norman S. Poser, *Why the SEC Failed: Regulators against Regulation*, Brooklyn Journal of Corporate, Financial & Commercial Law. Spring, 2009, p. 322.

[8] 芝加哥商品交易所将期货交易原则应用于证券产品,于 1975 年开始交易吉利美期货合约。这个合约引起了 CFTC 与 SEC 对各自管辖范围的争议。SEC 反对 CFTC 批准吉利美承担期货合约,SEC 认为证券应由其监管。CFTC 拒绝了这样的抗议,理由是国会给予其对任何商品的所有期货交易的专属管辖权,即使该商品是证券。财政部也开始争夺对国债期货合约的监管权。最终,国会延续了 CFTC 对期货合约的专属管辖权,但国会明确要求 CFTC 在管辖权成立的领域保持与 SEC、财政部和美联储之间的联系。

在场外衍生品市场发展初期,由于产品有限,参与者经验不足,一般采取一个具体产品对应一种管理规定的制度模式。但是,随着场外衍生品市场规模的不断扩大和金融衍生品创新步伐的加快,这种规制模式略显捉襟见肘。美国针对于场外衍生品规制手段转变为提高产品的标准化程度,以及统一规范衍生品市场的交易结算及风险控制措施。美国《商品交易法》(1936 年版)规定,交易未来交割商品买卖的合同期货合约是违法行为,除非该合约是在联邦政府指定的交易所履行,"在交易所履行的金融合约具有正当的合法性"。[9] 除了明确场内衍生品自然合法性之外,美国等多国推动场外衍生品在场内集中清算以降低风险。《多德 - 弗兰克法》规定了标准衍生金融产品必须在第三方交易所和清算中心进行清算。非标准或定制的衍生产品仍然可以进行场外交易,但必须提高透明度,相关数据必须集中到指定的交易中心。无独有偶,2008 年国际金融危机之后,英国在强化金融监管方面作出了一些努力。就场外衍生品而言,英国将精力放在中央对手方清算和金融市场基础设施建设等领域。英国监管机构努力促使所有具有统一清算可能的标准化场外衍生品通过中央对手方清算制度进行统一清算。[10] 2008 年二十国集团领导人决议对信用衍生品市场通过中央对手方进行清算,并改进场外市场的基础设施。《多德 - 弗兰克法》《欧洲市场基础设施监管规则》皆是对衍生品市场监管规则的回应,核心内容就是对所有标准化常规衍生品实施中央对手清算。可以看出,未来的趋势是所有标准衍生品均需通过中央对手方进行清算,因为中央对手方可以降低系统性风险、操作风险、操纵市场和欺诈行为,保持市场整体的稳定。

4. 统一职能监管是目前金融衍生品市场的发展趋势,同时政府监管与自律监管并驾齐驱。2008 年国际金融危机之后,境外主要资本主义国家均意识到应坚持全面覆盖式监管,填补监管漏洞,消除监管盲区和真空地带。"无论是单一机构监管还是多个监管并存,统一职能监管是目前金融衍生品市场监管的发展趋势。"[11] 同时,对所有的场外衍生品交易进行综合监管,所有标准化的衍生品交易都必须在受监管的透明场所加以执行。随之,官方监管和自律组织监管共同构成衍生品交易的监管层次,并由以政府监管为主向政府监管和自律监管并重转变。2004 年 6 月巴塞尔委员会颁布了《巴塞尔新资本协议》,它确立了改进

---

〔9〕 郭田勇:《金融监管学》,中国金融出版社 2020 年版,第 336 页。

〔10〕《一个时代的结束,英国金融服务监管局发布 28 年来最后一期国家金融市场年度监管报告》,载汇亨中文网,http://cn.forexmagnates.com/2013/07/11/regulation/9329.

〔11〕 李国安:《国际金融监管法制现代化研究》,法律出版社 2016 年版,第 259 页。

最低资本要求计算框架,发展监管评价程序及强化市场自律,〔12〕再一次强调衍生品市场加强自律监管的新趋势。这也符合交易经济学之最小干预原则的要求,“尊重无形之手,灵活运用有形之手;发挥无形之手是常态,使用有形之手是特殊情况;有形之手需要确定使用条件和使用节点以及使用长度,确认使用力度。这些原则,概括为无形之手与有形之手双手共用,但有形之手要轻推,即最小干预原则”。〔13〕

通过比较观察,可以发现金融规制面临的是一个持续创新的市场。在这个市场中,“金融工具花样不断翻新,金融业在迅速发展中对实体经济的作用逐步深化”,〔14〕与金融发展演变进程伴随的是金融立法及监管的强化和动态改革。有关金融市场的知识与观念是逐步积累的,对金融合约风险的性质、产生的原因及应对方式等问题,立法者及监管者的认知有一个逐步深化的过程。“在金融监管法制变迁的历史上,从规制到放松规制,再到重新规制的制度变化路径,均体现出监管思想的变化。”〔15〕金融规制制度是逐步形成的,立法及监管的建构都随着市场的发展而逐步丰富。

三、延期合约在中国法下的问题分析及探讨

延期合约可以管理交易对手的信用风险,防范市场系统性风险,提高交易效率,降低资本占有率。全球经济体普遍认可此类合约的法律效力,充分说明延期合约的重要性。在我国市场实践中,上海黄金交易所推出的黄金、白银延期交收产品交易活跃交割有序,深受国内金银矿产、加工企业和商业银行欢迎,在现货流通、市场定价、套保避险等方面切实服务了上下游实体企业,得到国际同行的

---

〔12〕 Basel Committee, *Basel II: International Convergence of Capital Measurement and Capital Standards: A Revised Framework*, BIS (Apr. 03, 2016), http://www.bis.org/publ/bcbs107.htm.

〔13〕 参见王振营:《交易经济学原理》(第2版),中国金融出版社2019年版,第13~14页。交易经济学构建了经济系统自发演进的逻辑体系,将一切交易活动放置在特定的交易环境中,将交易主体与环境激励的响应以及交易主体之间相互作用和博弈关系置于理论的核心位置,同时提出阶段性发展原则、最小干预原则、财政政策最小化原则、货币化率稳定原则、汇率稳定原则以及有效激励原则。

〔14〕 马勇:《理解现代金融监管:理论、框架与政策实践》,中国人民大学出版社2020年版,第182页。

〔15〕 [美]艾伦·加特:《管制、放松与重新管制》,陈雨露等译,经济科学出版社1999年版,第31~39页。

赞誉和好评。此外,“上海金标志着中国金融要素市场积极融入全球一体化进程”,[16]延期合约促进人民币定价的上海金价格被全球广泛接受,增强中国黄金价格的国际影响力,提升我国作为黄金实物大国的国际地位。我国应当对这种合约的法律问题予以进一步明晰,使其不游离于主流金融产品之外。

(一)合约的法律属性

1993年7月,30国集团发表了《衍生产品管理原则》,明确指出衍生品监管制度没有必要进行根本性的变革,监管机构可以在现行框架下处理衍生交易产生的问题。需要监管机构加以解决的是法律上的不确定性。[17] 随着金融衍生品的发展,相关的纠纷也不断出现,衍生产品的有效性依赖于法律的保护和认可。很多新出现的衍生产品,因为无法直接纳入现行法律和监管,面临不确定的问题。[18] 由于相关延期合约立法较为模糊,投资者、司法机关对于延期合约交易的法律属性有不同的认识,给合约相关法律适用增加不确定性。因此,应当对延期交易进行剖析,明确其法律性质。

对于延期合约在立法和司法上的态度,是了解其法律属性最直接的途径。对于延期合约的规定,现行中国人民银行颁布的《上海黄金交易所业务监督管理规则》明确交易所可以推出延期交收合约,《上海黄金交易所现货交易规则》第48条规定,现货延期交收交易是指以支付保证金的形式在交易所集中买卖某种延期交收合约的交易活动,客户可以选择当日交割,同时引入延期补偿费机制来调节实物供求矛盾。

从司法判决来看,各地法院在肯定延期合约作为一种合法金融合约的基础上,对延期合约的产品属性观点不一。上海市金山区人民法院认为银发〔2011〕301号文《关于加强黄金交易所或从事黄金交易平台管理的通知》和中国人民银行制发《上海黄金交易所业务监督管理规则》证明了上海黄金交易所黄金延期及衍生品交易服务等的合法来源。[19] 上海金融法院认为,根据《上海黄金交易所延期交收交易规则》第7条的规定,延期交易是指保证金交易方式进行交易,客户可以选择合约交易日当天交割,也可以延期交割,同时引入延期补偿费机制来

---

〔16〕 焦瑾璞:《开放的力量——上海黄金交易所成立及“上海金”诞生纪实》,载北京黄金经济发展研究中心编著:《黄金时代:中国黄金行业的崛起》,中国财政经济出版社2019年版。

〔17〕 Global Derivatives Study Group, *Derivatives: Practices and Principles*, Group Thirty, 1993.

〔18〕 C. Tony. Ciro, *The Regulation and Market Organisation of Financial Derivatives: An Australian Perspective: Part I*, Journal of International Financial Markets Law & Regulation, 4(3), p. 97 (2002).

〔19〕 上海市金山区人民法院民事判决书,(2021)沪0116民初2615号。

平抑供求矛盾的一种现货交易模式。黄金、白银延期产品应属于现货产品,同时应适用《全国法院民商事审判会议纪要》(以下简称《九民纪要》),将该产品纳入金融产品进行相关法律关系的调整,[20]深圳市福田区人民法院认为随着金融产品尤其是金融衍生品的专业性和复杂性不断提升……故在金融服务法律关系中,应对专业金融机构课以投资者适当性管理义务[21]。襄阳市樊城区人民法院认为,贵金属延期交易是一种金融衍生品,其销售者和金融服务者均应履行适当性义务。[22] 可见,各地法院认为延期合约是一种金融产品,适用《九民纪要》的规定,但对延期合约究竟是现货还是衍生品,观点不尽一致。

从《中华人民共和国期货和衍生品法》(以下简称《期货和衍生品法》)的规定来看,延期合约与期货或衍生品的概念均存在一定的差异性,且延期合约在实际运行中呈现出来的结构特质,也与期货或衍生品的法律规定有所不同。延期合约的特性较为复杂,它可以呈现出现货合约的属性,当日交易,当日交割,成交价格为现货价格,且当日交割量占据30%以上;它又是在交易场所通过集中竞价的方式撮合成交、可以在任何日期进行交割的合约。鉴于此,程红星先生曾指出,“现货延期交收黄金合约等品种尽管被称作场外衍生品,但其合约标准化程度与场内市场合约基本相同,交易方式也采取集中买卖的方式,与狭义期货基本无异”;[23]同时,延期合约在交割时递延费的收取又产生了现金流的互换,具备互换这一衍生品的特征,中国人民银行、银保监会、证监会、外汇局也在《关于促进衍生品业务规范发展的指导意见(征求意见稿)》中规定,各参与主体在特定交易场所交易具有未来交割实物特征的延期交收合约……参照本意见管理。由此可见,延期合约同时呈现出现货、期货与衍生品(互换)的多重属性。

本文认为,延期合约在具备现货特征之外,也具备广义衍生品的特征。上述现货特征是上海黄金交易所(以下简称上金所)延期合约所独有的,主要原因是上金所既有现货合约,又有远期等衍生品合约,能够同时提供两种价格,为延期合约的组合特征提供了基础。而其他交易所很少有现货合约,既无法提供现货价格,又无法实现大规模实物交割。因此,全球范围内是将延期交收合约纳入衍生品范畴进行法律定位和监管的,这里的衍生品为广义概念,包括期货。“在理论上,衍生品交易是一个大概念,期货交易是一个小概念,期货交易是衍生品交

---

[20] 上海金融法院民事判决书,(2022)沪74民终57号。

[21] 广东省深圳市福田区人民法院民事判决书,(2018)粤0304民初26596号。

[22] 襄阳市樊城区人民法院民事判决书,(2021)鄂0606民初5508号。

[23] 程红星主编:《中华人民共和国期货和衍生品法释义》,中国金融出版社2022年版,第183页。

易中的一种具体类型”〔24〕。《期货和衍生品法》出台后，可以对新法进行开放式的诠释，对延期合约衍生品属性的法律效力予以承认，使我国与国际通行做法接轨。延期合约作为一个合同，本质上是未来买家和未来卖家之间签订的合约，每一个合约都明确指定了基础资产，未来可以或者必须以什么价格成交。“买家与卖家、标的未来价格和未来日期，这些就是所有金融衍生品的共同点。”〔25〕如果立法能够进一步明确延期交收合约的法律属性，更有助于夯实产品的法律地位，明确交易参与者的资质，促进延期交易业务稳健发展。

（二）监管框架分析

在金融基本法非常全面和完善的国家中，如果金融法律规定涵盖所有细节，那么监管规则的空间就比较小，而这些国家的管制独立性程度通常较低。监管机构只允许对基本法进行解释或者发布非约束性的指导意见。如果金融基本法律只是框架性的，监管者会获得相对更大的规则制定空间。在这些国家中，金融管制的独立性程度比较高，监管规则和制度的调整也比较便捷和高效。〔26〕放置在延期合约市场来看，由于现行法律法规皆未明确规定，因此监管的空间更为灵活开放。

“国际上金融衍生品交易法律规制的重心是强调单一监管机构的职责，协调监管机构与自律组织加强合作，以实现维护金融安全的监管目标。”〔27〕本文认为，根据《中华人民共和国中国人民银行法》及《上海黄金交易所业务监督管理规则》的有关规定，〔28〕延期合约适用人民银行监管和交易所自律监管结合的监管框架。通常，政府对衍生品市场的监管是宏观层面的，而具体微观的市场制度则由行业协会、交易所等自律组织负责，包括从业资格的取得、市场的准入以及

---

〔24〕 叶林主编：《中华人民共和国期货和衍生品法理解与适用》，中国法制出版社2022年版，第2页。

〔25〕 ［美］迈克尔·德宾：《金融衍生品交易从入门到精通》，傅婧瑛译，人民邮电出版社2022年版，第2页。

〔26〕 参见马勇：《理解现代金融监管：理论、框架与政策实践》，中国人民大学出版社2020年版，第53页。

〔27〕 李国安：《国际金融监管法制现代化研究》，法律出版社2016年版，第261页。

〔28〕 《中华人民共和国中国人民银行法》第4条规定，中国人民银行履行下列职责：……（六）监督管理黄金市场……《上海黄金交易所业务监督管理规则》第2条规定，中国人民银行依法对上海黄金交易所业务进行监督和指导；第3条规定上海黄金交易所从事以下业务：（一）提供黄金、其他贵金属现货、延期及其衍生品交易服务……；第7条规定上海黄金交易所应当采取下列措施保证业务的正常开展：……（三）建立健全内部控制和风险管理机制，具有完善的风险管理系统，定期对业务运行情况进行内部稽核和检查；（四）根据中国人民银行的管理要求，制定相关业务规则和操作细则，并严格执行……

合同主体和授权客户的区分等问题。[29] 交易所在维护延期合约运行上起到了上令下达、下行上权的作用,且交易所的规则更有灵活性和针对性,交易参与者对遵守和维护这些规则意愿也较为强烈。然而延期合约后续是否由证监会进行协调监管,有待进一步沟通商榷。

(三)可能待解的纠纷

延期合约交易是一种合同关系,有效期从数日到数十年不等。在合同有效期内,双方均有权要求对方支付随标的资产和市场状况变化的可变现金流之类的交易对价。所以,延期交易可能会产生交易对手违约,也就是交易对手的信用风险,"最严重的信用风险之一即破产"。[30] 上海黄金交易所是合格中央对手方(Qualifying CCP,QCCP),从 QCCP 的职责来看,延期交易集中清算在违约处理环节应使用终止净额结算机制。虽然在理论实务和监管层面,终止净额结算在我国都已经被普遍接受,但是由于《中华人民共和国企业破产法》第 18 条关于条件履行的规定,使交易所对终止净额结算在中国破产法下的效力总有一些忧虑。因为尚未出现对终止净额结算法律效力予以实践检验的案件,这也增加了对于司法实践当中,法院如何看待终止净额结算效力的疑问。与场外衍生品相比,通过中央对手方进行的清算市场在金融危机中表现得更稳定。"伦敦清算所等中央对手方对雷曼兄弟破产处置得当,而当时场外衍生品市场的几乎所有其他部分危如累卵。"[31] 中央对手方作为市场基础设施,通过为场外金融市场参与者提供控制交易对手信用风险的服务,帮助参与者降低信用风险定价的不确定性,节约资本占用,提高市场透明度,从而达到防控市场系统性风险的目的。期待国家立法或司法机关对延期合约终止净额结算的效力进行明确,消除其不确定性,以促进中国黄金市场的进一步发展巩固。

四、结语

延期合约是一种高度标准化、高度透明化、中央对手方清算、实物交割占比高的组合型合约产品,由现货和互换组合而成。两种权重孰大孰小,相当程度上

---

[29] 参见陈欣:《衍生金融交易国际监管制度研究》,北京大学出版社 2006 年版,第 96 页。

[30] 陈欣:《衍生金融交易国际监管制度研究》,北京大学出版社 2006 年版,第 47 页。

[31] [英]乔恩·格雷戈里:《中央对手方场外衍生品强制集中清算和双边保证金要求》,银行间市场清算所股份有限公司译,中国金融出版社 2017 年版,第 6 页。

取决于交易参与方的交易策略,如果交易参与者以当日现货交收为目的,在交易当日清算时要求交收现货,则该合约被作为现货使用、体现了现货属性。如果交易者以锁定价格、延期交收为目的,在盘后参与交收递延费并将头寸维持较长时间,则该合约被作为衍生品使用,体现其衍生品属性。《期货和衍生品法》的出台,带来对合约、法制、监管进行梳理和改革的重要契机。围绕着黄金市场发展和投资者保护的终极目标,对延期合约规制再度考量,构造符合延期合约所需要的法治环境,都是金融产品规制的应有之义。衷心期待在对金融衍生品交易法律法规进行完善的过程中,增强延期合约交易的规范性和可协调性,进一步彰显法律的保障作用,推动我国金融衍生品市场在现代社会能获得良好的发展。

#【市场建设】

期货及衍生品法律评论
第四卷，第145～152页

发挥期货市场功能　助力全国统一大市场建设

洪　磊*

《中华人民共和国期货和衍生品法》（以下简称《期货和衍生品法》）于2022年8月1日正式实施，这部行业基本法的出台，是资本市场又一里程碑事件。它补齐了期货市场法律基础制度的短板，对于促进期货行业长远稳定健康发展起到基础性作用，也必将成为推动期货和衍生品市场高质量发展的重要拐点。2022年4月，党中央、国务院发布了《关于加快建设全国统一大市场的意见》，提出加快建设全国统一大市场的重大部署。本文将在建设全国统一大市场的背景下，讨论如何更好发挥期货市场功能，高质量服务实体经济发展。

一、期货市场是建设统一大市场的重要抓手

党中央、国务院始终高度重视市场建设，多次明确市场在经济发展中的重要意义。党的十四大正式提出建立社会主义市场经济体制目标，要使市场在社会主义国家宏观调控下对资源配置起基础性作用；党的十四届三中全会通过《中共中央关于建立社会主义市场经济体制若干问题的决定》，

---

* 时任中国期货业协会党委书记、会长。
本文仅代表作者个人观点，不代表任何单位意见。

提出发展社会主义市场经济八个方面的改革内容;党的十六届三中全会进一步明确了完善社会主义市场经济体制的目标和任务;党的十八届三中全会进一步肯定了市场的地位,提出“使市场在资源配置中起决定性作用”;党的十九届四中全会再次强调必须坚持社会主义基本经济制度,充分发挥市场在资源配置中的决定性作用;党的十九届五中全会则明确,健全市场体系基础制度,坚持平等准入、公正监管、开放有序、诚信守法,形成高效规范、公平竞争的国内统一市场。

当前,我国经济发展面临着更趋复杂严峻的内外部环境,迫切需要进一步完善社会主义市场经济体制,提升经济发展效率和韧性,以应对现实中的问题和挑战。在这一背景下,2022 年 4 月,党中央、国务院发布《关于加快建设全国统一大市场的意见》,提出加快建设全国统一大市场的重大部署,这对于新形势下充分发挥市场促进竞争、深化分工等优势,打通经济堵点,畅通国内大循环和国内国际双循环、提高社会主义市场经济运行效率具有重要意义。

建设全国统一大市场的核心是充分发挥市场在资源配置中的决定性作用。所谓资源配置就是指各种要素资源在价格机制的作用下流向效益好、效率高的地区、产业或企业部门等,以在全社会层面达到资源使用效率的最大化。充分发挥市场在资源配置中的决定性作用,就是充分发挥市场价格调节机制,打破地方保护和市场分割,促进商品要素资源在更大范围内顺畅流动。

期货市场是资源配置的重要场所,也是建设全国统一大市场的重要抓手。从原理上来说,主要体现在:首先,期货市场是商品经济发展到高级阶段的产物。一个有效的期货市场高度接近于完全竞争市场,合约的标准化和多元交易者的参与,促进市场信息快速集中反应,并形成均衡预期价格,大大节约了现货市场交易成本,提高了竞争效率,促进了生产要素的合理配置。其次,期货市场是高度集中统一的市场。期货品种上市以后,分散在各地的生产者和消费者在统一的交易、结算、交割规则下,可以公开、公平、透明地参与期货交易,打破了现货市场的地区割裂和信息壁垒,促进了资源的流通。最后,期货市场是具有高度信用的市场。中央对手方、保证金制度等一系列设计,保障了期货市场交易安全,避免了交易主体信用风险,可以弥补现货市场信用体制不健全等问题,有利于促进现货市场信用体系建设,夯实全国统一大市场建设的基础。

从服务路径上来说,期货市场发现价格、管理风险、配置资源三大功能是服务全国统一大市场建设的具体实现方式。其中,资源配置又是通过价格发现和风险管理间接实现的。期货市场既是价值交易的场所,也是风险交易的场所。因此,期货市场的资源配置功能既包括价值交易对生产要素的分配,也包括风险交易对风险要素的分解和处置。

期货市场经过30多年的发展,期货市场定价效率不断提升,服务实体经济风险管理的效果逐步显现,已经具备了进一步服务统一大市场建设、构建新发展格局的条件。

(一)期货市场价格资源配置功能初步显现

期货价格引导资源配置有两个途径:一是发挥期货价格信号作用,指导农业种植和工业生产,引导资源跨行业、跨时间配置;二是发挥期货价格基准作用,在国内外现货贸易中推广"期货+基差(升贴水)"定价模式,畅通产业链上下游价格传导机制,促进资源在产业链内优化配置。

近年来,我国期货上市品种体系不断完善,交易规模稳步扩张,多元交易者积极参与,夯实了期货市场价格形成的基础。

截至2022年8月底,全市场共上市期货期权品种101个,其中商品期货64个,金融期货7个,商品期权25个,金融期权5个,对外开放品种9个。2022年上半年,期货市场成交30.46亿手和257.48万亿元,占全球期货市场场内总成交量的7.9%。根据国际期货业协会(FIA)数据,大连商品交易所、郑州商品交易所、上海期货交易所和中国金融期货交易所2022上半年在全球交易所期货和期权成交量排名中分别位居第8位、第10位、第12位和第26位。各品种成交量排名中,中国品种在农产品品种前20强中占有16席,金属品种前20强中占有14席,能源品种前20强中占有5席,贵金属品种前20强中占有3席。截至2022年7月末,全市场客户权益超过1.5万亿,再创历史新高。上半年,全市场机构客户数已达7.66万户,个人和机构成交占比分别为57.8%和42.2%,市场交易者结构有明显改善。

同时,我国期货市场价格发现效率不断增强。目前,期货市场期现相关性在90%以上的品种超六成,铜、铁矿石、棉花、棕榈油等品种期现价格相关性在95%以上。我国期货市场价格应用场景和范围不断拓展。发改委、商务部等国内政府部门定期跟踪发布上海铜期货价格,已经将其作为政策制定和决策的参考依据。大豆、生猪等农畜产品期货价格已经成为农民和养殖户调整生产计划的重要参考。期货价格影响力逐步提升。铜、PTA、大豆等成熟品种的期货价格已逐步成为产业链上下游企业的定价基准。90%以上PTA生产贸易企业和80%以上聚酯企业使用PTA期货价格管理风险和研判走势。上海原油和国际铜区域定价基准地位逐步稳固,价格辐射范围逐步向东北亚和东南亚地区扩展。近三成天然橡胶跨境贸易用20号胶期货价格作为定价基准。

(二)期货市场风险配置功能逐步深化

转嫁风险也是资源配置的一种重要形式。风险对经济运行是一种效用为负的因素。期货市场通过对风险进行定价和交易,实现风险的转移和配置,用市场化手段减少价格因素对经营主体的冲击,保障了商品在上下游正常生产与流通,保障产业链供应链稳定,促进了资源的合理有效流动。同时,期货市场的高流动性也降低了全社会的风险管理成本,提升了资源配置效率。

近年来,期货市场风险管理功能稳步发挥,期货市场在服务粮食安全、能源资源安全、产业链供应链安全等方面的作用逐步受到社会公众和管理层的认可。越来越多的实体企业参与期货和衍生品市场进行风险管理。截至2022年7月,产业客户的开户数、客户权益、持仓量占比分别为1.81%、15.22%、31.07%。铜期货产业客户持仓金额占比达到61%,原油、PTA、豆粕、豆油产业客户持仓金额占比分别为41.3%、40.4%、37.8%和37.0%。此外,根据中国期货监控数据显示,2019~2021年分别有352、411、421家上市公司参与场内(商品+金融)期货交易,上市公司参与度逐年提高。

同时,期货风险管理公司作为期货市场服务实体经济的重要载体,综合实力、业务模式、服务水平均得到较大提升。从2013年至2022年7月底,设立备案的公司数量从18家增至99家,其中,备案试点业务的公司数量从17家增至97家。风险管理公司的资产规模、资本实力和业务收入均取得较大增长,2021年总资产、净资产、业务收入分别为1,245亿元、322亿元、2,628亿元,分别是2013年的49倍、20倍、76倍。行业净利润呈波动上升态势,盈利能力大幅提升,2020年首次突破10亿元,2021年达20.79亿元,约为2013年的63倍。

风险管理公司通过开展基差贸易、仓单服务等期现结合类业务积累经验与客源,并逐步向场外业务过渡,探索含权贸易等新模式,以多种方式服务实体经济。2021年,基差贸易现货购销额达5,565亿元,约为2013年的56倍,共计服务产业客户17,923家次;以现货仓单约定购回等形式提供的仓单服务累计购销规模425亿元,累计提供资金支持222亿元,共计服务产业客户577家次;场外衍生品业务行业全年新增名义金额16,322亿元,约为2015年的236倍,共计服务产业客户2,734家次;15家公司开展了含权贸易,涉及现货购销额58.30亿元,共计服务客户327家次。

二、期货市场服务统一大市场建设制约因素

当前的复杂形势下,建设全国统一大市场这一规划的提出赋予了期货市场新的目标和任务,对市场功能的有效发挥提出了更高要求。面对新要求,目前期

货行业在市场建设、机构实力等方面仍存在以下制约因素。

第一,法规制度供给存在短板。2022 年 8 月 1 日起,《期货和衍生品法》正式施行,补齐了我国期货和衍生品领域的法律短板。但场内配套法律法规和自律规则的“立改废”工作才刚刚开始。场外衍生品市场刚刚起步,相关法规尚未进行体系化建设,存在市场监管规则效力层级较低、业务规则不统一、市场条块分割、市场监控监测体系尚不协调、跨境交易监管空白等问题。期货行业要构建稳定、公平、透明、可预期的营商环境,必须构建一整套打通场内场外、连接期货现货的体系规范,夯实高质量发展的制度基础。同时,我们在与国际规则制度标准对接方面还存在不足,境外交易者参与国内市场仍有所顾虑,应持续推进规则对接,充分保障境内外交易者合法权益,更好引领和服务实体经济发展。

第二,现货市场培育尚不成熟,市场化程度仍然不足。目前,我国部分大宗商品现货市场发育程度低、发展不充分,存在信息发布机制与商品流通机制不健全、市场基础设施滞后等问题。同时,由于部分现货商品存在等级多、品质差异大、行业技术水平参差不齐等现象,现货市场相对割裂,不同区域和不同品质商品的市场价格存在较大差异,导致全国统一大市场建设缓慢,权威的现货价格难以有效形成。这种情况下,以现货价格为基础参照的期货价格有效性受到影响,只能作为价格参考而非定价基准,无法充分发挥资源配置功能。

第三,品种和规则体系不完善,市场吸引力有待提高。近年来,我国期货市场品种体系已经在加速扩大,但相对于境外成熟市场,仍存在上市程序多、耗时长、部分战略性品种上市难等问题。同时,我国期货市场基差管理工具和价差合约相对较少,交易机制较为单一,场外市场仍处于发展初期,信息基础设施建设缺乏统一大市场考虑,交易者参与成本高;部分合约连续性和流动性不足,近年来虽有很大缓解,但要使企业生产周期与期货工具时间相匹配仍有一定难度,企业风险管理效果还有提升空间。从境外交易者参与情况来看,目前已国际化的 9 个品种总体运行质量和价格影响力得到大幅提升,但受限于保税交割、跨境交割等因素,境外交易者参与程度有待提高,特别是境外产业上下游客户、重要金融机构、对冲基金等参与度不高,参与品种和参与渠道有待丰富。受现货产业、外贸、税收、外汇政策影响,境外交易者参与成本偏高,不利于价格影响力的提升。

第四,产业客户参与不够,套期保值力量薄弱。发达国家的成熟期货市场参与者以银行、投行、对冲基金等金融机构,以及生产、贸易、消费等产业客户为主。在重要大宗商品中,产业客户占比平均在 30% ~50%,金融机构占比 40%,二者合计占比在 90% 以上。相对而言,我国期货市场机构体系仍不够健全,参与者结构有待进一步完善。一方面,实体企业参与程度不深。中小企业缺少专业人才和资金,上市公司和国有企业则受综合业绩评价、会计核算等诸多因素影响,参与期货市场不深;另一方面,金融机构参与不充分,银行等参与商品期货还有一定政策限制。截至2022年7月,期货市场月均客户权益总额中,资管产品权益占比46.93%,个人投资者权益占比24.61%,两者合计近72%。而代表产业客户的一般机构投资者权益规模占比仅15.63%。整体上看,产业客户参与度偏低,这也导致了期货市场套保和投机力量的不均衡,影响市场定价功能发挥。

第五,中介机构自身发展不充分,定价、交易等服务能力有待提升。2021年期货经营机构收入结构单一化程度仍比较高,经纪业务净收入加上利息净收入合计占营业收入接近九成,收入对交易所减收的依赖度也进一步增强。行业两极分化现象仍然严重,AA级、A级头部期货经营机构对行业净利润增长的贡献率超过80%,中小期货公司则发展较为缓慢。机构服务实体经济产业链、服务中小微企业必备的场外衍生品合约设计能力还不强,创设场外期权及其他风险管理工具的数量和开展基差贸易、含权贸易的合同金额都还比较低;做市商和交易商队伍现阶段发展数量和业务能力都亟待提高。

三、更好发挥期货市场功能服务统一大市场建设

2022年8月1日起,《期货和衍生品法》正式施行,明确了期货市场服务实体经济的根本宗旨和三大功能定位,更充分展现了国家对期货市场的高度认可和支持行业发展的鲜明立场,对于提升行业地位、提振市场信心具有重要意义。我们应以此为契机,持续推动期货行业发展,助力统一大市场建设。

(一)做好期货法配套法律基础制度规则建设,建立行业监管新格局,提升风险防范水平

监管部门应做好相关法律规章的"立改废"工作,夯实期货市场高质量发展的制度基础,并在规则制度层面与国际市场实现深层次对接。处理好行政与自律的关系,坚持政府"放管服"与行业自律、主体自治有机结合,在行政监管底线之上建立更高标准的行业自律体系,按照国务院金融委要求,强化自律组织的主动作为和与金融管理部门的协调配合,发挥自律管理在微观层面行业自治中的更大作用,探索出一条更高效、更完善的监管治理道路。

在自律监管中,一是建立完善市场参与主体的数据报送机制,监管方内部则应基于数据完善风险监控模型,做好风险评估和动态监测,防范化解重点领域风险。二是强化交易者管理,交易所对于套期保值者进行持仓识别,完善持仓限额

制度；建立以净资本同风险敞口相匹配的风险监控机制，增加投机交易的资本金要求，并通过完善持仓限额、关联账户持仓合并等规则，防止市场操纵。三是督促期货经营机构及其风险管理、资产管理子公司恪守信义义务理念，忠实于交易者和投资者利益、恪尽勤勉、服务尽责。一方面加强交易者和投资者适当性管理；另一方面提升核心定价能力，加强卫星遥感等新技术应用，努力形成最优报价，促进市场主体公平竞争。

（二）加强基础设施建设，建立品种齐全、工具完备的期货产品体系

丰富品种体系，贴近品种现货市场，完善合约规则。积极把握全国统一能源市场建设机遇，结合实现碳达峰碳中和目标任务，研究推动优势能源产品上市，持续丰富能源油气期货产品体系。持续扩大期货品种对外开放数量，深化境内外衍生品市场互联互通。以期货交割为抓手，推动期现联动发展。围绕相关产业链、供应链的产、销、集散等实际需要，不断优化调整交割业务布局；研究拓展期货通用仓单的适用范围，进一步降低商品流通成本，提高流通质效；以期货交割品质量体系为标准，向大宗商品及特色商品领域输出行业标准，研究推动期货交割标准纳入国家标准体系等，助力现货产业链标准化建设和商品市场循环畅通。大力发展交易所综合性商品交易平台。以交易所场外业务为抓手，稳步建设全国性大宗商品仓单注册登记中心，开发更多期现相结合的业务模式，推动大宗商品仓单资源的统一、规范和有效管理，促进现货市场信用体系建设，降低企业交易融资成本、提升大宗商品流通效率；同时，积极强化科技赋能，探索仓储新技术、新业态、新模式，推动大宗商品仓储行业向科技化、数字化方向转型升级，助力商贸流通体系现代化建设。加强信息体系建设，提升市场透明度。准确把握期货和衍生品市场与现货市场高度联系的特征，加强与基础资产主管部门的监管合作机制建设，共享信息资源，强化大宗商品供求、贸易数据定期发布和动态监测，为市场化价格形成机制提供有力支持。

（三）培育产业客户，完善市场参与者结构

国内动力煤等大宗商品价格剧烈波动时，叠加全球能源危机及一些政策因素，涨幅呈现脱离供需基本面的形势。期货市场价格发现功能的有效发挥能够对未来现货供求形成正面引导，进而推动现货价格回归理性。而从铜期货等表现较为突出的品种情况来看，提升产业客户参与度，平衡套期保值力量和投机力量，是提高期货市场定价质量、优化价格传导机制的重要条件。应鼓励更多产业客户参与期货市场，通过开展套期保值管理企业风险。尤其对于动力煤这类与国计民生密切相关的大宗品种，更应在依法打击市场过度投机炒作的同时，大力增强相关煤炭企业参与期货市场的力量，优化交易者结构，完善动力煤市场价格发现机制,促进期现价格更好联动,推动市场情绪和价格回归理性。同时,产业企业参与期货套期保值应严格遵守相关规则,让企业套保额度与其产能规模相匹配。相关部门也应持续完善套期保值会计准则,解决上市公司执行过程中的难点痛点,提高准则的实用性和适用度,并完善上市公司套保业务信息披露相关规定,防范以套保为名行投机之实。

(四)强化市场中介职能发挥,提升经营机构服务能力。

推动期货经营机构立足经纪业务传统主业,向综合衍生品服务商方向转型,寻找差异化定位,引入新科技、新技术,建立以定价和风险管理为核心的服务框架。增强产品设计能力、定价能力,为实体经济提供精准度高、贴合度强的风险管理产品和服务,引导更多农业、工业产业力量通过套期保值参与期货市场;培养期货经营机构成为专业交易商,深耕所在现货领域,提升自身交易能力;大力发展商品期货投资基金和投资顾问业务,畅通大宗商品市场投资者财富管理渠道,引入专业机构投资者和稳定的长期资金,为套期保值功能的发挥提供良好的流动性保障。

(五)做好舆论引导、文化建设、交易者和投资者保护工作,引导正确认识期货市场

要主动管理和塑造预期,根据市场情况加强舆情预判,及时组织行业和专家专业发声,做好舆情管理,稳定市场预期。健全多元纠纷解决机制,重视交易者和投资者教育、保护工作,讲好发挥期货功能服务实体经济、服务"六稳""六保"的期货故事,打消社会大众对期货行业的误解,构建合规、诚信、专业、稳健、担当的期货行业文化。引导号召现货行业定价过程中积极参考使用期货价格,提升期货价格影响力,实现期现货市场联动发展。

建设全国统一大市场是党中央、国务院从全局和战略高度作出的规划,是构建新发展格局的基础支撑和内在要求。期货市场作为资本市场的重要组成部分,要继续围绕习近平总书记提出的"提升重要大宗商品的价格影响力,更好服务和引领实体经济发展"[1]的要求推动行业高质量发展。中国期货业协会也将立足自律组织法定权责做好服务工作,共同为服务建设全国统一大市场贡献力量。

---

〔1〕《习近平:在浦东开发开放30周年庆祝大会上的讲话》,载《人民日报》2020年11月13日,第2版。

期货及衍生品法律评论
第四卷,第 153 ~163 页

推进场外衍生品交易报告库(TR)建设更好服务实体经济高质量发展

杨　光*

各方面期待已久的《中华人民共和国期货和衍生品法》(以下简称《期货和衍生品法》),已于 2022 年 4 月 20 日,经十三届全国人大常委会第三十四次会议表决通过,并已于 2022 年 8 月 1 日起正式施行。将场外衍生品纳入调整范围,是《期货和衍生品法》的一个亮点。从二审稿起,法律名称由《中华人民共和国期货法》改为《期货和衍生品法》。这里的"衍生品"就特指场外衍生品。《期货和衍生品法》紧紧围绕服务实体经济高质量发展这一主线,立足期货市场和场外衍生品市场的实际情况,重点规范期货市场,兼顾场外衍生品市场。交易报告库(Trade Repository,TR)是场外衍生品领域既服务监管又服务市场的新型金融基础设施。

一、全球场外衍生品交易报告库的起源

场外衍生品市场与期货市场本质相同,功能互补,制度相通,高度关联,不可分割,共同构成统一的大市场。一方面,交易所的期货、标准化期权等场内衍生品,通过发挥其发现价格、管理风险、配置资源等重要功能,服务实体经济。另

* 时任中国期货市场监控中心党委副书记、总经理。
本文仅代表作者个人观点,不代表任何单位意见。

一方面,实体企业面临的风险千差万别,非标准化的期权、互换、远期等场外衍生品则进一步满足了实体企业个性化、精细化的风险管理需求。例如,我国期货行业在新冠疫情期间创设的"口罩期权""手套期权""消毒液期权"等场外衍生品工具,为直接支持防疫生产企业稳定现货供应价格、保障防疫物资生产,发挥了积极作用。

(一)全球场外衍生品市场概况

2000年以来,全球场外衍生品市场发展迅速,其规模已数倍于场内衍生品市场。根据国际清算银行(Bank for International Settlements,BIS)的统计,全球场外衍生品市场的持仓名义金额,在2008年6月底,达到了创纪录的672.55万亿美元。2008年国际金融危机爆发后,全球场外衍生品市场规模有所回落,但随后分别于2011年、2013年两度突破700万亿美元,并于2013年年底再创历史新高,达到710.09万亿美元。近年来,全球场外衍生品市场规模基本稳定,持仓名义金额一直保持在600万亿美元上下波动。2021年年底为598.42万亿美元。[1]据统计,全球场内衍生品持仓名义金额近年来大概在100万亿美元左右。也就是说,从全球范围来看,以持仓名义金额这个指标来进行比较,场外衍生品市场的规模数倍于场内。

场外衍生品一对一的交易方式,决定了其透明度很低。2008年以前,各国监管机构往往难以掌握相关信息。全球场外衍生品市场,既规模庞大又监管缺失,被认为是导致2008年国际金融危机的重要因素。与其形成鲜明对照的是,期货交易所这套场内市场运行体系,由于制度更加健全、规则更加完善、监管更为严格,在2008年国际金融危机中并没有出现大的风险,经受住了百年一遇的金融海啸的冲击和考验。

(二)全球场外衍生品市场改革

国际金融危机爆发后,2009年9月,二十国集团(G20)领导人匹兹堡峰会将G20确定为国际经济合作的主要论坛,标志着全球经济治理改革取得重要进展。为了提升场外衍生品市场透明度、防范系统性风险、防止市场滥用,G20领导人匹兹堡峰会就全球场外衍生品市场改革措施达成4点共识。[2]第一,平台交易(Platform Trading):标准化的场外衍生品合约应进入交易所或电子交易平台交易。第二,中央清算(Central Clearing):标准化的场外衍生品合约应由中央对手

---

〔1〕 See BIS, *OTC derivatives statistics at end - December* 2021, https://www.bis.org/publ/otc_hy2205.htm.

〔2〕 See https://www.fsb.org/wp-content/uploads/g20_leaders_declaration_pittsburgh_2009.pdf.

方清算。第三,交易报告(Trade Reporting):所有场外衍生品交易均应报告给交易报告库。第四,资本约束(Higher Capital Requirements for NCCDs):对非集中清算衍生品提出更高的资本金要求。后续,又增加了第五条改革措施,即杠杆约束(Margin Requirements for NCCDs):对非集中清算衍生品提出统一的保证金要求。其中,建立场外衍生品交易报告库这一新型金融基础设施是最基本的改革措施。

匹兹堡峰会后,G20成员经济体纷纷将场外衍生品市场纳入监管视野,建立交易报告库,要求场外衍生品交易参与者向交易报告库报告交易信息。以欧美等发达经济体为例,其相继出台了有关场外衍生品和交易报告库的法律法规。美国颁布了《多德-弗兰克法案》,并修订了《商品交易法》(Commodity Exchange Act,CEA)和美国联邦条例第17卷《商品和证券交易》中的相关条款。欧盟颁布了《欧洲市场基础设施条例》(European Market Infra-structure Regulation, EMIR)和《证券融资交易条例》(Securities Financing Transaction Regulation, SFTR),并制定了一系列关于交易报告库的监管技术标准。这些法律法规,详细规定了交易报告库的性质、设立、运行、服务等各个方面,为其交易报告库提供了法律基础和运行准则。

(三)全球交易报告库发展概况

为促进全球金融稳定,G20设立了金融稳定理事会(Financial Stability Board,FSB),并通过FSB更好协调和监测全球金融监管改革的实施进展。因此,协调和监测G20全球场外衍生品市场改革措施的落实情况,成为FSB的重要任务。

为加强中央对手方(CCP)、交易报告库等核心金融基础设施的管理,FSB委托其成员机构支付结算体系委员会(Committee on Payment and Settlement Systems, CPSS)和国际证监会组织(International Organization of Securities Commissions, IOSCO),结合执行原有国际标准的经验和国际金融危机的教训,全面启动对原有国际标准的评审修订工作,并于2012年4月正式发布《金融市场基础设施原则》(Principles for Financial Market Infrastrustures, PFMI),[3]要求各成员经济体遵照执行。PFMI规定了核心金融基础设施应当遵循的若干原则,每条原则又细化为若干要点,成为加强重要金融基础设施管理的国际标准。若某金融基础设施获得了监管机构的授权且符合PFMI规定的关于交易报告库的12条

[3] See CPSS-IOSCO, *Principles for Financial Market Infrastructures*, (April 2012), https://www.iosco.org/library/pubdocs/pdf/IOSCOPD377-PFMI.pdf.

原则,则 FSB 可将其认定为交易报告库;若其未获得监管机构的授权、不完全符合 PFMI 相关规定,但事实上发挥了交易报告库的作用,则 FSB 可将其认定为准交易报告库(TR – like Entity)。根据 FSB 发布的《2022 年场外衍生品市场改革实施进展报告》,[4]截至目前,除南非外,G20 成员经济体均建立了场外衍生品交易报告制度。具体来看,全球共有 27 家正式交易报告库、11 家准交易报告库,合计 38 家交易报告库运营机构。

二、我国场外衍生品市场和交易报告库发展概况

(一)我国场外衍生品市场发展概况

我国场外衍生品市场,目前主要包括银行间场外衍生品市场和证券期货场外衍生品市场两个大的体系。相较于发展更早、体量更大、更为成熟的银行间市场,证券期货场外衍生品市场起步较晚,但近年来发展迅速,截至 2021 年年底,持仓名义金额已达 2.33 万亿元。其中,证券公司 2.02 万亿元,期货公司风险管理子公司 0.31 万亿元。分标的资产类型来看,近年来,权益类场外衍生品规模增长较快,商品类场外衍生品发展平稳。2021 年年底,商品类场外衍生品持仓名义金额 2907.10 亿元。其中,期货公司风险管理子公司 1735.44 亿元,占比为 59.7%;证券公司 1171.66 亿元,占比为 40.3%。值得特别指出的是,期货公司风险管理子公司通过场外衍生品业务所服务的一般工商企业中,约 98% 都是中小微企业。场外衍生品市场为服务实体经济特别是中小微企业作出了应有的、独特的贡献。

(二)我国交易报告库建设现状

从顶层设计来看,为加强金融基础设施建设,统筹监管重要金融基础设施,提高服务实体经济水平和防控金融风险能力,经中央全面深化改革委员会第十次会议审议通过,中国人民银行、中华人民共和国国家发展改革委员会、财政部、原中国银行保险监督管理委员会、中国证券监督管理委员会(以下简称中国证监会)、国家外汇管理局等六部门联合印发的《统筹监管金融基础设施工作方案》,已将交易报告库等六类设施及其运营机构纳入我国金融基础设施统筹监管范围。

---

[4] See Financial Stability Board, *OTC Derivatives Market Reforms: Implementation progress in* 2022, (Nov. 7, 2022), https://www.fsb.org/wp-content/uploads/P071122.pdf.

从法律基础来看,同G20确立的全球场外衍生品市场改革相关制度安排相衔接,《期货和衍生品法》第36条规定,国务院授权的部门、国务院期货监督管理机构应当建立衍生品交易报告库,对衍生品交易标的、规模、对手方等信息进行收集、保存、分析和管理,并按照规定及时向市场披露有关信息。具体办法由国务院授权的部门、国务院期货监督管理机构规定。总的说来,《期货和衍生品法》第36条不仅为我国建立交易报告库这一新型金融基础设施提供了法律依据,而且涵盖了信息收集、信息处理、信息披露等全流程、各环节,为交易报告库的每个实质方面提供了PFMI所要求的高度确定性。

从建设实践来看,目前,我国境内共有4家交易报告库运营机构。其中,中国期货市场监控中心于2020年成为我国境内首家获得FSB认可的交易报告库。中国证监会相关领导表示:"监控中心在我国率先完成此项任务,值得祝贺,必将对我国场外衍生品市场的平稳有序发展,起到良好作用。"中证机构间报价系统股份有限公司、中国外汇交易中心、中国银行间市场交易商协会也先后于2021年、2022年被FSB认定为交易报告库。(见表1)

表1　我国境内受FSB认可的交易报告库

所属系统	机构名称	标的资产类别				
		商品	信用	权益	外汇	利率
中国证监会	中国期货市场监控中心	●		●		
	中证机构间报价系统股份有限公司	●		●		
中国人民银行	中国外汇交易中心		●		●	●
	中国银行间市场交易商协会		●			

三、欧美场外衍生品交易报告库发展趋势及其思考

近年来,相关国际标准制定机构关于场外衍生品、交易报告库等的国际标准陆续出台。欧美金融监管机构根据各自的法律、相关国际标准制定的关于交易报告库的监管规则,也随着市场发展而逐步修改完善。交易报告库是一个信息处理系统,由输入、处理、输出三部分组成,分别对应信息收集、信息处理、信息披露这三个环节。交易报告库的输入、处理环节的关键问题是数据质量,输出环节

的关键问题是功能发挥。欧美交易报告库近年来监管规则的修改完善,都是围绕数据质量、功能发挥这两个关键问题而展开的。

我国《期货和衍生品法》第 38 条规定:“对衍生品交易及相关活动进行规范和监督管理的具体办法,由国务院依照本法的原则规定。”《期货和衍生品法》第 36 条指出关于交易报告库的“具体办法由国务院授权的部门、国务院期货监督管理机构规定”。对欧美交易报告库发展和监管趋势深入分析,有利于我们既参考国际实践,又结合我国场外衍生品市场的具体实际,为相关行政法规、部门规章的制定提供参考,以推动交易报告库更好发挥提升场外衍生品市场透明度、防范系统性风险、防止市场滥用的功能,并以此促进场外衍生品市场更好服务实体经济高质量发展。

(一)推进标准化建设是全球交易报告库的总体特征

尽管 G20 各主要成员经济体都建立了交易报告库,全球的场外衍生品交易信息依然分布在不同的交易报告库中。各交易报告库数据标准不统一,导致信息透明度依然不够高,甚至连全球场外衍生品市场的总体规模都无法准确估计,更不要谈对市场结构的准确认识。具体来看,本文第一部分提到,国际清算银行披露,全球场外衍生品市场持仓名义金额近年来保持在 600 万亿美元上下波动。事实上,这一统计数据是有水分的,其中存在大量的重复统计。例如,若花旗银行和汇丰银行开展一笔利率互换交易,相关交易信息由花旗银行按照美国的要求报告给美国的交易报告库并汇总至美联储。同样地,该交易信息也由汇丰银行根据英国的要求报告给英国的交易报告库并汇总至英格兰银行。美联储、英格兰银行再定期向国际清算银行报送数据。令人遗憾的是,同一笔交易在美国和英国的交易报告库中,根据各自的数据标准赋予了不同的编号,导致国际清算银行在测算和披露全球场外衍生品市场规模时,目前尚无法识别并剔除这种重复,只能把各央行上报的统计数据直接相加。鉴于发达经济体之间的跨境交易相当频繁,“600 万亿美元”这个统计数据明显高估了全球场外衍生品市场的持仓规模。

为促进全球交易报告库的数据汇总、信息共享、互联互通,需建立一套全球统一的场外衍生品数据要素国际标准体系,以实现场外衍生品市场交易、产品和其他数据要素的全球唯一识别。G20 将此项任务交给了 FSB。FSB 委托支付和市场基础设施委员会(Committee on Payments and Market Infrastructures, CPMI)、[5]国际证监会组织(International Organization of Securities Commissions, IOSCO)于2017~2018年,联合发布了关于唯一交易标识、[6]唯一产品标识、[7]关键数据要素[8]的技术指引,并要求G20成员经济体在交易报告库中采用上述编码及技术指引。

数据标准化是提升场外衍生品交易数据质量的根本途径。2021年,中共中央、国务院印发的《国家标准化发展纲要》指出:“标准是经济活动和社会发展的技术支撑,是国家基础性制度的重要方面。标准化在推进国家治理体系和治理能力现代化中发挥着基础性、引领性作用。新时代推动高质量发展、全面建设社会主义现代化国家,迫切需要进一步加强标准化工作。”中央的最新定调,已将标准化工作的重要性提到了前所未有的高度。具体到场外衍生品、交易报告库领域的标准化工作,可以说,没有唯一产品标识就无法准确统计场外衍生品市场规模,没有唯一产品标识就无法准确反映场外衍生品市场结构,没有关键数据要素就难以确保柜台式场外衍生品交易数据质量。

因此,立足我国场外衍生品市场发展和监管的实际,主动对接国际高标准市场规则体系,在数据标准层面与国际接轨,将场外衍生品数据要素国际标准体系中国化的意义极其重大。为此,中国期货市场监控中心正会同境内其他交易报告库运营机构和相关单位,在中国证监会科技监管局、中国人民银行科技司的指导下,将CPMI-IOSCO联合发布的关于唯一交易标识、唯一产品标识、关键数据要素的技术指引转换为我国金融行业标准。这些标准的发布和应用实施,将为提升场外衍生品交易数据质量,推进信息共享奠定重要的数据标准基础。

---

[5] 支付和市场基础设施委员会(Committee on Payments and Market Infrastructures, CPMI)是由24个经济体的中央银行和金融管理局发起成立的国际性专业组织,旨在全球范围内强化支付、清算和结算安排的监管、政策和实践,其秘书处设在位于瑞士巴塞尔的国际清算银行。CPMI的前身是支付结算体系委员会(Committee on Payment and Settlement Systems, CPSS)。

[6] CPMI-IOSCO, *Technical Guidance – Harmonisation of the Unique Transaction Identifier*, (February 2017), https://www.iosco.org/library/pubdocs/pdf/IOSCOPD557.pdf.

[7] CPMI-IOSCO, *Technical Guidance – Harmonisation of the Unique Product Identifier*, (September 2017), https://www.iosco.org/library/pubdocs/pdf/IOSCOPD580.pdf.

[8] CPMI-IOSCO, *Technical Guidance-Harmonisation of Critical OTC Derivatives Data Elements* (*other than UTI and UPI*), (April 2018), https://www.iosco.org/library/pubdocs/pdf/IOSCOPD598.pdf.

(二)建立交易对手方信息查询与修正机制,是进一步提升柜台式场外衍生品交易数据质量的重要机制安排

从全球实践来看,平台式场外衍生品交易(进入交易平台或经中央清算)数据质量均较高,而柜台式交易数据质量则相对较低,这已成为全球交易报告库共同面临的难题。

PFMI 原则 24 要求"交易报告库应根据有关管理部门和公众各自的需求向其提供及时、准确的数据",并就交易报告库的信息系统进一步提出"为了满足参与者、有关管理部门和公众的信息需求,交易报告库应该具备健全的信息系统,提供准确的当前和历史数据"。为防止欺诈,同时又从源头上确保交易报告库数据质量,IOSCO 基于 PFMI 原则 24 的要求,提出了一项重要机制安排"信息查询与修正机制",即"报告主体应有权查询自身向交易报告库报告的数据,以检查所报送数据的准确性","交易对手方也应有权查询其自身所参与交易的相关信息,并能在必要时对错误信息进行修正",同时强调"报告主体或者交易对手方的信息查询权限,应仅限于查询自己的数据,且为原始数据格式"。[9]

总的说来,在没有其他数据校验途径的情况下,通过 IOSCO 提出的上述信息查询与修正机制,向数据报送主体及其交易对手方提供信息查询服务,由利益相关方对场外衍生品交易信息的真实性、准确性实施监督,已成为提升柜台式场外衍生品交易数据质量重要的机制安排。

2020 年,中国期货市场监控中心在起草业务规则《监控中心交易报告库管理办法》时,规定"风险管理公司可向监控中心报告库查询和校对其报送的场外衍生品交易信息","风险管理公司场外衍生品交易对手方,可向监控中心报告库查询风险管理公司报送的以其为交易对手方的场外衍生品交易信息",以与 IOSCO 提出的机制安排相衔接,并在官网公开披露。

2021 年年底,某小微实体企业来函申请查询其与两家期货公司风险管理子公司的场外衍生品交易信息。这是中国期货市场监控中心交易报告库(TR)正式运营以来,首次收到期货风险管理公司交易对手方的数据查询需求。从专业性来看,实体经济的中小微企业相较于设计产品的交易商而言,处于明显的信息不对称的劣势地位。为做好首单查询服务,为群众办好实事,并为后续类似查询服务积累经验,中国期货市场监控中心高度重视此项工作,认真研究了相关信息查询需求,严格按照相关国际监管组织的要求及建议、业务规则的相关规定,确

[9] See CPSS-IOSCO, *Report on OTC derivatives data reporting and Aggregation Requirements*, (January 2012), https://www.iosco.org/library/pubdocs/pdf/IOSCOPD366.pdf.

立了信息查询服务应当遵循的3个基本原则:一是公平对待交易双方,平衡好交易商与交易对手方的利益,既要向交易对手方提供必要的数据,实现投资者保护的目标,也要保护好交易商的商业秘密;二是出于从源头上确保交易报告库数据质量的考虑,严格遵循IOSCO的建议,所提供的字段均应是原始数据,而非计算数据;三是严格做好信息传输的保密。基于上述原则,我们向该小微实体企业反馈了相关信息查询结果。该实体企业对查询结果和服务表示满意。

后续,中国期货市场监控中心将不断总结梳理信息查询服务的特点,设计并建设场外衍生品交易信息查询系统,推进查询方式从来函查询向系统查询升级,为市场参与者提供更加高效便捷的信息查询服务,促进IOSCO提出的信息查询与修正机制在监控中心交易报告库常态化运转,推动场外衍生品数据质量进一步提升,更好服务监管、服务市场。

(三)场内衍生品市场信息披露的相关实践,为场外衍生品市场信息披露提供了重要经验

根据PFMI,场外衍生品市场的信息披露有广义和狭义之分。广义的信息披露,是指交易报告库根据监管机构、市场参与者、公众3个不同层面服务对象的信息需求,所提供的信息服务。向监管机构报送信息,让交易商及其交易对手方等市场参与者查询自身的交易信息,都属于广义的信息披露。狭义的信息披露,特指面向公众(非特定群体)的公开信息披露。在大多数语境下,我们所称信息披露都是特指狭义的信息披露。

美国商品期货交易委员会(CFTC)关于场内衍生品市场的交易者持仓报告(Commitments of Traders, COT)[10]信息披露,经不断完善,已较为成熟。CFTC在披露美国场外衍生品市场数据时,在统计口径、披露频率等诸多方面,都充分借鉴了其场内衍生品市场信息披露的成熟经验。第一,从披露频率来看,《多德-弗兰克法案》要求CFTC每半年对美国互换市场数据实施一次信息披露。[11] 但是,CFTC选择更严格地执行法律要求,每周实施一次信息披露,与场内市场保持一致。CFTC认为,周度的披露频率有助于公众和市场参与者对场外衍生品市场的发展状况有更加深入透彻的认识。第二,从披露时效来看,当周的互换周报(Weekly Swap Report, WSR)在随后的第三个周一15:30公开发布,即滞后两周

---

〔10〕 相关报告主体,每周三上午向CFTC报送当周二的场内衍生品(期货和场内期权)持仓数据。CFTC对相关市场数据进行校验、折算、分类汇总,并于当周五15:30(美国东部时间)在其官网公开披露COT。

〔11〕 See Commodity Exchange Act (CEA), Section 2(a)(14).

半披露数据。第三,从披露内容来看,PFMI 原则 24 要求交易报告库“至少应向公众提供持仓名义金额、成交笔数和成交名义金额的汇总数据和分类汇总数据”,CFTC 严格按照 PFMI 相关要求披露上述 3 个关键字段的统计数据。其中,持仓按单边统计,成交则包含新开仓、终止、修正、更新等各类价格形成交易事件(Price-forming Trade Events)。这种与场内市场类似的统计口径,既有利于公众更好理解相关数据,也为研发场内场外联动监测指标体系奠定了统计基础。值得特别指出的是,CFTC 的互换周报,剔除了企业集团内部的关联交易,仅反映非关联实体之间的交易,以便公众对竞争性市场(Competitive Marketplace)有更为准确的了解。[12]

中国期货市场监控中心交易报告库在实施市场数据公开信息披露时,参考了 CFTC 的相关做法。监控中心以周度为频率(滞后两周),以标的资产大类为一级分类标准、交易工具类型(期权/互换/远期)为二级分类标准,披露期货公司风险管理子公司场外衍生品交易持仓笔数、持仓名义金额、成交笔数、成交名义金额等 4 个关键字段的汇总和分类汇总数据。

(四)开展场内场外联动风险监测将是大势所趋

从全球来看,要充分发挥交易报告库“提升市场透明度、防范系统性风险、防止市场滥用”的功能,开展场内场外联动风险监测是必由之路。2022 年 3 月,“伦敦镍事件”爆发后,伦敦金属交易所(London Metal Exchange,LME)要求会员每日报告镍交易的场外衍生品持仓数据。[13] LME 表示,镍市场此前发生的一系列事件与场外衍生品市场大量空头持仓有关,但在 2022 年 3 月 8 日之前,LME 并不掌握这些数据。2022 年 6 月,LME 决定将场外衍生品持仓报告的范围从镍进一步扩展至 LME 所有实物交割的金属品种,但在报告频率上向市场机构作出了妥协,由此前的日度报告降为周度报告。[14]

中国期货市场监控中心不仅通过交易报告库和信息共享机制逐日逐笔收集了商品类场外衍生品市场的交易数据,而且得益于中国证监会对期货市场数据大集中的制度安排,监控中心本身就汇集了我国期货市场的全部场内交易数据,

---

〔12〕 See https://www.cftc.gov/MarketReports/SwapsReports/index.htm.

〔13〕 See LME, TRADING 22/064, Nickel Market Update Resumption of Trading, (March 14, 2022), https://www.lme.com/api/sitecore/MemberNoticesSearchApi/Download? id = c71fdcfc - 0340 - 4a05 - 9f9d - 371361f1c9e9.

〔14〕 See LME, 22/161, *Decision Notice on OTC Position Reporting Accountability Levels for Reportable OTC Positions*, (June 17, 2022), https://www.lme.com/api/sitecore/MemberNoticesSearchApi/Download? id = 693945b0 - 4a7b - 4cc7 - 8d43 - 8c1731dcefa1.

从而为开展场内场外联动风险监测创造了独特优势。可以预见,如何更好开展场内场外联动风险监测工作,将成为全球交易报告库未来发展和监管的重要领域。

期货及衍生品法律评论
第四卷,第164~174页

论构建全国统一的大宗商品仓单登记机制

张　志*

2022年8月1日,《中华人民共和国期货和衍生品法》(以下简称《期货和衍生品法》)正式施行。《期货和衍生品法》的出台,适应了期货和衍生品市场服务实体经济的需求,对于活跃商品流通、保障供应链安全、促进经济转型等,具有重要意义。[1] 笔者认为,以《期货和衍生品法》出台为契机,构建统一的大宗商品仓单登记新制度,对促进期货和衍生品市场服务实体经济,构建全国统一的大市场大有裨益。

大宗商品仓单属于一种权利凭证,在实践中可以分为标准仓单和非标准仓单。标准仓单是期货市场特有的概念,是指经期货交割库出具并经商品期货交易所登记的标准化提货凭证。目前,标准仓单已经全部实现了电子化,由商品期货交易所进行注册、转让、出质、注销等全周期登记管理。《期货和衍生品法》第45条关于标准仓单的定义,实际上肯定了期货交易所作为标准仓单法定登记部门的地位。对于非标准仓单,国务院《关于实施动产和权利担保统一登记的决定》(以下简称《担保登记决定》)明确了非标仓单质权设立可以进行登记。中共中央、国务院《关于加快建设全国统一大市场的意见》(以下简称《统一大市场意见》)在"加快发展统一的资本市场"部分中指出,统一动产和权利担保登记,

---

* 郑州商品交易所法律事务部总监。

〔1〕 参见曲德辉:《尹中卿详解期货和衍生品法的突破与意义》,载《期货日报》2022年4月21日。

依法发展动产融资。结合上述《担保登记决定》和《统一大市场意见》的规定,大宗商品仓单质押登记制度已经得到肯定。但大宗商品仓单登记不应限于质押登记,而是应当以《期货和衍生品法》出台为契机,初期依托商品期货交易所现有技术、标准,联合多方面力量,逐步建设具有我国特色的大宗商品仓单全周期登记统一机制。

一、大宗商品仓单登记的必要性

(一)有利于保护权属安全

党的十八大以来,党中央反复强调要"健全以公平为原则的产权保护制度"。健全产权保护制度,提升产权保护水平是全面推进依法治国,推进国家治理体系和治理能力现代化的必由之路。[2] 物权是重要的财产权,所有权又是物权的重要组成部分。大宗商品主要表现为农业、工业初级产品,是重要的生产资料,在物理性状上具有标准化和耐储性,在商品流通上一般数量巨大且由第三方存管,在金融融通方面具有价值高、融资需求大的特点。大宗商品仓单登记有利于保护大宗商品所有权安全,保障供应链安全,维护融资方资金安全,最终有利于形成健全的产权保护制度。

物权状态应当被公示,以便第三人知晓,从而保护物权不受妨碍和损害。大宗商品的法律性质为动产。传统物权法认为,动产所有权以占有和交付为权利变动的公示方法。[3] 通过"占有"保护所有权静态的安全,通过"交付"保护所有权动态的安全。这种公示方法,是以权利义务关系较为简单,动产价值较小为前提或基础的。但在当代,针对大宗商品依然固守这一公示方式则有不妥。首先,"占有"不宜成为大宗商品所有权的公示方式。随着社会分工的细化,仓储业正在成为一个高专业化、高技术含量的行业。大宗商品的仓储往往由专业的仓储企业负责。大宗商品所有权人与大宗商品实际占有人分离是常态,仓储企业直接占有大宗商品,具有所有权的"权利外观",因此通过占有方式宣示大宗商品所有权并不准确。在仓储企业私自处置大宗商品时,根据善意取得制度,第三人将取得大宗商品所有权等物权。原所有权人仅能针对仓储企业追偿损失,但这种追偿权仅为普通债权,能否获得补偿则存在较大的不确定性。其次,"交付"不

〔2〕 参见石佳友:《健全以公平为原则的产权保护论纲》,载《中国政法大学学报》2021 年第 3 期。

〔3〕 参见屈茂辉:《动产物权登记制度研究》,载《河北法学》2006 年第 5 期。

适合作为大宗商品所有权变动的公示方式。传统物权法认为,交付能够作为动产所有权变动的公示方式,是因为动产所有权人直接占有动产,交付使动产所有权的变动能够被外部识别,能够使动产所有权的转移过程公之于众。[4] 然而大宗商品由于不被所有权人直接占有,其交付不具有上述的外部可识别性,也不具有公示的可能性。在实践中,大宗商品的交付往往是通过交付提货凭证等方式完成占有转移,难以为外部所识别。市场主体多以提货单、仓单等作为物权变动的凭证,但上述单证容易被伪造、变造,导致实践中经常出现"一物多卖""一物多质"等风险事件。因此,占有和交付作为大宗商品所有权的公示方式有较大的局限性,不能完全起到保护大宗商品所有权安全的作用。

与动产公示不同,我国目前对不动产和部分财产权利(如股票、债券等)采取登记的权利公示方式。登记体系记载了物权和财产权利自产生、变动至消灭的所有过程,使物权和财产权利在每一环节的权益主体和权属关系都清晰明确,且易于外部识别和查询,具有较强的公示功能。对大宗商品而言,适用登记的权利公示方式,更有利于保护大宗商品所有权。

(二)有利于促进动产担保融资,缓解中小企业融资"难""贵"问题

随着市场经济的发展,动产(包括被视为动产的权利)逐渐成为社会财富的重要形态。[5] 根据世界银行的统计,我国动产资产约有 50 万亿 ~ 70 万亿元。[6] 仓单质押融资等动产担保融资本应在企业融资中发挥重要作用。但是过去一段时间,仓单质押中"一物多质"等诈骗案件频发。例如,2012 年上海钢材仓储领域发生了近百起与仓单质押有关的信贷纠纷案件。又如,2014 年"青岛港"事件中,当事人利用银行与存货人之间的信息不对称,虚开仓单进行质押,骗取银行巨额信贷资金的案件。2022 年又先后出现华南华东多个铝锭仓单重复质押事件。上述案件给商业银行等金融机构带来巨额损失,导致金融机构进一步收紧仓单质押贷款审批,加剧了实体企业融资难、融资贵问题,严重影响了中小企业的发展和我国的营商环境。世界银行在《2020 年全球营商环境报告》信贷人权利保护指标(主要反映中小企业通过动产担保获得信贷的便利度)评价中仅给予中国 4 分的评分(总分 12 分),在 199 个经济体中排名第 80 位。

市场主体之所以难以通过动产担保获得信贷,是因为我国物权法长期以占有和交付为动产担保物权的主要公示方式。动产和权利担保存在以下困难:一

[4] 参见[德]曼弗雷德·沃尔夫:《物权法》,吴越译,法律出版社 2002 年版,第 15 页。

[5] 参见高圣平:《统一动产融资登记公示制度的建构》,载《环球法律评论》2017 年第 6 期。

[6] 参见陈果静:《动产融资重在破解信息不对称》,载《经济日报》2020 年 12 月 23 日。

是占有和交付的公示作用比登记要弱,信息存在不对称,动产担保物权难以为其他市场主体知悉。二是占有和交付公示不像登记公示那样可追溯、可查询,导致动产担保权竞合时难以确定权利优先顺位。

为了促进仓单质押融资等动产担保融资,优化营商环境,我国着手制定相应法律法规,补齐制度短板。在《民法典》中对动产担保制度进行了较大的变革。例如:删除有关担保物权具体登记机构的规定,为建立统一的动产抵押和权利质押登记制度留下空间;[7]通过多个条文,确立了可登记的动产担保物权未经登记不得对抗善意第三人的原则,以及按照登记先后顺序确定担保物权优先顺位的原则。[8] 大宗商品仓单登记能够很好地落实上述立法精神,促进大宗商品仓单质押融资业务的开展。

(三)有利于丰富价格信息数据,提高宏观经济管理水平

大宗商品处于产业链的上游,是产业链中下游企业重要的生产原材料。由于大宗商品在国民经济中处于重要地位,大宗商品价格的变动将会影响CPI(居民消费价格指数)、PPI(生产价格指数)、PMI(采购经理指数)等重要经济指数,直接关系国家宏观经济的稳定和发展水平。建立和完善大宗商品仓单登记制度,通过统一的、电子化的登记系统,有助于国家掌握准确的大宗商品数据,为宏观经济调控决策提供依据。

一是有助于提高政府对大宗商品价格涨跌的预测水平,做好"保供稳价"。对于政府而言,如果能全面掌握清晰准确的大宗商品供求数据,那么能够更好地预测大宗商品价格趋势,及时、精准地采取调控措施。开展大宗商品仓单登记,能够把行业主要生产企业的生产资料进行数字化汇总、图形化呈现,丰富政府决策依据,提高价格预测水平。

二是有助于完善社会主义市场经济宏观调控体系。党的十九大报告指出"构建市场机制有效、微观主体有活力、宏观调控有度的经济体制"。大宗商品仓单登记有利于政府更好地开展宏观调控。政府通过主导建设大宗商品仓单登记基础设施,可以对大宗商品市场主体进行服务、监督和引导。就服务而言,可以通过掌握的登记数据及其他信息,精准地对不同品种、不同地区的大宗商品生产消费主体在税收征缴、技术改造等方面提供服务。就监督而言,可以更好摸排大宗商品生产和流通企业是否存在囤积居奇、偷税漏税等行为。就引导而言,通过

---

〔7〕 参见王晨:《关于〈中华人民共和国民法典(草案)〉的说明》,载中国人大网2020年5月22日,http://www.npc.gov.cn/npc/c35178/202005/9fed629352914c26abe10bedef1ed060.shtml。

〔8〕 参见高圣平:《民法典动产担保权优先顺位规则的解释论》,载《清华法学》2020年第3期。

对登记数据分析,可以更好预测大宗商品供需关系,通过引导市场主体预期等方式调节大宗商品的生产、销售等。

(四)有利于促进商品流通效率,提升仓储物流业数字化水平

一是大宗商品仓单登记有助于夯实仓单所有权凭证的法律制度基础,促进大宗商品流通效率、降低流通成本。通过大宗商品仓单登记有利于明确仓单项下的货物权属、清晰记载并公示物权变动的情况,从而鼓励市场通过转移仓单的方式移交大宗商品所有权,促进大宗商品流通效率、降低流通成本。

二是通过大数据、物联网、区块链等技术的运用,大宗商品仓单登记所提供的数据能够促进市场功能有效发挥。通过海量统计、分享、分析大宗商品仓单登记数据,可以增强大宗商品市场主体的经济理性,提高大宗商品资源配置效率。

三是提升大宗商品仓储物流行业数字化水平。习近平总书记强调,“要运用大数据提升国家治理现代化水平”。[9] 目前,我国大宗商品仓储物流行业数字化水平还比较低。通过建立大宗商品仓单登记制度,有助于推动“智慧仓库”工程的开展,提高大宗商品仓储物流数据质量,促进大数据技术在大宗商品市场的运用,加快大宗商品仓储物流行业的数字化转型。

二、我国大宗商品仓单登记工作需完善的方面

(一)全国性的统一登记机构和标准需完善

由于大宗商品种类众多,且具有区域分布散、行业差异大等特点。由一家机构完成全国所有的大宗商品仓单登记工作,所涉及的运行和监管成本极高,条件尚不成熟。因此,全国性的大宗商品仓单统一登记,主要是指对某一类品种或几类相关品种大宗商品仓单信息,从入库到出库全流程的全国性统一登记。

目前,我国关于大宗商品仓单登记主要存在以下几种实践:一是国内三大商品期货交易所开展的、与场内交易期货品种相关的大宗商品标准仓单的登记。登记范围限于期货交割库内存储的期货交割商品。这部分标准仓单有的已经成为该类商品的主流。以棉花为例,近年来郑州商品交易所(以下简称郑商所)负责登记的棉花标准仓单累计注册量占国内产量的30%以上。二是一些行业组织开展的本行业内的大宗商品非标准仓单登记。如全国棉花交易市场等,登记范

---

〔9〕《习近平:审时度势精心谋划超前布局力争主动 实施国家大数据战略加快建设数字中国》,载《人民日报》2017年12月10日,第1版。

围限于其指定的监管仓库内的大宗商品,主要用于质押获取政策性贷款。三是根据自愿原则开展的商业化仓单登记服务。例如,青岛市政府联合中国仓储与配送协会等共同推动成立的中仓登数据服务有限公司,建设了全国性可流转仓单信息登记平台,对仓库自愿提供的仓单信息进行登记等综合性商业化服务。

缺少全国性大宗商品仓单登记系统,使大宗商品仓单的登记公示功能大打折扣,影响了相关大宗商品市场的发展。主要体现在以下几个方面:一是各个登记机构之间的信息并不相通,限制了登记公示功能的发挥,影响了大宗商品的顺畅流通。二是各个登记机构的登记范围存在相互交叉的可能,相互之间不能比对、校验,可能导致登记结果不一致的情况。三是没有形成统一的标准规范,各登记机构登记的信息格式和要求等并不完全一致。四是市场主体查询大宗商品仓单登记信息时不够便利,需要查询多个登记机构。

(二)现行的动产和权利担保统一登记系统需完善

国务院《担保登记决定》第2条规定,有关权利质押(包括仓单质押)由中国人民银行征信中心(以下简称征信中心)在全国范围内实施统一登记。自此,大宗商品仓单质押环节建立了统一的登记体系,但同时也存在以下困难。

一是该登记仅限于仓单质押登记,不包括其他物权变动登记(如仓单注册、转让、注销的登记),导致应用场景受限。动产和权利担保统一登记,主要解决的是担保权利的登记效力及登记顺序问题,无法解决更为重要的物权确认及物权变动等问题,因此不能解决“一物多卖”问题,也无法适用于买断式回购场景。此外,实践中大部分大宗商品仓单实现了电子化,法律性质上属于无纸化证券。根据民商法原理,有价证券与其权利不可分割,证券所在即是权利所在。因而股票、债券等无纸化证券均由统一的机构(如中国证券登记结算有限责任公司)负责全周期的登记。征信中心仅负责质押这一单个环节的登记,亦与大宗商品电子化仓单的法律性质不相符。

二是登记内容无法做到清晰完整。由于人力和技术等方面的不足,且与行业企业、仓储业没有较深的生态关系,仓单质押登记只能采用模糊登记的方式,登记信息仅笼统概括为“质押财产描述”,由市场主体进行概括性描述。这可能导致仓单质押登记内容过于简略,一旦出现有关概括性描述不能够合理识别担保财产时,可能影响担保物权的设立。[10]

三是登记缺乏必要的审核。《担保登记决定》规定征信中心不对登记内容进行实质审查。从登记的原理上讲,对动产担保在登记前进行审查是必要的。首

---

〔10〕 参见最高人民法院《关于适用〈中华人民共和国民法典〉有关担保制度的解释》第53条。

先,根据物权法理论,审查是物权登记具有公信力的前提。其次,我国社会信用体系建设还处在起步阶段,与动产担保有关的欺诈事件时有发生。如果对登记内容缺乏必要的审查,可能助长欺诈现象发生。最后,从司法实践来看,法院认为登记机构需要对动产担保登记内容进行审查,以确定登记人具有处分权。[11]

四是与期货标准仓单登记系统存在衔接和协调的问题,甚至可能给期货结算交割带来风险。目前,动产和权利担保统一登记系统与期货交易所的标准仓单管理系统之间还不能做到信息互核、有效对接。一方面,商品期货交易所等期货市场主体难以获悉交割商品是否被质押、质权存续状况等信息,从而给商品期货交易带来不确定性。另一方面,商业银行等金融机构也难以通过动产和权利担保统一登记系统查询质押物是否被注册为标准仓单,以及标准仓单是否在期货交易所进行质押登记。一旦登记内容发生冲突,相关主体仍然可能陷入争讼,不能起到通过登记迅速解决争议的目的。更为重要的是,商品期货交易所开展的仓单作为保证金等业务,本质上属于质押登记。如果按照《担保登记决定》要求也由征信中心进行登记,势必会打破目前期货市场标准仓单作为保证金的业务模式,既无必要,也会给期货结算带来较大风险。

三、以商品期货交易所为基础开展统一大宗商品仓单登记的可行性

(一)《期货和衍生品法》等法律法规政策为商品期货交易所开展仓单登记奠定了法律基础

在期货法立法过程中,期货界一直呼吁在法律上确定商品期货交易所标准仓单法定登记部门的地位,并明确商品期货交易所的登记能够产生物权效力。《期货和衍生品法》一审稿曾明确规定“本法所称标准仓单,是指交割库开具并经期货交易场所登记的标准化提货凭证。未经登记,不发生注册、转让、注销等效力”。由于考虑到《民法典》已经对仓单的出具、转让、出质等做出了规定,《期货和衍生品法》不宜重复规定,最终删去了“未经登记,不发生注册、转让、注销等效力”的规定。但是,《期货和衍生品法》最终明确了标准仓单由商品期货交易所登记,实际上确认了交易所的法定登记地位,与《期货交易管理条例》规定的标准仓单由期货交易所进行“认定”相比,是一个值得肯定的进步。

除此之外,商品期货交易所开展大宗商品仓单登记工作也得到了国家及地

---

〔11〕 参见余长智、顾金才等:《动产抵押登记机关应审查抵押物权属》,载《人民司法》2019年第14期。

方政府的认可和政策支持。例如，中共中央、国务院印发了《关于支持浦东新区高水平改革开放打造社会主义现代化建设引领区的意见》，明确提出支持有关期货交易场所探索建立场内全国性大宗商品仓单注册登记中心。河南省人大制定的《河南省优化营商环境条例》，明确支持由商品期货交易所提供仓单登记服务，支持商品期货交易所向实体企业提供仓单融资等金融服务。

实践中，标准仓单均实现了电子化，并且由商品期货交易所的标准仓单管理系统进行闭环管理。未经交易所登记，也不会发生注册、质押、转让、注销标准仓单的行为。商品期货交易所依据《期货和衍生品法》开展标准仓单登记和后续管理对市场起到示范作用。在标准仓单的示范作用下，非标准仓单也有电子化、闭环管理的趋势。最终，依托商品期货交易所，通过各部门、各系统的大联合，构建统一的大宗商品仓单登记系统，正被越来越多的实体经济所欢迎。

（二）商品期货交易所具有仓单登记的丰富经验

一是商品期货交易所在长期组织大宗商品的期货交易、结算、交割过程中，投入大量人力、物力、财力，对标准仓单注册预告、注册生成、转让变更、质押融资、充抵和折抵保证金、注销终结等各个环节和全生命周期进行监控和管理，积累了丰富的登记经验，具备相应的技术系统条件。例如，郑商所研发的交割智慧监管平台，在软件建设上，利用物联网技术实时监控货物的存储、出入库情况等物理状态；通过汇集对比第三方资信数据、银行质押数据等，确定动产权利状态。在硬件建设上，通过视频监控、电子围栏、巡检机器人等设施确保权利人可以实时观察货物状态、存放情况等，确保对动产全方位、全天候的监控，保障仓单持有人的权益。同时，积极探索利用区块链将仓单数字化，并与人民法院司法存证链互联，确保仓单信息的准确、及时和不可篡改。各交易所的实践和探索已得到了市场的广泛认可。

二是我国已经上市 64 个商品期货品种，基本囊括了我国主要的大宗商品品种，形成了紧密的产业链、供应链、财富链的共生生态。商品期货交易所与大宗商品仓储业有良好的合作关系，例如，郑商所设置了 340 余个交割服务机构，其中仓库 149 家，其中不乏大宗商品仓储业的龙头企业。由商品期货交易所作为大宗商品仓单登记部门，可以充分利用已有资源，也符合业已形成的商业习惯。

（三）期货交割商品的登记审核标准更为严格和规范

为了履行《期货和衍生品法》规定的组织期货交割活动的法定职责，以及承担司法解释和交易所业务规则规定的对交割商品的质量、数量及安全的责任，期货交易所对期货交割商品的登记及日常管理较严格和规范，并形成了一整套行之有效的制度规则和业务标准。参照期货交割商品的登记实践，建立全国性的大宗商品登记标准,有利于大宗商品仓单登记的规范化建设。

(四)商品期货交易所具备成为登记基础设施的条件

行之有效的产权登记制度,是我国社会基础设施建设的重要组成部分。大宗商品仓单登记部门应当是我国金融基础设施的有机组成部分,其在法律性质上属于物权登记部门。研究表明,物权登记部门必须具有以下几个条件:有利于物权登记工作的监督与管理;不具有营利性质;有足够的财产承担责任。[12] 我国商品期货交易所具有上述条件:首先,《期货和衍生品法》规定期货交易场所应当遵循社会公共利益优先原则;其次,作为证监会会管单位,商品期货交易所向有关部门提交大宗商品仓单登记概括性统计信息等数据,有利于国家对登记工作和大宗商品生产和流通的监督管理;最后,商品期货交易所资金实力较强、人才资源丰富、技术系统较为先进,并且与实体经济联系紧密,有足够的能力独立承担登记责任。

(五)开展大宗商品仓单登记有利于期货交易所的业务创新与功能发挥

随着商品期货市场的不断发展,商品期货市场与场外衍生品市场、大宗商品现货市场不断融合。商品期货交易所纷纷开展基于仓单的场外衍生品业务和现货业务(如商品互换、基差交易、仓单交易等),以深化期货和衍生品市场层次和深度,提高服务实体经济的能力。在上述业务开展过程中,大宗商品仓单登记信息的准确、完整、权威是基础,同时也是开展集中清算的前提。同时,大宗商品仓单登记有利于各商品期货交易所掌握市场可供交割量,更好地发挥价格发现功能。因此,商品期货交易所有动力持续开展大宗商品仓单登记工作。

四、构建统一大宗商品仓单登记工作机制

商品期货交易所作为重要的金融基础设施,为有关金融活动提供基础性公共服务是其职责所在。大宗商品仓单登记应当属于基础性公共服务的重要组成部分。以《期货和衍生品法》的通过和实施为契机,构建统一大宗商品仓单登记工作机制,可从以下三个方面采取措施:

一是完善有关标准仓单登记的司法解释。大宗商品登记工作是一项创新性工作,有关登记工作强烈依赖于法律规定和法律适用。《期货和衍生品法》出台后,有关期货和衍生品司法解释也将进行完善。本次立法仅明确了标准仓单的

---

〔12〕 参见顾文斌:《关于物权登记机构的新构想》,载《江西社会科学》2003 年第 5 期。

登记机构，因此在修订司法解释时需要对登记效力等进一步明确。登记行为的效力直接影响货权的安全和确定性。因此，建议明确标准仓单对应的大宗商品，其物权设立、变更、注销，以及质权的设定，应以商品期货交易所登记的内容为准；对于非标准仓单对应的大宗商品，已由法律或行政法规授权的登记机构登记的，有关登记事项具有对抗效力，有关仓单买卖、出质等未经登记不得对抗第三人。考虑到区块链技术能够在一定程度上避免一物多质、一物多卖等情况，在期货市场和大宗商品市场具有较强的运用前景。各商品期货交易所正在交割库监管中大量采用区块链技术，来明确相关权利归属、避免信息被篡改。为保护期货交割商品安全，可研究在司法解释中作出有关存证效力规定，对大宗商品仓单及仓单项下商品采用区块链技术进行记载、固定的货权等相关信息，能够证明其真实性的，人民法院应当确认。

二是完善现有标准仓单登记系统，建设可信仓单登记查询系统。正如上文所述，登记的目的在于彰显物权的设立和变动，因此登记必须准确且能够保证市场主体通过查询获知登记信息。目前，郑商所已在国内首先上线了标准仓单登记查询系统建设。根据工作实践经验，一方面要在登记要素上确立相关标准，明确大宗商品的品种、年度、等级、品牌、生产批次或批号、仓库名称、仓房垛位等字段信息的标准化，确保大宗商品仓单登记“记得准”。另一方面，加强对交割库进行严格规范管理，利用物联网等技术对在库商品进行监管，确保大宗商品仓单项下的货物“管得住”。最后，建设可信仓单登记查询系统，要面向银行、期货市场法人客户、社会公众等不同主体提供有区分的仓单登记信息查询服务，开发微信等移动查询端口，在确保商业敏感信息不泄露的同时，确保市场主体“查得快”。

三是形成“大联合”机制，大力推动各类登记系统数据交换合作，形成统一查询平台。中共中央、国务院《统一大市场意见》指出，要完善市场信息交互渠道。推进同类型及同目的信息认证平台统一接口建设，完善接口标准，促进市场信息流动和高效使用。大宗商品仓单登记数据和信息就属于重要市场信息，如果登记数据和信息分布在一个个孤立割裂的“信息孤岛”中，形成信息不对称，一方面不符合党中央、国务院建立全国统一大市场的初衷，也不利于落实物尽其用的经济原则。另一方面各系统之中的数据如果无法交流核验，就会形成管理漏洞，数据的真实性无法确保，可能酿成风险事件，大大挫伤市场主体对大宗商品仓单登记制度的信心。商品期货交易所等大宗商品仓单登记部门应当在数据信息交流分享方面秉持开放的态度，积极推动和促进大宗商品仓单登记数据信息的充分流动和高效利用。在初期，建议建立一个集合各商品期货交易所标准仓单信息的虚拟查询电子平台，兼顾查询的便利性和各交易所的积极主动性。

大宗商品在国际资源配置中举足轻重。当前,国际地缘政治冲突叠加经济周期波动,大宗商品的重要性更加凸显。《期货和衍生品法》的实施适逢其会,认真贯彻《期货和衍生品法》,团结各方力量,建设全国统一的大宗商品仓单登记机制,必将为保障大宗商品市场秩序,维护国家经济安全,促进国民经济稳健发展起到积基树本的作用。

期货及衍生品法律评论
第四卷,第175~184页

新规下期货公司转型开启“加速度”

马文胜*

2022年8月1日,被各方寄予厚望的《中华人民共和国期货和衍生品法》(以下简称期货法)正式落地施行。自此,期货法加入银行法、保险法、证券法、基金法队列,组成了引领中国金融行业规范发展的基础法律制度。

在期货法的引导下,期货公司将开启转型“加速度”,加速摒弃过去依赖单一经纪业务的经营模式,加快向资产管理、财富管理、风险管理、境外业务等综合发展的多元化业务提供商转型。同时,期货行业的数字化转型也方兴未艾。

那么,新规落地以及党的二十大以后,期货行业会迎来哪些积极变化?期货公司转型“加速度”将体现在哪些方面?有哪些发展路径可供选择?期货行业数字化转型带来哪些变化?

一、期货行业的积极变化

回顾过去期货市场30多年的发展历程,其经历了三个重要阶段。期间,期货公司的业务模式也在不断转型升级。

具体来看,第一阶段为2010年以前,期货公司采取以经纪业务为主的经营模式,业务体系相对简单;第二阶段为2010年至2019年,除经纪业务以外,期货公司增加了投资咨

* 新湖期货股份有限公司董事长。

询、资产管理、风险管理,形成了以研究服务带动经纪业务的发展阶段;第三阶段为2020年以来,期货公司向综合衍生品服务商方向发展,业务体系更加多元化,如经纪服务、咨询服务、期现业务、场外业务、财富管理业务和仓单业务等。

期货法的落地将会显著提升期货行业的社会地位和市场影响力。期货行业将摘掉“小行业大市场”“只靠管理办法发展的行业”“高风险行业”等标签。在期货法落地之前,期货行业长期缺乏重要基础法律支持,很多大型央企、国企参与期货市场套期保值时,会遇到认知和制度上的约束。同时,期货行业普遍缺少社会关注,不被广大社会群体客观理解,行业从业人员数量也显著少于其他金融分支领域。

此次落地施行的期货法,为期货市场的下一步发展及国际化奠定了坚实基础。期货法条例里非常清晰地对期货交易者、期货经营机构、期货交易所、期货结算机构、期货服务机构以及监管者的职能进行了明确界定,将推动期货市场在法治化的轨道上有序运行。

可以说,期货法的落地实施补齐了我国期货和衍生品领域的法律短板,为促进规范行业和市场发展,保护投资者利益,推动市场功能发挥,更好服务实体经济提供强有力的法律保障。与此同时,期货法的落地将会给期货行业带来很多方面的积极变化。

期货法促进期货市场从工具市场向行业市场转变。期货法定义期货市场具备三大功能,分别为发现价格、管理风险和资源配置。发现价格和管理风险更多体现在期货市场作为工具市场的作用,期货公司的体量发展会受到明显限制。新规赋予了期货市场具备资源配置的作用,加速期货行业融入现货产业链中,行业实现蜕变,使得期货行业能够站在更高的层面服务实体经济,这是期货法落地后给期货市场带来的一大变化。

期货法厘清期货和衍生品的边界。期货法明确定义了什么是期货交易,是指交易所的标准品,而衍生品是指除标准品以外的互换、远期、非标期权等,边界十分清晰。期货法又把期货和衍生品写进套期保值概念中,实体企业参与套期保值时利用期货和衍生品交易进行套保业务,决定了今后中国期货市场的场内市场和场外市场并驾齐驱的发展愿景。

期货法推动多元化资金不断流入期货市场。国债质押业务已经为期货市场引入大量金融机构资金,期货法中明确股票、基金份额、标准仓单等都可以通过质押冲抵期货保证金,为大型金融机构进入期货市场增加了新的渠道。

期货法明确衍生品交易中的终止净额结算机制,实现与国际市场接轨。终止净额结算是国际衍生品交易的基础性制度,有利于降低交易对手信用风险,防止风险交叉传染,提升衍生品市场的效率和稳定性。终止净额结算机制写入期货法,回应了长期以来该机制可执行性亟待立法确认的现实需求,为境内业务的长远发展及跨境业务的开拓壮大保驾护航,无论在理论还是实践层面均具有重大而深远的积极意义。

期货法提升期货行业法制建设的合规性,提升期货公司经营的规范性,提升投资者参与的积极性。期货法带来期货行业法制体系的提升,有利于整个国内资本市场的融合,进一步提升资本市场的运行效率。期货公司将承担更多的合规和管理责任,表现在管理体系的调整和升级,内部管理的强化和人才质量的提升。投资者的权益保障将有法可依,激励实体企业利用衍生品市场对冲经营风险的积极性。

二、党的二十大以后,期货行业迎来高质量发展机遇

党的二十大报告是以中国式现代化全面推进中华民族伟大复兴的政治宣言,是一篇高屋建瓴、内涵丰富、思想深邃、意义重大的马克思主义纲领性文献。党的二十大在中国未来10年发展的前瞻性上提出了指引和方向。其中,在以下五个方面值得期货市场高度关注:

一是推进高水平对外开放。期货市场要在高质量的国内市场发展过程中,有质量地走出去、也要有质量地引进来。

二是全面推进乡村振兴,着力提升产业链供应链韧性和安全水平,着力推进城乡融合和区域协调发展,推动经济实现质的有效提升和量的合理增长。从这方面来看,期货市场在对“三农”的服务上,还有很大的提升空间。包括“保险+期货”,农产品的期货、期权。过去的实践已经证明这些是为“三农”服务很有效的手段,也证明了在保证中国粮食安全方面,期货市场大有作为。

三是坚持把发展战略的着力点放在实体经济上,推进新型工业化。中国的实体经济进入到一个高质量发展的阶段。在这个阶段,中国整体的实体经济呈现规模化、技术先进化、产业链期权化等特征,全球影响力也越来越大。在这个过程中,风险管理、贸易模式的转型、经营模式的转型,成为企业需要关注的方面。特别是还有很多的中小型企业,在新一轮中国实体经济的发展中需要跟上整个经济的发展脉搏和步伐。这些企业既要在自身经营方面下功夫,还要做好产业链的风险管理。

四是科技是第一生产力、人才是第一资源、创新是第一动力。行业自身实力

也要跟随市场不断提升、发展,也应该遵循市场的客观规律,推动自身行业科技的发展。特别是数字科技的发展,要把人才作为行业重要的资源,以科技为创新发展的基础、人才为核心集聚创新要素,让各类创新成果不断涌现。

五是明确中国今后要稳妥推进双碳的发展。现在广期所拟上市的工业硅,包括今后要上市的多晶硅、锂以及碳排放等这些品种,在我国双碳大战略下,期货市场也将大有作为。期货市场在"一带一路"服务国内统一大市场方面也可以大显身手,特别是对国内已经形成的各个大宗商品产业链,可以起到平抑大宗商品价格波动周期、平滑价格波动的作用,可以使产业链更好地度过低迷周期。

在党的二十大以后,全国人民将继续为推进中华民族伟大复兴而奋斗,期货行业也将迎来高质量发展机遇。

三、期货公司转型"加速跑"

为实体经济提供风险管理服务是期货市场助力国民经济高质量发展的重要使命,也是期货行业实现蜕变的关键。期货法的落地肯定了期货公司通过风险管理服务助力实体经济稳健发展的重要性。

过往30多年的发展经验表明,实体企业要做到综合运用期货、期权、基差和现货来实现风险管理是非常难的一件事,解决的方案是需要期货公司深度参与进来。期货公司及风险管理子公司通过专业服务弥补企业风险管理能力方面的局限性,实现"风险进场,人不进场",期货公司从以往辅助企业进行风险管理的角色向衍生品与服务提供主体的角色转变。

期货法的落地将进一步促进期货公司加速发展壮大,并开启转型"加速跑"。期货公司作为连接期货市场和投资者的重要桥梁和纽带,功能定位及作用发挥直接影响到期货市场服务实体经济的能力和效果。

我国期货市场已经走出了一条适合中国国情、具备中国特色的期货公司发展道路。期货公司也初步形成了经纪业务、咨询业务、风险管理业务和财富管理业务四个市场功能定位,经纪、咨询、资管、场外、期现、做市六项核心业务。与此同时,不同期货公司依据各自禀赋,走出了差异化发展道路,一批头部期货公司逐渐由传统经纪商向打造综合衍生品服务商迈进。

期货法的落地将进一步拓宽期货公司的业务范围,实现境内期货经纪、境外期货经纪、期货交易咨询、期货做市交易、资产管理和衍生品交易等六大项的业务格局。同时,期货公司的职能发挥将扩展到四个层面,分别是中介、交易、咨询和融资。中介与交易职能,比如资产管理、场外衍生品和做市商业务,未来将会占期货公司主要收入来源。咨询与融资职能,比如投顾业务、仓单融资业务,市场需求非常大,未来具有广阔的发展空间。

另外,我国实体经济产业链长、行业集中度低、中小型企业分布广泛,风险管理需求丰富多样。因此,实体经济风险管理需求的多样化特点,要求期货公司的服务手段应该具备足够的广度与深度。

这一次,期货法第4条规定“国家支持期货市场健康发展,发挥发现价格、管理风险、配置资源的功能”。同时,期货法第63条还规定“期货公司经国务院期货监督管理机构核准可以从事下列期货业务:(一)期货经纪;(二)期货交易咨询;(三)期货做市交易;(四)其他期货业务”。

具体来看,期货经纪业务属于中介类服务,通常包括境内经纪业务、境外经纪业务、IB与反IB业务(IB业务,是指机构或者个人接受期货经纪商的委托,介绍客户给期货经纪商并收取一定佣金的业务模式);期货交易咨询是咨询类业务,一般包括投研咨询、投顾服务等业务;期货做市交易,主要指的是期货公司成为场内期货和期权的流动性提供商,进而进一步提升上市合约的流动性;其他期货业务的范围比较广,如资产管理、衍生品业务、基金销售等。

可以看到,期货法为期货公司的多元发展和差异化竞争进一步指明了方向。期货经纪业务、期货交易咨询业务、期货做市交易业务,均以期货市场的服务价格发现功能为宗旨,为期货市场提供流动性、引导市场参与者更加成熟理性专业地参与期货市场交易。期货交易咨询业务、风险管理子公司的相关业务均是以管理风险为导向。同时,期货公司风险管理子公司的场外衍生品业务、期现等业务,更多体现了期货行业资源配置的功能。

目前,期货公司围绕实体产业的风险管理服务体系正越来越完善。期货期权上市品种越来越多,期货法规定今后交易所对新品种上市可采取注册制,在不远的将来会看到更多的创新品种登上期货市场舞台。业务体系和品种数量代表期货市场服务的宽度有了,良好的流动性表现代表期货市场的厚度也有了,一批期货公司探索综合衍生品服务体系正逐步建立起来,承接了来自实体产业的经营风险,为促进实体经济发展作出了积极贡献。

四、期货公司业务转型“多点开花”

期货法的落地将有力地推动期货市场在服务国民经济发展中发挥更加积极

的作用。一直以来,国家支持期货行业优秀期货公司加快发展,支持期货公司拓宽融资渠道,鼓励符合条件的头部期货公司上市,努力打造一批资本实力雄厚、具有国际竞争力、以风险管理和资产定价服务为核心业务的衍生品和大宗商品服务公司,未来期货行业将迎来创新发展的新历史阶段。借此契机,期货公司应全力加快转型升级步伐,既要完善及改进现有业务,更要寻求新的发展或转型路径,业务转型的"多点开花"值得期待。

如前文所述,期货法规定了期货公司可从事的四大期货业务,即期货经纪、期货交易咨询、期货做市交易和其他期货业务。经纪业务是期货行业的基础业务。交易咨询和做市业务目前仅占期货公司经营体量的很小一部分,但期货法单独列出这两项,意味着后续相关配套法律法规会择时出台,未来将显著提升期货公司的经营实力。其他期货业务则包含了很多现在期货公司的创新业务或者新牌照业务,如资产管理、风险管理、基金销售、国际业务等。

(一)经纪业务

经纪业务是期货公司的基础业务,也是期货公司所有业务的纽带,具有不可替代的平台价值。期货公司通过开展经纪业务构建了客户群体、信息渠道及资金的基础平台,特别是对于产业客户来说,多数情况下其接触期货市场是通过经纪业务开始的,同时经纪业务的平台功能也使其在某种程度上承担着连接行业上下游及资源有效整合的媒介作用。因此,期货公司经纪业务的发展对于完善市场定价、服务实体经济具有重要意义。

市场定价成熟与否主要取决于市场价格形成机制。价格形成机制的运作反映了众多参与者对未来供需情况、宏观经济,乃至地缘政治问题的预测,当大量有效信息及时准确投射到期货价格当中,市场定价效率和质量将显著提升,而通过这一价格指导企业生产、定价、套期保值相应地也能取得更好的效果,达到促进实体经济发展的目的,同时市场越有效率,就越能吸引更多的参与者加入其中,扩大市场规模,进而进一步提升定价效率。相反,如果市场参与者相对单一,可能会导致价格显著偏离公允价值,进而出现市场失衡的情况,期货市场价格发现功能的发挥也将因此大打折扣。

所以,期货公司发展经纪业务有助于提升期货市场价格发现作用,需要进一步培育及建设更加理性及专业化的期货市场参与者结构,可以尝试吸引更多产业外的资金参与,增加期货市场的流动性、扩大市场规模。

期货公司应开展丰富的证券中间介绍业务。机构客户对于主经纪商服务的要求日渐提高,内容包括但不限于期货期权经纪、托管、融资融券、IPO(首次公开募股)、再融资、产品销售等综合服务。公募、私募、银行理财等机构客户的综合金融需求，使简单的期货IB业务已经不能满足现阶段专业客户的全链条服务，客户的综合业务需求推动期货公司必须要加强与证券等金融机构的协同合作。

（二）交易咨询业务

期货投资咨询是期货市场的一项基础制度安排，也是期货公司服务实体经济的重要业务手段。2011年出台的《期货公司期货投资咨询业务试行办法》（已被修改）为期货投资咨询业务的发展指明了方向，但是受限于期货行业整体发展水平、市场基础环境、配套制度供给等，投资咨询业务至今仍未形成可持续的模式和成熟的市场生态，相关服务依附于经纪业务，难以进行有效的价值转化和专业积累。

期货法赋予了期货公司咨询业务更高的业务定位，从原来的投资咨询上升至交易咨询，不仅表述上更加符合服务开展的实际情况，而且咨询细分业务覆盖的面也更加广阔。关于下一步如何扩大期货公司开展咨询业务的问题，应从监管、专业性两方面入手，打破瓶颈、提升价值转化。

从专业的角度来说，期货公司专业研究人员无论是在数据获取的广度，还是信息分析的深度上都具备显著优势，能为实体企业提供更精准的价格风险管理服务，帮助实体企业降低日常经营中可能面临的价格波动风险，在服务实体经济的同时提升期货定价的效率和质量，完善金融市场建设。然而，实际情况是一部分正规持牌期货交易咨询机构的服务质量有时候也是不尽如人意。未来，期货公司应该更加重视咨询人才的培养，提高咨询业务的专业性及增值性。

（三）资产管理业务

期货法的落地正值我国资本市场进入财富管理大时代，亟须提升期货公司参与期货、期权和开展大类资产配置能力。当前，中国已成为全球第二大财富国，居民个人可投资资产总规模达到250万亿人民币，其中高净值人群可投资资产规模将突破90万亿人民币，数量接近300万人。随着我国资本市场基础性制度的逐步完善，多元化投资工具的不断丰富，多层次资本市场的持续发展，人们参与资本市场投资、管理资产价格风险的需求日益增长。一直以来，国内券商发展壮大得益于业务模式扩展，其中最重要的就是资产管理业务。对期货行业来说，在进入新发展阶段之后，资产管理业务、财富业务等有望在期货公司发展中发挥核心作用。期货公司的资产管理业务应抓住这一机遇，踊跃布局，积极进取。

一是立足衍生品业务优势，拓展多资产、多策略资产管理业务。积极发展主动型大类资产管理业务，强化对股票、债券等市场主流资产配置能力，有效发挥金融期货在资产组合管理中的重要作用，丰富资产管理策略体系，培育跨境资产配置能力。积极运用金融科技手段，探索量化投资技术的有效运用，强化对资产管理产品的动态风险防控和全生命周期管理。

二是把握资产管理发展的趋势动向,拓展资产管理业务新市场。关注被动投资的发展趋势,提前布局 ETF 指数基金(交易型开放式指数基金)。拓展期货公司与银行、证券、基金等机构的合作,积极开发机构投资者客户,扩大资产管理策略容量。积极推动行业生态拓展,探索投资标准仓单、场外衍生品等非标资产。拓宽期货资产管理 FOF 产品的投资范围,建议期货资产管理可以投资商品场外期权、场外个股期权、跨境收益互换等,增加资产管理产品盈利来源。

三是加强大类资产配置策略研究,有效支撑资产管理发展。建设大类资产投研团队,提升大类资产配置策略研究能力,加强对宏观经济、景气周期、股指期货、期权等重要指标和主流品种的研究,进一步提升股票策略、固收策略、量化策略的投研水平,为资产管理业务发展提供扎实基础和丰富的策略储备。

四是增强"投研服"一体化能力,进一步提高投研成果转化率。积极探索优化投研资源配置,建立"投研服"一体化的体制机制。

(四)风险管理业务

实体企业利用期货和衍生品进行风险管理仍有较高的专业门槛,要达到与经营需求契合的风险管理目标,企业需具备专业的金融人才团队、完善的期现货结合体系、风控制度以及充裕的资金保障。专业人才的储备和培养在当前我国衍生品市场快速发展的环境下尤为重要。目前大部分实体企业独立运用衍生品工具进行风险管理的条件并不成熟,无论是人才专业度还是公司配套管理制度都有较大缺口,不仅企业探索新模式机会成本提高,行情不利情况下甚至可能导致企业面临更大风险。期货公司及风险管理子公司在期货和衍生品业务开展上经过多年的积累,在人才专业度和策略储备上都具有较大优势,同时还具有丰富的服务实体经济的经验。

期货法的落地实施,将改善大型央企、国企对期货市场的认知,也将扫清进入期货市场的制度障碍。期货公司应在为实体企业提供风险管理服务方面继续深耕,加强专业人才的培养,进一步提高自身服务水平,为期货和衍生品市场提供更多高质量的专业服务,更灵活地匹配企业需求,使广大实体企业可以更容易、更低成本地享受期货市场为风险管理带来的便利。

值得肯定的是,期货价格越来越普遍地成为产业定价的基准参考,现货品种的期货价格已经成为多数产业的定价基准。风险管理意识融入了企业的日常经营战略,类似套期保值、基差定价等理念已经深入到实体企业的经营战略。期货市场不再仅仅是一个提供风险对冲工具的场所,而是真正融入实体企业的发展战略。

现阶段,期货公司的风险管理业务主要集中在期货风险管理子公司。结合实体企业的需求与自身特点,风险管理的创新业务模式非常丰富,但也面临着需要政策进一步支持、自身资金需要不断补充的等问题。

(五)国际业务

近几年,由于国际政治局势动荡以及中国资本市场持续对外开放,我国作为制造业大国和贸易进出口大国,人民币汇率和国际大宗商品价格的波动愈发剧烈。许多进出口依存度高的企业对境外期货市场的风险管理需求十分迫切。因此,期货市场及期货公司是我国企业“走出去”参与境外市场的重要抓手。

此次,期货法的落地实施进一步明确期货公司的定位是金融机构。因此,建议外汇管理部门可以参照商业银行、信托公司的外汇管理模式,给予期货公司一定的年度购汇额度或参与跨境投资的工具。

目前,国内客户参与境外大宗商品市场还有一定障碍,如外汇管理问题、国内外信息不对称问题以及自身专业性问题。部分国内企业或通过境外子公司进行套期保值,但也面临国内外资金流动的时效性问题。期货法的落地,将推动配套支持制度不断完善,期货公司未来在国际业务方面一定大有可为。

对此,期货公司应该持续完善海外市场战略布局,引领国内投资者“走出去”,同时将海外投资者“引进来”,促进我国期货市场投资者背景的多元化,汇聚全球各地的大宗商品价格信息,推动我国国际大宗商品定价中心的建设。

五、期货公司数字化转型,值得期待

数字化转型的关键是以数字化为核心,对传统业务进行重新梳理和定义,全面提升企业内部业务效率,包括机器人自动化、数据中台、智能分析决策、态势感知、云平台等多种技术。例如,以机器人流程自动化技术为代表的数字技术创新应用,加快数字经济、数字社会、数字政府建设,以及驱动生产方式、生活方式和治理方式变革,为各金融细分行业的数字化转型升级提供全新的思路与方法。

此次期货法的落地,坚定了期货公司在数字化转型方面的专注与投入,值得期待。习近平总书记指出:“世界经济数字化转型是大势所趋,新的工业革命将深刻重塑人类社会。”[1]“十四五”规划纲要也提出“加快数字化发展,建设数字

〔1〕《登高望远,牢牢把握世界经济正确方向——在二十国集团领导人峰会第一阶段会议上的发言(二〇一八年十一月三十日,布宜诺斯艾利斯)》,载《人民日报》2018年12月1日,第2版。

中国”的战略目标,数字化转型的概念在各个行业中火热探讨。期货行业作为现代金融衍生品服务体系的重要一环,在数字化转型方面的脚步自然不能慢。以智能化技术为例,其在全球金融领域得到了广泛的使用与业务场景的落地,但从全球来看,期货行业落地场景凤毛麟角,难点在于落地场景发掘困难,现有业务流程缺乏行业技术规范指导。越来越多行业头部期货公司针对智能化技术展开了深入的研究,并在流程简化、效率提升、差错率下降、人力成本节省等方面取得了非常好的结果。

可以说,数字化转型在帮助期货公司的发展壮大方面发挥着重要作用。金融行业已经进入物联网时代,在企业内部、交易流程、工作人员结构等多方面以数字化、网络化和智能化为目标,并迅速适应变化的金融市场和智能时代。其中,期货公司数字化转型也将插上“起飞的翅膀”。

六、不忘初心、砥砺前行

国内期货市场经历了30多年的快速发展,为中国主要的实体产业编织了一个非常扎实与完善的风险管理网络,形成了完善的具有中国特色的市场服务体系。比如,穿透式监管、一户一码、大数据监控、保证金封闭运行以及市场参与主体数据一体化等特点构筑了中国特色的期货市场。

期货公司在服务实体经济方面具备不可替代性和核心竞争力。期货法的落地,将为期货行业尤其是期货公司的发展开启转型“加速度”。同时,值得注意的是,期货行业当前面临的问题依然不少,距离满足现代化金融衍生品服务体系的需求标准仍有一定差距。

可以看到,期货法是刚刚迈过“而立之年”的期货行业未来发展的灯塔,将指引着期货公司加速转型,朝着专业化、特色化、国际化、多元化的方向奋进,并为服务我国经济高质量发展持续贡献“期货力量”。

【制度分析】

期货及衍生品法律评论
第四卷,第 187 ~193 页

强制减仓制度的由来、现状和发展趋势

王海洋* 鲁 晓**

强制减仓制度是境内期货市场经过多年实践探索、不断优化完善的一项特有的风险控制制度。强制减仓制度具体是指将强制减仓基准日闭市时以涨跌停板价申报的未成交平仓报单,以强制减仓基准日的涨跌停板价,与该合约净持仓盈利交易者按持仓比例自动撮合成交。[1] 强制减仓措施适用的前提是某一期货合约出现了连续的同方向单边市。[2] 根据《上海期货交易所风险控制管理办法》的规定,当某一期货合约连续三个交易日出现同方向单边市的(以下简称三板),交易所可以根据市场情况,在第四个交易日采取宣布进入异常情况并实施强制减仓的风险控制措施。

强制减仓制度设计的初衷是给无法以涨跌停板价格成交的交易者提供平仓离场的机会。作为应对期货市场价格风险累积最有效的风险控制制度,强制减仓制度对于减少交易者损失,有效化解市场风险有着"治本"的作用,是境内期货市场最为重要的风险控制制度之一。

---

* 上海期货交易所法律事务部总监。

** 上海期货交易所法律事务部工作人员。

[1] 详见自 2020 年 12 月 7 日起施行的《上海期货交易所风险控制管理办法》第 18 条。

[2] 详见自 2021 年 7 月 20 日起施行的《上海期货交易所交易规则》第 103 条。单边市是指涨(跌)停板单边无连续报价,即某一期货合约在某一交易日收盘前 5 分钟内出现只有停板价位的买入(卖出)申报、没有停板价位的卖出(买入)申报,或者一旦出现卖出(买入)申报即成交、但未打开停板价位,且最新价与涨(跌)停板价格一致的情况。

一、强制减仓制度的由来

强制减仓制度始见于上海商品交易所1996年施行的《关于交易价格连续同方向涨(跌)停板的处理办法(试行)》,其规定:“连续三个交易日收盘价同方向达涨(跌)停板时,交易所可视市场风险情况调整第四个交易日涨跌停板幅度。第四个交易日仍然出现同方向的涨(跌)停板时,不得开新仓,自行减仓。若减仓未达规定比例,则强行平仓。”出台该办法的背景是当时期货市场发生了“胶合板9607事件”,上海商品交易所采取的强制性协议平仓措施很大程度上缓解了“胶合板9607事件”中多空双方急剧恶化的矛盾,有效遏制了市场风险。[3] 除了“胶合板9607事件”之外,同期还发生了“日本住友商社事件”。[4] “日本住友商社事件”直接影响了上海金属交易所铜期货合约价格。上海金属交易所于1997年6月出台实施《关于交易价格连续同方向涨(跌)停板的实施细则》。该实施细则对涨跌停板单边无连续报价进行了定义,并对平仓分配原则以及具体操作方法进行了完善,强制减仓制度的雏形初步形成。

当时,强制减仓制度也得到了中国证监会的高度评价,被认为其内容比较合理,具有可操作性,有利于降低市场风险。

二、强制减仓制度的优化

1. 强制减仓制度的内容完善

1999年,三所合并组建后的上海期货交易所吸收继承了强制减仓制度,并在

---

〔3〕 1996年6月13日,胶合板9607合约在临近交割期时,由于空头持仓巨大且相当集中,因此被多头逼仓,导致多个交易日出现无量涨停。面对买方套保者及多头投机势力的双重夹击,一时间,空头趋于崩溃,忙于斩仓,多头当仁不让,胶合板9607合约于6月7日探底至38.40元/张后迅速被多头推上停板40.80元/张,此后连续三天无量涨停,空头连砍仓的机会都没有,市场风险骤增。胶合板合约集中度高且持仓巨大,空头持仓主要集中在少数会员,单边最高持仓达59万余手。最终,上海商品交易所出面实施强制性协议平仓,提前摘牌,且不实施实物交割,空头以44.20元/张,多头以45.00元/张的价格平仓,上海商品交易所也动用了风险金弥补资金缺口。

〔4〕 1996年6月14日,被称为全球最大的铜品经营商和出口商的日本住友商社宣布其亏损达18亿美元,引起国际铜市的极大动荡,铜价急剧下挫。上海金属交易所也出现了五个跌停板和一个涨停板的极端行情,期铜货价格大幅跳水。

化解市场风险过程中不断优化该项制度。

2000年5月施行的《上海期货交易所风险控制管理办法》基本沿用了1997年上海金属交易所《关于交易价格连续同方向涨(跌)停板的实施细则》中关于强制减仓的规定,将涨跌停板单边无连续报价的判断时间确定为某一交易日收盘前5分钟内,并优化平仓数量的分配原则方法,把投机客户的单位净持仓盈利划分为6%以上、3%至6%、3%以下,保值客户的单位净持仓盈利划定为6%以上。现行强制减仓制度实施参数基本定型。

2001年5月1日施行的《上海期货交易所风险控制管理办法》完善了平仓数量尾数的处理方法,原四舍五入的方法在实际操作中不可行,将平仓数量尾数的处理方法修订为"首先对每个投资者编码所分配到的平仓数量的整数部分分配后再按照小数部分由大到小的顺序进行排序,然后按照该排序的顺序进行分配,每个投资者编码1手;对于小数部分相同的投资者,如果分配数量不足,则随机进行分配"。该修订内容进一步细化了强制减仓时对于持仓的处理。

2002年12月27日发布的《上海期货交易所风险控制管理办法》根据天然橡胶品种的特性以及市场供需结构,单独规定天然橡胶合约发生三板时调整保证金和涨跌停板幅度参数、强制减仓净持仓亏损、盈利的比例,增加限制出金等风险控制措施。其中,增加D4交易日[5]暂停交易一天的规定最值得关注,该规定既给予市场一定的冷静期,又留出交易所决策的时间和空间,沿用至今。

2003年9月1日施行的《上海期货交易所风险控制管理办法》修改铜、铝、天然橡胶合约出现三板的处理方式,将三个品种合约三板后风险控制措施统一至天然橡胶三板后风险控制措施。至此,天然橡胶三板后的风险控制措施成为主流模式。[6]

---

[5] 详见自2002年12月27日发布的《上海期货交易所风险控制管理办法》第13条规定:"当某期货合约在某一交易日(该交易日记为D1交易日,以下几个交易日分别记为D2、D3、D4、D5、D6交易日)出现单边市……"

[6] 详见自2003年9月1日起施行的《上海期货交易所风险控制管理办法》第14条规定:若D3交易日未出现单边市,即铜、铝期货合约的涨跌幅度未达到5%,天然橡胶期货合约的涨跌幅度未达到6%,则D4交易日涨跌停板、交易保证金比例恢复到正常水平。若D3交易日出现反方向单边市,则视作新一轮单边市开始,该日即视为D1交易日,下一日交易保证金和涨跌停板参照本办法第十二条规定执行。若D3交易日期货合约出现同方向单边市(即连续三天达到涨跌停板),则当日收盘结算时,该铜、铝期货合约按8%收取交易保证金,收取比例已高于8%的按原比例收取;该天然橡胶期货合约按9%收取交易保证金,收取比例已高于9%的按原比例收取,并且交易所可以对部分或全部会员暂停出金。D4交易日该铜、铝、天然橡胶期货合约暂停交易一天。交易所在D4交易日根据市场情况决定对该铜、铝、天然橡胶期货合约实施下列两种措施中的任意一种……

2005 年 1 月 18 日施行的《上海期货交易所风险控制管理办法》增加规定 D3 或者 D4 为最后交易日的，出现三板的合约可以不暂停交易一天，按照规定进入交割。[7]

2008 年 10 月，由于美国次贷危机造成国际金融市场动荡不安，国内外金价走势不明且波动加大，上海期货交易所黄金 Au0908 合约出现连续三天跌停板。2008 年 10 月 27 日，上海期货交易所宣布对连续三日跌停的黄金 Au0908 合约实行强制减仓，这一事件在当时引发了市场各界的高度关注，也标志着强制减仓制度在实践中逐渐走向成熟。

此后的数十年，上海期货交易所根据市场发展不断优化完善强制减仓制度。2020 年年初，国际市场上原油期货出现负价格，面对复杂多变的境内外市场环境，为妥善化解市场风险，上海期货交易所于同年 4 月 24 日修订施行《上海期货交易所风险控制管理办法》，统一连续单边市时上市合约涨跌停板幅度、保证金的调整比例，将 D4 必须暂停一天的风险控制措施修改为可以选择暂停交易一天或者采取继续交易的风险控制措施。上述优化为交易所应对市场极端风险提供更加灵活的风险控制措施。

2. 强制减仓制度的模式选择

在强制减仓制度演变过程中，境内期货市场关于强制减仓制度的模式也从早期的强制模式逐步发展为现在的选择性模式。强制模式是指交易所对于出现三板的合约必然采取强制减仓措施，选择性模式是指交易所对于出现三板的合约可以选择采取扩大涨跌停板幅度继续交易、暂停交易或者采取强制减仓措施等措施。强制模式的优势十分明显，即规则适用确定性强、预期明确，且交易所及早介入可以迅速化解市场风险。但是经过多次实践，强制模式的弊端也逐渐显现，客观上体现为相对确定的风险控制措施难以精准有效地应对复杂的市场走势，缺少对风险场景的个性化关注，在极端反转的行情下，确定性措施的有效性可能大打折扣，且相对确定的措施在一定程度上容易被市场利用。

历经数次市场风险的检验之后，上海期货交易所、大连商品交易所等境内商品交易场所先后完善强制减仓制度模式，最终采取强制减仓制度的选择性模式。

---

[7] 详见自 2005 年 1 月 18 日起施行的《上海期货交易所风险控制管理办法》第 14 条规定："……当 D3 交易日期货合约出现同方向单边市（即连续三天达到涨跌停板）时，若 D3 交易日是该合约的最后交易日，则该合约直接进入交割；若 D4 交易日是该合约的最后交易日，则 D4 交易日该合约按 D3 交易日的涨跌停板和保证金水平继续交易；除上述两种情况之外，D4 交易日该合约暂停交易一天。交易所在 D4 交易日根据市场情况决定对该铜、铝、天然橡胶、燃料油期货合约实施下列两种措施中的任意一种……"

选择性模式赋予期货交易场所及时根据市场行情采取更加灵活、更加丰富的风险控制措施有效化解市场风险，已经成为境内期货市场的主流模式。

三、强制减仓制度的现状

1. 强制减仓制度的相关规定

经过多年实践探索和经验积累，境内期货市场已经形成了关于强制减仓的一整套法律法规和规则体系。

《中华人民共和国期货和衍生品法》第 87 条规定，"期货交易场所应当加强对期货交易的风险监测，出现异常情况的，期货交易所可以依照业务规则，单独或者会同期货结算机构采取下列紧急措施，并立即报告国务院期货监督管理机构……（七）其他紧急措施"。这一规定为期货交易场所实施强制减仓提供了法律依据。

2007 年 4 月 15 日施行的《期货交易所管理办法》第 85 条规定："期货价格出现同方向连续涨跌停板的，期货交易所可以采用调整涨跌停板幅度、提高交易保证金标准及按一定原则减仓等措施化解风险。"[8]

《上海期货交易所交易规则》第 60 条规定："交易所实行强制减仓制度。期货交易出现同方向连续单边市等可能引发市场发生重大风险状况的情形，交易所可以采取强制减仓措施。"

《上海期货交易所风险控制管理办法》[9]第 18 条规定："交易所宣布进入异常情况并采取强制减仓措施的，应当同时明确强制减仓基准日和采取强制减仓的相关合约。强制减仓基准日为最近一次出现单边市并应用强制减仓紧急措施的交易日。交易所在采取强制减仓紧急措施时，将强制减仓基准日闭市时以涨跌停板价申报的未成交平仓报单，以强制减仓基准日的涨跌停板价，与该合约净持仓盈利客户（或者非期货公司会员，下同）按持仓比例自动撮合成交……"

作为境内期货市场的一项特有制度（见图 1），强制减仓也为境外期货交易场所借鉴。伦敦金属交易所（London Metal Exchange，LME）在其交易规则中规定，在处置市场异常情况时，LME 特别委员会可以要求会员采取以下措施：卖出客户合约的头寸、减少净头寸、推迟或削减制定合约的交易等。这一表述虽未采

---

〔8〕 本办法已于 2023 年修改，修改后为：第 92 条第 3 款。

〔9〕 详见自 2020 年 12 月 7 日起实施的《上海期货交易所风险控制管理办法》。

用强制减仓的名称,但已经十分接近强制减仓的核心。该制度也在化解 2022 年 3 月伦敦金属交易所镍期货合约暴涨风险事件中发挥了重要作用,再次证明了该项制度的实践价值。

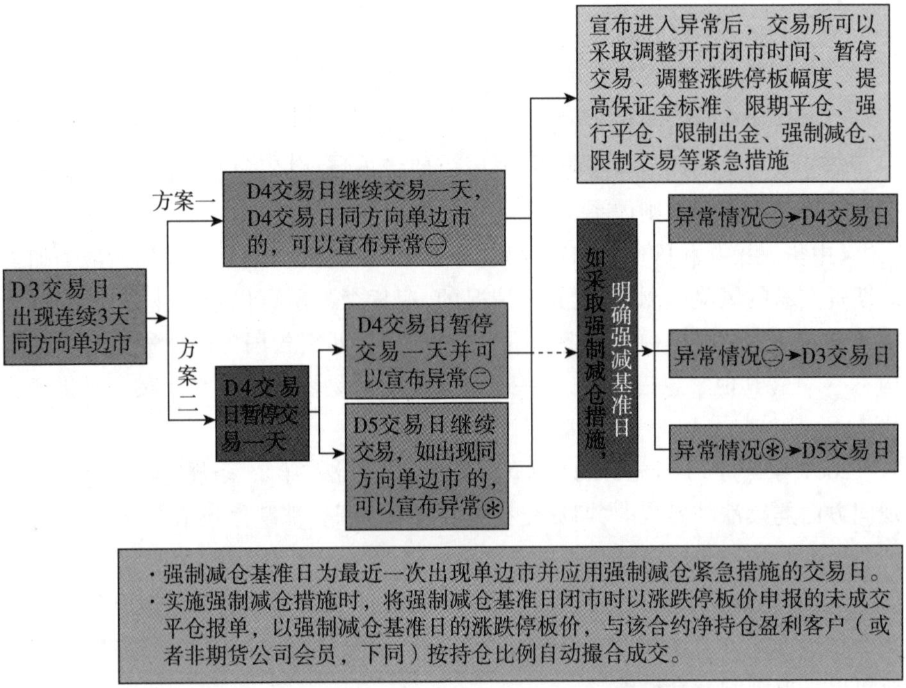

图 1 上海期货交易所三板后风险控制措施示意

2. 强制减仓制度的实践

如前所述,在 2008 年 10 月黄金期货的下跌行情中,上海期货交易所根据当时市场环境及时采取强制减仓措施,迅速有效处置风险,以时间换取化解风险的空间,通过采取强制减仓措施解决市场流动性不足的难题。

2022 年 3 月,时隔 14 年之久,在沪镍风险处置中,鉴于 3 月 7 日、8 日,伦敦期货交易所镍主力合约相对于 3 月 4 日累计涨幅达到 174.63%,为 2007 年 6 月以来最高水平,3 月 8 日交易又被取消。沪镍 7 个合约也在 3 月 7 日、8 日、9 日三天连续达到同方向单边市,3 月 10 日,沪镍 7 个合约暂停交易一天。3 月 9 日夜盘开市后,沪镍继续交易的 5 个合约最终因市场多种因素叠加出现大幅下跌,上海期货交易所于 3 月 11 日恢复沪镍 7 个合约的交易。至 3 月 14 日,沪镍合约止跌企稳。在此过程中,强制减仓措施虽然“箭在弦上”,却“引而不发”。上海期货交易所灵活丰富的三板风险控制措施有效应对了 3 月境内镍期货市场瞬息万变的风险场景,是成功化解极端行情风险的经典事例。

四、强制减仓制度的发展趋势

时隔多日,再次回顾黄金、镍品种风险事件,依然会惊心动魄,但重新梳理强制减仓制度,却又心潮澎湃。强制减仓制度作为最佳国际实践,是富有远见的期货市场前辈们为我们打下的良好制度根基。纵观境内外期货交易场所应对风险事件的实践措施和制度创新,在遵守“三公原则”的基础上,平衡确定性和灵活性,保留灵活的可选择的风险控制措施已成为期货交易场所应对风险事件的普遍共识。强制减仓制度作为终极的风险处置措施,需要结合事发时市场风险环境以及行情走势,综合权衡利弊,配合其他风险处置措施审慎实施。当前,应对新常态下不确定的市场风险,为打造一个规范、透明、开放、有活力、有韧性的期货市场,重新审视强制减仓制度,仍然存在完善的空间。

一是在前端方面,需要对如何触发强制减仓的条件即单边市的界定进行审视完善。境内期货交易场所对单边市的界定从字面理解基本一致,但是对于是否必须成交的认定存在差异。[10] 此外,期权合约是否应当纳入也需要权衡。基础性制度供给的一致性可以给予市场参与者充分的预期。

二是在中端方面,在具体实施强制减仓的过程中,需要综合考虑风险释放速度如何尽可能赶上风险集聚速度,套期保值、套利等特殊交易者的对待,锁仓头寸处理的细化和明确,按比例撮合与特定手数整倍数,自然人退出时间节点等协调。细节往往决定市场风险处置的成败。

三是在后端方面,采取强制减仓措施实施后,仍需与“异常情况处置”、风险准备金等制度做好衔接。妥善化解市场风险需要全面的、系统的风险控制制度。

---

〔10〕 据2008年10月14日《第一财经日报》中《极端状态下交易规则遭迥异解读》报道,某交易者持有的塑料0810合约1手空单持仓在10月10日以11,470元/吨的价位平仓,尽管当天没有任何成交。据大商所上述负责人介绍,10月8日至10日的三个交易日内,虽然塑料0810合约没有成交,不过该合约多头在这三个交易日内均在跌停板位置上挂单平仓,因此该合约满足连续三个交易日出现同方向涨(跌)停板单边无连续报价的情况,交易所从而对该合约进行了强制平仓。

期货及衍生品法律评论
第四卷,第194~209页

我国期货市场证券保证金法律属性问题研究

——以证券交易所股票期权业务为视角

艾 博[*] 白家美[**] 佘婉绮[***]

一、问题的引出

《中华人民共和国期货和衍生品法》(以下简称《期货和衍生品法》)于2022年8月1日实施,其中第22条规定,期货交易实行保证金制度,保证金的形式包括现金,国债、股票、基金份额、标准仓单等流动性强的有价证券,以及国务院期货监督管理机构规定的其他财产。这为有价证券作为期货交易保证金提供了法律上的明确依据。同时,《期货和衍生品法》第22条第2款还明确规定以有价证券等作为保证金的,可以依法通过质押等具有履约保障功能的方式进行。这为证券保证金的履约保证方式提供了充分的法律空间,但在法律适用层面仍需要对具体的履约保证方式进行深入探讨,特别是需要对以股票等有价证券冲抵保证金涉及的法律属性问题开展进一步研究。此前,《期货交易管理条例》(以下简称《期货管理条例》)第28条第2款、第3款明确规定:"期货交易所向会员收取的保证金,属于会员所有,……期货公司向客户收取的保证金,属于客户所有,……"此条所规定的

* 法学博士,任职于深圳证券交易所法律事务部。
** 任职于深圳证券交易所上市审核中心。
*** 任职于深圳证券交易所衍生品部。

“双重”所有权如果适用于股票等有价证券,不仅可能违反传统物权法理论,也不利于期货市场证券保证金业务的落地实施。

目前,期货交易所已开展将国债、标准仓单作为有价证券冲抵保证金的业务,但尚未有将股票等其他有价证券冲抵保证金的相关实践。相比国债、标准仓单,股票作为股权证券,其承载的除了资金价值之外,还包括股东的各项权利,如分红、提案、投票等权利,同时涉及信息披露等义务,其作为保证金更为复杂。因此,以股票冲抵保证金的权益安排具有特殊的研究价值。目前我国股票主要在深沪交易所上市,由中国证券登记结算有限责任公司(以下简称中国结算)进行登记,考虑到证券交易所本身已开展股票期权业务,相关业务规则中也有股票等证券保证金的相关规定(虽然尚未落地,但可以股票作为有价证券充抵保证金),故本文以证券交易所的股票期权业务为研究视角来探讨涉及的相关法律问题。

二、以有价证券充抵保证金的主要业务模式

《期货和衍生品法》《期货管理条例》《股票期权交易试点管理办法》以及证券交易所、中国结算的相关业务规则确立了以股票作为有价证券充抵保证金分级模式,即在第一层法律关系中,股票由客户进行提交,由期权经营机构向客户收取;在第二层法律关系中,股票由期权经营机构向中国结算进行提交,由中国结算向作为结算参与人的期权经营机构收取。

(一)保证金的提交与收取

保证金的提交是期权义务方必须按照预先制定的风控和结算规则,将合约价值一定比例的资金或有价证券存入指定账户,作为期权交易的结算和合约履行的保证,并由交易所根据结算参与人保证金账户余额控制客户的开仓。保证金的提交主要包括两个程序:期权经营机构向客户收取保证金和中国结算向期权经营机构收取保证金。(见图1)客户提交的保证金用来担保其委托期权经营机构为其开仓持有的义务仓头寸的合约履行,期权经营机构提交的保证金用来担保其名下所有客户的义务仓头寸的合约履行,[1]确保大部分的市场风险、信用风险在期权经营机构层面即可化解。

1. 交易者向期权经营机构提交证券保证金。结算参与人应当向结算公司申

---

〔1〕 参见陈亦聪:《期权保证金的两级担保法律架构及其实务运作——以行纪关系为视角》,载《证券法苑》2015年第13卷。

请开立客户证券保证金账户。客户签署经纪合同后,如有证券保证金需求,可直接从其A股账户中划拨证券至结算参与人的客户保证金账户,作为其名下合约的履约和结算担保。

2. 期权经营机构(结算参与人)向结算公司提交保证金。按照目前的规则,期权经营机构名下的客户证券保证金账户内的证券,直接"作为"担保其名下期权合约结算和履行的保证金,不再单独有"提交"至结算公司的动作。

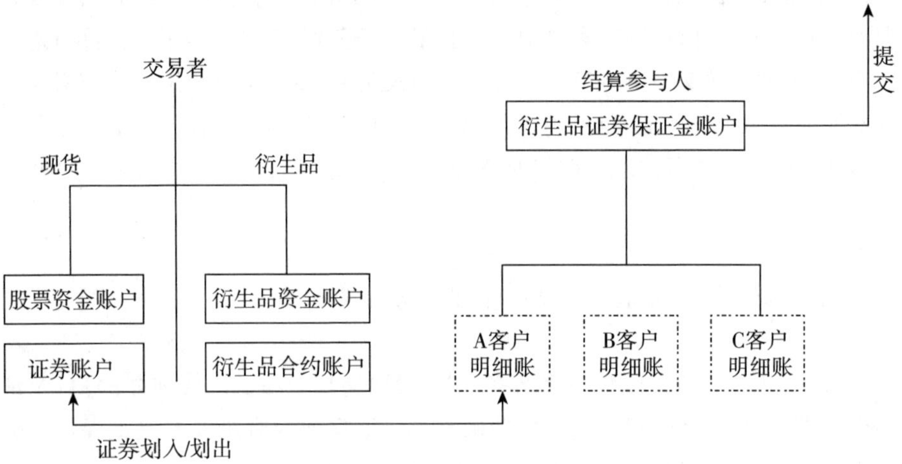

图1 保证金提交流程

(二)保证金的处置

1. 保证金不足的处置。根据交易环节的不同,保证金又分为结算准备金和交易保证金。前者是指结算参与人存入期权保证金账户、用于期权交易结算且未被占用的保证金,后者是结算参与人在结算机构专用结算账户中确保合约履行的资金,是已被合约占用的资金,即已达成的交易按保证金标准占用的资金。[2]

根据现有规定,当结算参与人结算准备金余额小于零,且未能在规定时间内补足或自行平仓的,期权经营机构可以选择以下两种方式处理其风险敞口:一是可以由交易所接受中国结算的委托,对股票期权经营机构实施强行平仓。交易者保证金不足且未在规定时间内及时追加保证金或者执行平仓的,期权经营机构对交易者实施强行平仓。强行平仓后仍有证券保证金的,结算公司、期权经营

〔2〕 参见《深圳证券交易所 中国证券登记结算有限责任公司股票期权试点风险控制管理办法》第7条。

机构可以分级处理证券保证金。二是当以有价证券作为保证金,出现上述情形之一的,根据《期货和衍生品法》第41条的规定,结算公司、期权经营机构可以对有价证券等进行处置。(见图2)

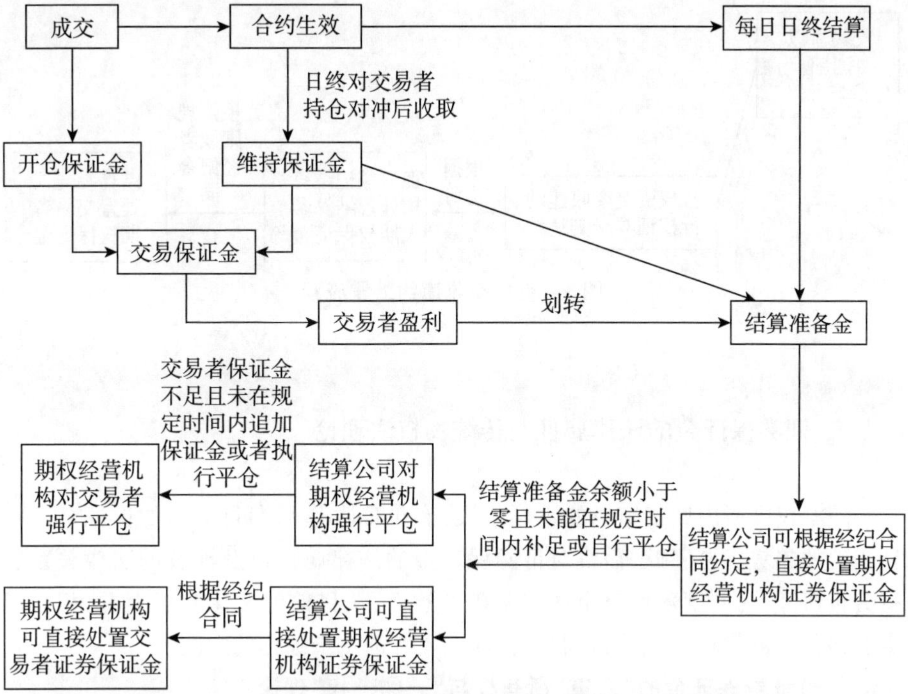

图2 保证金不足处置流程

2.行权交收违约时的证券保证金处置。期权合约到期时,买方有权选择行权,卖方应备足相应的资金或者标的证券配合完成行权,否则构成行权资金交收违约、行权证券交割违约。当发生违约时,处置流程为:结算参与人出现交收违约的,证券登记结算机构有权对其采取直接扣款、处置结算参与人期权保证金等措施。交易者出现交收违约的,结算参与人可以根据相关业务规则及经纪合同的规定,对其采取处置交易者期权保证金等措施。[3] (见图3)

〔3〕 参见《股票期权交易试点管理办法》第20条。

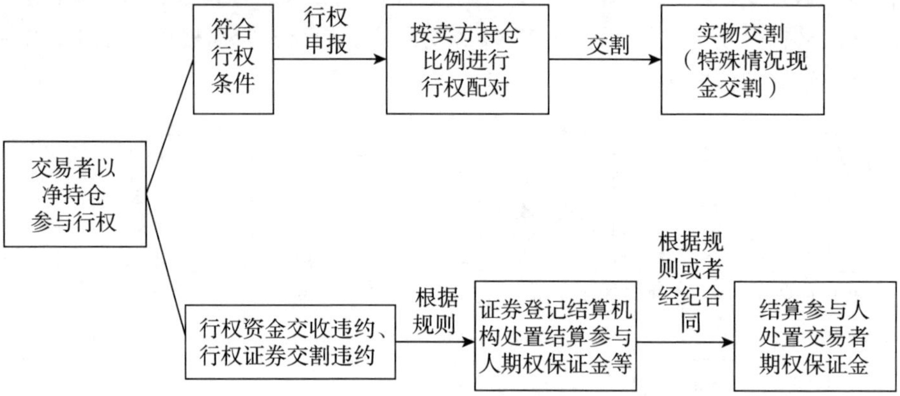

图3　行权交收违约处置流程

三、证券保证金的法律属性与传统物权法理论

随着我国境内期货市场的不断发展,有价证券作为期货交易的保证金是一种必然的趋势。鉴于此,需要对证券保证金的法律属性以及涉及的法律关系进行分析研究,为制度落地奠定法律基础。然而,从目前的法律制度上看,相关规定有违传统的物权法理论,在制度设计上还有进一步细化的空间。

(一)证券保证金的“双重”所有权与“一物一权”理论

《期货管理条例》第28条第2款、第3款规定:“期货交易所向会员收取的保证金,属于会员所有……期货公司向客户收取的保证金,属于客户所有……”以有价证券冲抵保证金的情形下,按照《期货管理条例》的上述规定,股票等证券作为保证金可能就出现了两个所有权主体,即期货经营机构和客户。基于股票的“双重”所有权首先就与传统物权法的“一物一权”理论不相一致,这也导致股票等有价证券处分权不明确,冲抵的生效要件不明晰,无法实现对债权人的有效保护等问题出现。

《期货管理条例》确定的保证金“双重”所有权构造,使保证金的归属问题出现争议,无法确认由保证金分级收取而形成的两层法律关系性质究竟是什么、是怎样实现的。交易所在具体业务模式和交易规则的设计过程中,为避免与上位法直接冲突,也采取了模糊处理方式使业务得以开展,这导致交易所之间规定不一致。例如,深沪交易所《股票期权试点风险控制管理办法》确立的证券保证金形式,客户向期权经营机构提交的证券保证金,存放在了结算参与人的客户证券保证金账户中。而这笔资金同时又"作为"结算参与人向中国结算提交的证券保证金。"作为"究竟是同一笔钱同时涉及两个法律关系的重叠,还是以授权的方式将该笔保证金拟制为第二层法律关系中权利义务指向的对象,抑或是以专户的形式将保证金特定化完成第二层担保关系中的物权变动要件,皆须进一步明晰。

(二)证券保证金的"双层"法律关系与传统担保物权理论

《期货和衍生品法》第22条规定以有价证券等作为保证金的,可以依法通过质押等具有履约保障功能的方式进行。虽然上位法为有价证券冲抵保证金预留了充分的法律空间,但以何种法律路径构造股票期权证券保证金,必须要放置在股票期权保证金分级提交、分级处置、分级结算这一特定业务模式下进行理解,从而明确各法律主体对该笔证券保证金的权利和义务。如果说,同一笔保证金上分别存在交易者、期权经营机构两个所有权,那么"双重"所有权与"一物一权"理论明显相违背,但从担保的法律逻辑上看,证券保证金在传统担保物权理论下两层法律关系也略显模糊。

传统担保物权有抵押、质押、留置几种形式,并规定了明确的成立要件。根据现有规定,结算参与人应当以自己的名义,向中国结算申请开立客户证券保证金账户。期权经营机构向客户收取的证券保证金,统一存放在结算参与人的客户证券保证金账户中,作为结算参与人向中国结算提交的证券保证金,用于结算参与人期权结算和担保期权合约的履行。[4] 在这一过程中,至少有以下三个问题需要讨论。

一是关于担保设定的要件问题。有价证券不同于现金,在以现金作为保证金的情况下,通过转移占有即可设定担保,交易者将资金划入期权经营机构名下的保证金账户即建立了第一层法律关系。但当证券作为保证金时,现有法律规定的典型担保形式仅有质押。根据我国《民法典》第443条,以基金份额、股权出质的,质权自办理出质登记时设立。现有规则体系、业务模式下,仅规定从交易者到期权经营机构的"提交"动作,第二层关系以"作为"一笔带过,未规定任何质押登记程序。因此,如以传统担保理论解释,两层担保的设定要件问题均未解决。第一层法律关系中的保证金如何成为第二层法律关系中的担保物问题亦未得到解决,是转质押还是彼此独立的法律关系?

二是双层法律关系下谁具有优先受偿权问题。在明晰两级担保关系分别属

〔4〕 参见《深圳证券交易所 中国证券登记结算有限责任公司股票期权试点风险控制管理办法》第31~32条。

于什么性质、如何建立、如何衔接后,将面临各方法律地位的问题,即两个担保权人中谁就担保物具有优先受偿权。优先受偿权是法律规定的顺序分配方式。[5] 期权交易中证券保证金的两级担保关系与转质押具有形式上的相似性,按照传统担保法理,转质权优先于原质权。但期权经营机构在有价证券冲抵保证金业务中处于关键地位,承担着客户违约造成的风险。在客户期权交易出现亏损又没有足够货币资金支付的时候,根据每日无负债结算规则,为客户提供经纪服务的期权经营机构必须先行垫付。[6] 因此,期权经营机构的角色就不再仅仅是一个代理人,而成为客户真正的债权人,是有价证券冲抵保证金制度中法律风险的最终承担者。如何平衡客户、期权经营机构、结算公司三方利益存在很大争议。

三是股票等有价证券作为保证金的特殊担保属性问题。首先,有价证券担保品的范围不同于一般担保品。期权交易中作为担保品的有价证券并非传统的物权证券、债权证券,而是国债、交易所交易基金等特殊的金融财产。这类金融资产流动性好、价值易于估算,境外交易所对担保品的管理也主要以"交存"、转移占有为特征,核心是要保障交易所对担保品的控制权。[7] 期权保证金机制对担保品的处置效率要求极高,如若担保物无法及时扣划、错过平仓时机,则会造成损失的扩大,担保效果就无法实现。此外,交易所还会对牛市价差、熊市价差、跨式策略等常见的期权组合策略实施保证金冲减。[8] 在这些组合策略中,已经由一个或几个期权头寸抵销了其他期权的部分风险,因此可以不必缴纳全额的保证金,节约交易者的资金成本。这种担保方式是期权市场在交易中自发形成的规则,符合金融工具的流动性和收益性的特征,这与传统民商法的担保制度不同。其次,担保物不断发生变动和重新设定。按照当日无负债结算制度的要求,结算公司需要在日终对结算参与人进行权利金、费用的清算,并根据清算结果、持有合约的价格和数量确定风险敞口,据此及时调整金额、方向,即不断进行担保的重新设定。确保债权人获得充分担保,潜在亏损增加时客户须不断追加保

---

[5] 参见辜江南:《顺序权与中国民法典》,载《河北法学》2021 年第 3 期。

[6] 《期货和衍生品法》第 42 条第 2 款规定:交易者在结算过程中违约的,其委托的结算参与人按照合同约定动用该交易者的保证金以及结算参与人的风险准备金和自有资金完成结算;结算参与人以其风险准备金和自有资金完成结算的,可以依法对该交易者进行追偿。《期货交易管理条例》第 36 条第 2 款规定:客户在期货交易中违约的,期货公司先以该客户的保证金承担违约责任;保证金不足的,期货公司应当以风险准备金和自有资金代为承担违约责任,并由此取得对该客户的相应追偿权。

[7] 参见张翼飞:《期货保证金基础法律关系及相关制度完善研究》,载《期货及衍生品法律评论》2018 年第 1 卷。

[8] 详见《深圳证券交易所　中国证券登记结算有限责任公司股票期权组合策略业务指引的通知》。

证金,在浮动盈利增加时客户有权取回保证金。[9] 保证金的收取水平同时需平衡违约风险和市场爆炒风险原则,能够在各种情况下较好地覆盖可能被强行平仓时所需的最大资金。这与传统担保中担保物的特定化和确定性要求以及担保物价值的确定原则不一致。再次,关于担保物的管理和处分。当客户资金保证金账户与证券保证金账户卖出清算资金总额低于结算准备金最低余额要求时,结算公司有权进行强行平仓。强行平仓后仍有证券保证金的,结算公司有权直接处置证券保证金。结算参与人亦可根据经纪合同的约定,完成对证券保证金的处置。此外,客户有权依照与结算参与人的约定对证券保证金进行替换,即客户有权申请对冲抵保证金的证券进行卖出,卖出资金自动作为资金保证金。最后,在保证金的使用顺序上,当交易者同时拥有证券和现金可作为保证金时,应优先使用证券,而平仓释放保证金时,应优先释放现金,然后再释放证券,以便最大限度地使用证券保证金,最小程度地使用现金,提高证券和资金的使用效率。这一原则的确定有赖于期权交易中的创新实践经验总结,该原则与《民法典》第392条确定的传统担保物权实现顺序可能存在不同。

此外,当股票作为有价证券时,除了涉及权属等法律关系外,还会派生出持有股票的分红、提案、投票、信息披露等方面的相关问题。鉴于此,亟须厘清证券保证金的归属及其法律性质。在此大背景下研究股票期权证券保证金的法律属性具有坚实的法律基础。

四、境内外关于证券保证金法律属性的争鸣

以有价证券冲抵保证金是境外市场的普遍做法,相比现金而言,这将进一步提高资金使用效率,降低交易成本,提高市场运行效率。从欧美期货市场看,保证金中现金比例一般都小于50%,甚至小于10%。国际上对金融担保的特殊性及其法律性质有明确规定,但我国境内对于证券保证金的法律属性问题在学术界还存在一些争议。

(一)境外关于证券保证金法律属性的相关规定

1. 欧盟。2002年欧盟议会及理事会通过的《欧盟金融担保协议指令》(以下简称《担保协议指令》)以及2009年国际统一私法协会(International Institute for

---

[9] 参见刘燕、楼建波:《金融衍生交易的法律解释——以合同为中心》,载《法学研究》2012年第1期。

the Unification of Private Law,UNIDROIT)通过的《国际统一私法协会中介化证券立法指引》(以下简称《日内瓦证券公约》)都规定,对于现金、证券等金融担保品上担保权人的权利都采纳了以下基本规则,即:担保权人可以使用、处分担保品,但负有到期归还同类担保品的义务;可以将担保品直接变现偿债,但负有退还担保人多余担保金额的义务。但在法令层面,未区分交易者与经营机构、经营机构与结算机构两层法律关系来分别论述。

《担保协议指令》规定,担保的设定既可以是质押(Pledge),也可以是所有权转移担保(Title Transfer)。质押担保是区别于传统民法的典型商事担保,《担保协议指令》要求各国允许担保权人以出售、直接占有、净额轧抵等方式实现权利,而无须履行传统民法要求的通知、司法协助等前置程序,直接占有的方式更是以法令的形式突破了"禁止流质"的一般原则。对于所有权转移担保,该指令在2009年的修改中引入了全部权益转移(Full Entitlement)的概念,担保权人在法律上是担保品的所有人,享有完全的处分权。该指令使金融担保的成立和担保义务的执行更简单、更有效率。[10]《日内瓦证券公约》继承了《担保协议指令》有关证券担保的规定,并在第五章规定了不转移所有权的质押担保以及转移所有权的让与担保。[11] 总体而言,是否对让与担保采取较为积极的态度,与场内标准化产品发育的成熟程度、交易者对资产配置效率的要求、担保品的管理和快速处置机制是否得以公允价格实现有关。[12]

2. 美国。在美国芝加哥商品交易所交易规则(CME Rulebook)[13]第819条还规定,芝加哥商品交易所对结算会员所提交的担保品享有第一顺位的优先权和无负担的担保权益。第820条规定,芝加哥商品交易所要求结算会员将冲抵保证金的有价证券转移到交易所,或存入指定存放机构开立的交易所名下的账户中,以保证交易所对有价证券的有效控制。笔者认为,"证券控制权"属于美国实质上为让与担保。

3. 我国香港特别行政区。香港特别行政区交易所《中央结算系统一般规则》第5章"合资格证券及合资格货币"规定,结算公司有绝对酌情权接纳或拒绝接纳参与者把合资格证券记存至抵押品账户,作为抵押证券以履行该参与者差额

---

〔10〕 See The Commission to the Council and the European Parliament, *Evaluation report on the Financial Collateral Arrangement Directive*(2002/47/EC).

〔11〕 See https://www.unidroit.org/wp-content/uploads/2021/06/convention-chinese.pdf.

〔12〕 参见牛文婕:《证券市场创新的法律思考——兼议〈日内瓦证券公约〉的借鉴意义》,载《证券法苑》2013年第8卷。

〔13〕 See https://www.cmegroup.com/content/dam/cmegroup/rulebook/CME/I/8/8.pdf.

缴款、保证金及抵押品的责任,相关抵押证券必须由结算参与者转移至抵押品账户。[14] 虽然就"转移"的法律属性未做规定,但该规则第 6 章"股份账户及 CCMS 抵押品账户"同时规定,"对于抵押证券,结算公司可按其认为权宜及审慎理财的方式投资该款项,相关利润或损失归属于结算公司"。[15] 根据孳息随原物同时转移的民法原理,可推知我国香港特别行政区对证券保证金采纳让与担保说。

综上所述,境外市场对金融担保和普通民商事担保加以区分,制定专门规定规范金融担保,普遍认可了证券担保中的采用质押及让与担保的法律效力,并在担保方式、权利实现、担保物处置等方面打破了传统大陆法系民商法理论。在质押方式中,规定担保权人对担保物有"使用权",但就"使用权"并无明确定义,仅赋予担保权人有权"像证券所有人一样有权使用和处分担保证券",[16] 可以说是根据商事实践需求对质押的"再造"。针对上述规定我们可得出担保权人在实际上拥有对担保物的处分权这一结论,同时也印证了一些学者有关质押担保与所有权转移担保并无根本不同的看法,[17] 而是发展为一种趋向于让与担保的新型商事权利。《担保协议指令》《日内瓦证券公约》采用了功能性进路(functional approach),[18] 有学者在论证融资融券在我国适用让与担保时,同样指出"基于交易结构来实现制度创新是一种功能导向的思路,它注重于问题的解决,而不拘泥、固守于传统的法律概念,对于发展迅速、创新迭出的金融市场获得法律保障具有显著的意义"[19]。因此,在充分评估我国境内现有担保体系的前提下,可以参考境外制度设计经验,进一步明确证券担保体系的法律性质。

(二)境内关于证券保证金法律属性的主要观点

1. 权利质押说。在我国境内,当股票等有价证券作为担保品时,仅有质押一种方式,且因应担保物权规则,有价证券所有权人依然为债务人,即客户。因此,部分学者认为期货、期权保证金的法律性质属于权利质押,结算参与人将客户的

---

〔14〕 参见《中央结算系统一般规则》,https://www.hkex.com.hk/Services/Rules-and-Forms-and-Fees/Rules/HKSCC/Rules? sc_lang = zh - HK。

〔15〕 同上注〔14〕。

〔16〕 《日内瓦证券公约》中文版,https://www.unidroit.org/wp-content/uploads/2021/06/convention-chinese.pdf。

〔17〕 See Thomas Rodolf Maria Pius Keijser, *Financal Collateral Arrangements*, Kluwer, 2006.

〔18〕 参见牛文婕、赵刚:《略论证券交易担保制度的制定——以让与担保制度的引入为例》,载《证券法苑》2011 年第 5 卷。

〔19〕 楼建波:《化解我国融资融券交易担保困境的路径选择》,载《法学》2008 年第 11 期。

有价证券缴纳至结算属于突破了现有“国债转质无效”规定的新型转质押行为。[20] 对比境外实践中的信托、让与担保和权利质权三种法律路径,权利质权路径更能平衡当事人的利益,与我国境内现行法律衔接更为顺畅。根据物权法的基本原理,担保是对主债权进行担保,主债权先于担保债权发生,担保合同是主合同的从合同。但期权保证金中,期权经营机构在客户每笔卖出开仓交易前,都需要以客户股票期权保证金账户为单位对客户持有的所有期权合约合并计算并进行前端监控,很难确定是所担保的期权合约先发生还是交易保证金先发生,并且保证金不足且未及时补足时,还会导致所担保的期权合约被平仓了结。此外,担保权人行使质押权必须先解除质押登记,再请求人民法院拍卖、变卖担保物,而无权自行处置。但这在期权交易中会严重影响担保权人变现的及时性和有效性,使优先受偿权有落空之虞,与实践需求不符。

2. 让与担保说。让与担保是指债务人或者第三人为担保债务的履行,将标的物之所有权移转给债权人,于债务不履行时,债权人可就标的物优先受偿的一种非典型担保。在债务清偿后,标的物之所有权回归于担保人。将标的物转移给他人的债务人,在形式上是转让人,实质上是担保人;受领标的物的他人,形式上是受让人,实质上是担保权人。《民法典》没有明确规定让与担保制度,但已经认可了非典型担保的效力。由于具有融资灵活、交易成本较低、第三人阻碍债权实现的可能性小等优势,让与担保一直在担保实践中扮演重要角色。龙俊[21]教授认为,证券交易中,现有的权利质权制度设计无法满足“强制平仓”的功能需求,有一定的必要引入让与担保制度,让与担保制度也能起到缓和过于刚性的“禁止流质流押”规定的作用。邱永红老师[22]经总结美国、日本、我国香港特别行政区等地法律规定,认为让与担保适用于现有的融资融券等信用交易,较之于传统意义上的登记型质押,让与担保具有方式灵活、操作简便、成本低、效率高等优势。设立担保也仅需开设专用信用交易账户,将其中的资金和证券之权利通过让与担保方式,在名义上归于债权人成为担保物即可。但股票期权与融资融

---

[20] 持该观点的学者包括:方芳、牛文通,《浅析期货保证金的法律性质》,载《中外法学》1997年第2期;赵国富,《关于有价证券充抵期货保证金的法律问题研究》,载《长春师范大学学报》2016年第3期;梁燕:《我国期货市场有价证券充抵保证金制度的法律构建》,载《法学论坛》2015年第4期;汪灏,《有价证券充抵保证金制度中期货公司的优先受偿权——传统民法理论对金融创新的回应》,载《中国矿业大学学报(社会科学版)》2013年第1期。

[21] 参见龙俊:《民法典物权编中让与担保制度的进路》,载《法学》2019年第1期。

[22] 参见邱永红:《我国融资融券担保制度的法律困境与解决思路》,载《证券市场导报》2007年第3期。

券业务在参与主体、保证金缴纳与处置、结算流程方面存在不同，借鉴意义有限。现有的让与担保学说本身，也没有结合两层法律关系来分别讨论，因此需进一步研究。

3. 信托说。叶林〔23〕教授认为保证金是以担保为目的的信托，并强调了当保证金是有价证券时，其作为信托财产更有利于结算系统的安全，并从交易者保护、担保物价值确定、有价证券处置规则等方面分析了信托模式的合理性。樊健〔24〕借鉴了融资融券交易中保证金制度的信托构造，对期货保证金的两级信托结构进行了探讨，分析了信托结构的制度价值。根据我国《信托法》第 2 条规定："本法所称信托，是指委托人基于对受托人的信任，将其财产委托给受托人，由受托人按照委托人的意愿以自己的名义，为受益人的利益或者特定目的，进行管理或者处分的行为。"这一定义包含了两重要素，一是委托人将其财产委托给受托人。结合该法第 16 条的规定，"委托给"并不能直接解释为信托财产所有权的转移，而现有证券保证金中的分级提交显然不能被解释成"委托给"担保权人。二是受托人对信托财产的管理或处分，即积极信托。但在期权保证金的业务模式中，期权经营机构、中国结算并不积极对信托财产进行管理或处分，而仅在特定情形下按照相应的风控要求完成有价证券保证金的处置，属于消极信托，与第 2 条之要求相悖。因此，信托担保中的"信托说"在我国目前的《信托法》体系下存在许多无法突破的制度壁垒，参考价值比较有限。

综上所述，在境内，担保的设定既可以是质押，也可以是转让所有权的方式。境内学者关于以有价证券冲抵期货、期权保证金的法律性质问题，主要有权利质押、让与担保、质押三种观点。但现有研究大多数没有把证券保证金制度放在以期权经营机构作为行纪人的两层法律关系背景下进行分析，三方主体之间的关系及权益安排是含混不清的。保证金之上的两级担保关系，存在一定联系。但从法律架构上而言，这两级担保关系是相互独立的。支持权利质押说的学者中有人提出以转质押模式解决两层法律关系问题，但这种观点依然存在违背现有民法典担保法律规定、也未解决转质押模式下的优先权等问题。

---

〔23〕 参见叶林主编：《期货期权市场法律制度研究》，法律出版社 2017 年版。

〔24〕 参见樊健：《论客户期货交易保证金的信托法律构造》，载《法学》2019 年第 2 期。

五、证券保证金"让与担保+质押"双层担保关系的厘定

《民法典》第388条除了规定抵押合同、质押合同外,还规定了"其他具有担保功能的合同"。最高人民法院《关于适用〈中华人民共和国民法典〉有关担保制度的解释》在《全国法院民商事审判工作会议纪要》的基础上,也进一步明确了让与担保等非典型担保的效力。证券保证金属于股票期权重要的风控手段,其法律关系的构建目标应是保障期权稳定运行,确保担保权人充分、及时的行使担保品处置权。因此,我们从证券保证金的担保原理出发,结合其在三方法律关系主体间的实际走向,确定了"让与担保+质押"两层具体的法律关系。

(一)客户与期权经营机构之间——让与担保关系

目前,《民法典》中认可其他具有担保功能的合同的效力,[25]且规定从属性可以法定排除,这已经为具有独立性的担保预留了空间。司法机关已确认让与担保的效力。[26] 就客户与期权经营机构的第一层担保关系而言,交易者以担保为目的向经营机构提交证券保证金为让与担保。经营机构以自己的名义开立了证券保证金账户,交易者将证券提交到该账户内,实际上完成了证券过户,经营机构享有名义上的所有权,可视为让与担保法律关系。

让与担保是一种以契约自由原则为根据,由当事人意思自治形成的物权担保行为,从担保条件、担保范围到担保权的行使和实现方式都遵循双方的意思自治。[27] 让与担保形式上表现为所有权人转让,并在当事人之间对担保物价值进行精细化分割,并由担保权人在约定条件发生时行使处置权,不仅可以充分利用标的物,还实现了商事活动中担保的安全与效率。

一是让与担保满足期权交易的实践需求。现代金融市场中,更多的标准化

---

〔25〕《民法典》第388条规定:设立担保物权,应当依照本法和其他法律的规定订立担保合同。担保合同包括抵押合同、质押合同和其他具有担保功能的合同。担保合同是主债权债务合同的从合同。主债权债务合同无效的,担保合同无效,但是法律另有规定的除外。

〔26〕《全国法院民商事审判会议工作纪要》(法〔2019〕254号)第71条【让与担保】债务人或者第三人与债权人订立合同,约定将财产形式上转让至债权人名下,债务人到期清偿债务,债权人将该财产还给债务人或第三人,债务人到期没有清偿债务,债权人可以对财产拍卖、变卖、折价偿还债权的,人民法院应当认定合同有效。合同如果约定债务人到期没有清偿债务,财产归债权人所有的,人民法院应当认定该部分约定无效,但不影响合同其他部分的效力。

〔27〕姚辉、李付雷:《"理性他者"的依归——让与担保实践争议探源与启示》,载《中国人民大学学报》2018年第6期。

产品使传统分散的民商事活动转化为集中交易，交易的效率和安全日益重要。担保的功能也逐渐从传统定分止争的“静态安全”转向高效处置风险的“动态安全”，这就需要对传统民事担保风险分配机制进行重构，强调在流动中规避和化解风险。如上文所述，当有价证券作为期权保证金时，在担保物的范围、担保的设定与生效、担保品的管理与处分、担保物的清偿顺序等方面，都与传统民法中的典型担保存在显著差异。我们完全可以利用体系解释的思路，在《民法典》已有基础上，在期货、期权这一特殊领域，将客户有价证券保证金移转至期权经营机构这一过程明确为让与担保。有价证券在形式上的所有权人为期权经营机构，行使处分权的条件依当事人经纪合同的约定。所有权变动要件、公示公信、善意取得等制度沿用《民法典》已有规定，这样当事人不但形成了以所有权转移来担保债权实现的合意，而且已经按照约定实际地将标的物所有权转移给债权人，并可以通过对让与担保进行公示以加强对债务人的保护。这种做法亦能弥补成文法典中典型担保趋于僵化之弊端，因应担保交易的活跃性和创新性。

二是让与担保能够实现对期权经营机构的保护。期权交易实行当日无负债结算制度，在期权交易日常结算时，结算参与人层面发生的亏损、费用等交收款项均不允许使用证券保证金，仅能使用资金保证金。[28] 按照《期货管理条例》第36条第2款的规定，客户虽提交证券作为保证金，但如资金保证金与证券保证金之和不足的，期权经营机构应当以自有资金代为承担违约责任，并由此取得对该客户的追偿权。[29] 期权经营机构即便未获得客户追加保证金，也需要按照结算结果先与交易所结算完毕，然后再向客户进行追偿。因此，在现有的有价证券冲抵保证金制度设计中，客户一旦在此过程中，客户有其他债务纠纷或申请破产，期权经营机构由于并非担保权人，仅能以普通债权人身份向客户主张权利，面临极大法律风险。[30]

让与担保属于我国《民法典》认可的非典型担保形式。当发生客户保证金不足且未能按时补足时，期权经营机构有权按照与客户的经纪合同及风险控制标

---

〔28〕《股票期权交易试点管理办法》第20条规定：结算参与人出现保证金不足、交收违约情形的，证券登记结算机构有权按照业务规则的规定，对其采取直接扣款，处置结算参与人期权保证金，暂不交付并处置其应收证券、资金或者担保证券，扣划其自营证券，收取违约金等措施。

〔29〕《期货管理条例》第36条第2款规定：客户在期货交易中违约的，期货公司先以客户的保证金承担违约责任；保证金不足的，期货公司应当以风险准备金和自有资金代为承担违约责任，并由此取得对该客户的相应追偿权。

〔30〕张翼飞：《期货保证金基础法律关系及相关制度完善研究》，载《期货及衍生品法律评论》2018年第1卷。

准,迅速处分冲抵保证金的有价证券。这不仅有效保护了期权经营机构的权利,还减少了权利实现成本和经营成本。

(二)期权经营机构与结算机构——质押关系

在期权经营机构与结算机构的第二层担保关系中,经营机构将证券保证金账户中的证券作为结算参与人向中国结算提交的证券保证金。因此,没有移转所有权的动作,不符合让与担保的法律构成。中国结算也未再另行开立账户,而是以特户形式存放于证券保证金账户中,实现质押标识与登记办理。

因此,第二层担保关系构成质押法律关系。目前《民法典》确立了质权登记生效的原则。[31] 当期权经营机构发生保证金不足且未及时补足的情形时,结算机构可以通过直接处置证券保证金账户中的证券来获得补偿,而无须出质人配合,这使结算机构风险可控。

(三)以股票为证券保证金的权益安排

对于证券保证金账户中的证券,考虑到经营机构仅为名义持有人,交易者才是该证券权益的实际持有者,参考融资融券的做法及相关法理,权益安排可如下。

1. 分红等权益。对于因持有证券发生兑付、兑息、分红等产生的权益,结算机构以结算参与人证券保证金账户为证券持有人进行相关权益登记处理。若产生证券权益的,结算机构负责调整证券保证金账户中的证券持有数据,并维护相应交易者证券明细数据;若产生资金权益的,结算机构根据清算数据将权益资金计入资金保证金账户。交易者可以按照期权业务规则中对保证金的规定及与经营机构的约定,转出保证金账户中的资金和证券。

2. 提案、投票等权利。经营机构通过证券保证金账户持有证券,应当以自己的名义、为交易者的利益,行使对证券发行人的权利。经营机构行使对证券发行人的权利,应当事先征求交易者意见,并按照其意见办理。交易者未表达意见的,经营机构不得行使对发行人的权利。其中发行人的权利是指请求召开证券持有人会议、参加证券持有人会议、提案、表决、配售股份的认购、请求分配投资权益等因持有证券而产生的权利。

3. 信息披露义务。鉴于证券保证金中证券的名义持有人和实际持有人相分离,根据《中华人民共和国证券法》(以下简称《证券法》)、《上市公司收购管理办法》等,经营机构和交易者可能存在权益变动报告公告、要约收购等一系列义务。我们倾向于认为,《证券法》第63条及《上市公司收购管理办法》对股东"持有"

---

〔31〕《民法典》第443条规定:以基金份额、股权出质的,质权自办理出质登记时设立。

证券的理解，宜理解为“实际持有”。因此将交易者作为信息披露义务人予以规定。经营机构通过证券保证金账户持有的股票不计入其自有股票，无须因该账户内股票数量的变动而履行相应的信息报告、披露或要约收购义务。交易者及其一致行动人通过普通证券账户和证券保证金账户合计持有一家上市公司股票及其权益的数量或者其增减变动达到规定的比例时，应当依法履行相应的信息报告、披露或者要约收购义务。

六、结语

证券保证金的相关规则并不是法律的创造物，而是基于商事习惯和实践自发形成的一套促进期权交易、降低交易风险的特有规则，这包含非常复杂的支付、担保、预付、证券保证金出入金、特有的多层次调整、集中度管理、强行平仓等关系，因此不能仅以传统民商法的担保理论来概括。[32] 但与此同时，又要妥善处理期权保证金规则与传统民商法理论的关系，保持担保规则体系的协调和稳定。《民法典》已承认非典型担保的法律效力，《期货和衍生品法》规定有价证券充当保证金可采用质押等履约保障方式进行，为充分平衡法典的稳定性与实践操作的灵活性，明确有价证券冲抵保证金的“让与担保 + 质押”双层法律关系，有利于推动股票期权业务向更高水平发展。

〔32〕 刘少军：《我国“期货法”制定中的主要问题研究》，载《南昌大学学报（人文社会科学版）》2017 年第 6 期。

期货及衍生品法律评论
第四卷,第210~221页

我国衍生品市场终止净额结算的法定化:意义及展望

朱小川*

一、终止净额结算的含义

国际统一私法协会(International Institute for the Unification of Private Law,UNIDROIT)在2013年《终止净额结算条款运行的基本原则》(Principles On The Operation of Close-Out Netting Provisions)中将"终止净额结算条款"定义为"根据合同约定,当合同一方发生约定事件时,一方对另一方的债务义务,无论当时是否到期或处于应付阶段,自动或者由合同一方选择,通过合约更替、终止或者其他方式,将各项债务义务的总价值减少为或者替代为单一净债务,由此到期并由一方支付给另一方"[1]。国际掉期与衍生工具协会(International Swaps and Derivatives Vssociation, ISDA)在2018年《净额结算示范法》(2018 ISDA Model Netting Act and Guide)中将"净额结算"定义为:"在另一方发生违约或终止事件时,一方向另一方发出通知时,或者在某些情况下根据

* 上海市法学会金融法研究会,副研究员。
文章仅代表作者个人观点,不代表任何单位意见,文责自负。

[1] See Principle 2 of Principles On The Operation of Close-Out Netting Provisions, https://www. unidroit. org/instruments/capital-markets/netting/#: ~ :text = These%20Principles%20follow%20a%20functional%20understanding%20of%20the,is%20triggered%20automatically%20when%20such%20an%20event%20occurs.

协议的约定自动发生，并具有以下效果：(1)终止、清算和/或加速到期基于一个或多个合格的金融合同而产生的或者与合同有关的任何当前的或者未来的付款或者交付权利和义务；(2)计算或估计(1)项下每项权利和义务的平仓价值、市场价值、清算价值或重置价值，并将其折合为单一货币；(3)确定(2)项下的净值，无论通过抵销或者其他方式，产生一方向另一方支付的净额款项”。[2] 我国银保监会在2021年的一次答记者问中明确终止净额结算是指金融交易双方根据协议约定，在一方发生违约或终止事件时，另一方有权终止该协议下的全部合格金融交易，并按照约定的方式轧差计算出净额，由净支付方转移给净收入方。[3] 可见，对于终止净额结算定义，中外并没有太多实质差异和分歧。

2021年4月，我国《期货法(草案)》首次公开征求意见；2021年10月，全国人大常委会就《期货和衍生品法(草案)》二审稿公开征求意见，并将法律草案名称修改为“期货和衍生品法”。两份草案都明确了衍生品交易的终止金额结算安排，由于对终止净额结算的定义并没有分歧，法律草案也未进一步提供法律定义。2022年4月第十三届全国人民代表大会常务委员会第三十四次会议通过《中华人民共和国期货和衍生品法》(以下简称《期货和衍生品法》)，自2022年8月1日起施行。该法充分吸收了二十国集团在2008年国际金融危机后达成的加强场外衍生品监管的共识，借鉴国际成熟市场经验，将期货之外的衍生品交易纳入法律调整范围，确立了包括终止净额结算在内的衍生品交易基础制度，并授权国务院制定具体管理办法。我国期货和衍生品市场迎来了高位阶法律，补齐了之前缺乏上位法的短板，有利于我国衍生品市场更好接轨国际，更好服务实体经济。

二、从意定到法定的衍生品市场终止净额结算安排

(一)终止净额结算的合同约定

一直以来，由于我国对衍生品交易终止净额安排缺乏统一的上位法规定，市场参与者主要依靠合同约定来实现终止净额安排。比如，《中国银行间市场金融

---

[2] See Part I,1. Definition of 2018 ISDA Model Netting Act(Octo. 15, 2018), https://www.isda.org/2018/10/15/2018 - model-netting-act-and-guide/.

[3] 参见《中国银保监会有关部门负责人就〈关于衍生工具交易对手违约风险资产计量规则有关问题的通知〉答记者问》，载银保监会网站 http://www.cbirc.gov.cn/cn/view/pages/ItemDetail.html? docId = 1020671&itemId = 915&generaltype = 0，2022年9月3日最后访问。

衍生产品交易主协议(2009年版)》(以下简称NAFMII主协议)第9条、第10条分别约定了在发生违约事件和终止事件时,所有被终止交易将适用终止净额,第8条明确了计算终止净额时应考虑或遵循的因素。《中国证券期货市场场外衍生品交易主协议(2014年版)》(以下简称SAC主协议)第5条、第6条也分别约定了在发生违约事件和终止事件时的终止净额处理方式。在与境外机构进行交易或参与国际衍生品市场时,交易各方通常使用《国际掉期与衍生工具协会主协议(2002年版)》(以下简称ISDA主协议)。ISDA主协议在第6(a)、6(b)项中约定发生违约事件或终止事件后确定提前终止日,并在第6(d)和6(e)项中规定了终止净额的计算方式。

一般而言,合同中的终止净额结算条款具有以下特点:一是在性质上属于合同约定,具体而言,属于继续性合同的约定解除安排,而不是法定安排;[4]二是在形式上既可以是主合同中的条款,也可以是单独的合同;三是合同条款一般援引合同法作为主要上位法来实现其强制执行力。如合同法没有对约定内容有明确规定,则需要考虑约定内容是否与其他法律规定、商业习惯、公序良俗等存在冲突或潜在冲突,如有冲突,则可能导致合同约定无效或无强制执行力。

(二)对终止净额结算合同约定效力的不同观点

1. 效力不确定的观点

对于终止净额结算是否有效的问题,一方面由于法律对此没有明确规定,另一方面在我国民商法上也没有"净额"的法律概念,类似的法律概念是抵销,因而对于属于舶来品的"终止净额结算"法律效力一般较难直接给出肯定或否定的意见。2006年,原银监会时任主席刘明康在中国金融衍生品大会上就表示我国《企业破产法》和当时适用的《担保法》是否支持终止净额结算原则并不十分明确。[5]

2. 趋于肯定效力的观点

我国银行业监管机构的相关监管规则趋于认可终止净额结算条款的效力,比如原银保监会2012年发布的《商业银行资本管理办法(试行)》(银监会令〔2012〕年1号)附件6规定,净额结算可以用于内部评级法的资本缓释;2018年发布的《衍生工具交易对手违约风险资产计量规则》(银保监办发〔2018〕1号,以

---

〔4〕 参见孙倩、翟爽:《场外衍生品交易中终止净额结算条款之效力认定》,载《上海法学研究》集刊2021年第8卷;另见上海金融法院民事裁定书(2019)沪74民辖终217号。

〔5〕 参见刘明康:《促进我国金融衍生产品市场健康发展》,载中国政府网,http://www.gov.cn/gzdt/2006-10/25/content_423391.htm,2022年9月3日最后访问。

下简称《计量规则》)要求商业银行确定净额结算组合定义,并应确保净额结算协议合法有效,以确保净额结算有效实施等。2017年,原银保监会在对十二届全国人大五次会议第2691号建议答复意见时,在原有对终止净额结算法律效力不确定的观点基础上有所进展。其答复表示,虽然《中华人民共和国企业破产法》(以下简称《企业破产法》)、原《合同法》和司法程序层面还存在不确定性,但是我国的破产法原则上与终止净额结算规则并不冲突,只是保留了司法机关对终止净额结算交易的审查权,司法判决有权撤销恶意行使终止净额结算规则的交易,这与ISDA主协议相关规则并不抵触;《企业破产法》第18条和第40条关于行政处置程序的规定,目的是稳定被处置机构相关金融合约的持续性和可估值性,并不表示司法撤销终止净额结算的必然发生;在资本计量等领域内,原银监会均认可净额结算的作用。[6]

为进一步澄清市场对我国终止净额结算安排的认识,2021年11月,原银保监会发布了《关于衍生工具交易对手违约风险资产计量规则有关问题的通知》(银保监办发〔2021〕124号,以下简称《计量规则通知》),对原银监会发布的《计量规则》作补充解释,明确符合条件的商业银行可以净额计算衍生工具交易对手风险敞口和计提资本,标志着我国监管机构对终止净额结算安排有效性的进一步确认。《计量规则通知》关于终止净额结算的内容主要有两个方面:一是进一步明确使用终止净额结算的条件。商业银行的交易对手为经中国金融监督管理部门批准设立的金融机构,且交易双方签署NAFMII主协议、SAC主协议、ISDA主协议或者银保监会认可的其他合法有效净额结算协议的,商业银行可不用再考虑关于协议法律审查的相关规定,而直接确认净额结算组合,在资本计量时进行净额抵销;二是认可中央对手清算的终止净额结算安排。规定商业银行通过经原中国银行保险监督管理委员会(以下简称原银保监会)、中国人民银行或中国证券监督管理委员会(以下简称证监会)认定的合格中央交易对手进行衍生品集中清算的,其违约风险暴露可以按照净额计算。

针对ISDA等国际行业协会关于终止净额结算安排在我国法律下存在不确定性的观点,银保监会有关部门负责人认为这是对我国破产法律制度和金融机构风险处置机制的不准确、不完整理解,并从三个方面进行了回应:一是中国《中华人民共和国商业银行法》《中华人民共和国保险法》《中华人民共和国证券法》

---

〔6〕 参见《对十二届全国人大五次会议第2691号建议答复意见的函》(银监审函〔2017〕105号),载银保监会网,http://www.cbirc.gov.cn/cn/view/pages/govermentDetail.html?docId=269446&itemId=893&generaltype=1,2022年9月3日最后访问。

等法律规定赋予金融监管部门金融机构破产前置审批权,近年来相关金融机构风险处置实践也表明,不可能出现金融机构因个别债权人向法院提出申请而突然进入破产程序或者由于突然进入破产程序导致非违约方无法行使终止净额权利的极端情形。二是从中国金融机构风险处置实践看,终止净额结算的合同安排可在风险处置阶段有序执行;并且,从具体的风险处置实践看,终止净额结算协议都得到了有效执行。2020 年 10 月《中华人民共和国商业银行法(修改意见稿)》也明确在出现严重风险时,由监管机构决定对该银行实行接管,并成立或指定接管组织;接管处置后无法恢复的,经监管机构同意后才能由接管组织向人民法院申请破产。[7] 三是从立法和司法角度看,终止净额结算的约定与法律强制性规定并无冲突。在立法方面,《企业破产法》、《中华人民共和国民法典》(以下简称《民法典》)均支持抵销权,《民法典》还规定"合同权利义务终止,不影响合同中结算和清理条款的效力";在司法实践中,金融市场中的净额结算规则以合同法关于抵销的法律规定为基本依据,净额结算不适用《企业破产法》关于破产抵销权的限制性规定,即便在债务人破产的情况下,亦不能得出管理人有挑拣履行权的结论,司法实践中也未有过否定净额结算合同安排的案例。[8] 银保监会的上述回应显示了其对终止净额结算安排的明确支持。

3. 否定效力的观点

虽然我国金融市场在交易惯例和监管实践层面,已经确立并实施了终止净额结算安排,比如银行间市场、证券期货市场衍生品交易主协议中均引入了终止净额结算条款,但在《期货和衍生品法》实施前,终止净额结算安排的法律层级不高,在前述合同约定的基础上,主要以金融监管机构的规范性文件和商业惯例作为主要法律渊源。一些学者认为终止净额结算与破产管理人行使的挑拣履行权[9]、合同

---

[7] 参见《中华人民共和国商业银行法(修改建议稿)》第 9 章,载中国政府网,http://www.gov.cn/xinwen/2020-10/16/5551867/files/75c0820dba14419c8f8194c130c26609.pdf,2022 年 8 月 20 日最后访问。

[8] 参见《中国银保监会有关部门负责人就〈关于衍生工具交易对手违约风险资产计量规则有关问题的通知〉答记者问》,载银保监会网站 http://www.cbirc.gov.cn/cn/view/pages/ItemDetail.html?docId=1020671&itemId=915&generaltype=0,2022 年 9 月 3 日最后访问。

[9] 如果法院未认可金融衍生品交易主协议的单一协议性质,将主协议下每笔交易视为一个单独的合同法律关系,根据我国《企业破产法》第 18 条规定,可能会出现破产法院承认管理人对特定交易的挑拣履行的情况。这种情况下,终止净额结算机制中非违约方行使提前终止的权利以及达到解除合同双方全部义务的效果存疑。

撤销权[10]存在冲突;[11]一些国外行业组织、外资金融机构、律师事务所等担心在交易一方发生破产情形时,破产管理人可以根据《企业破产法》赋予的挑拣履行权和合同撤销权,致使合同约定的终止净额结算安排无效或实际无法执行,并据此认定我国属于"非净额结算司法辖区"。终止净额结算的效力问题甚至上升为我国与个别国家经济财经交往中需要讨论的话题。比如,为落实第九次中英经济财金对话成果,2018 年召开了中英终止净额结算工作组第一次工作会议,表示中英双方加强信息共享,推进对终止净额结算制度的研究;[12]第十次中英经济财金对话政策成果则显示英方支持中方在现有法律法规和监管框架下,继续澄清和明确终止净额结算的途径等。[13]

尽管前述的金融监管规则确认了终止净额结算安排的监管效力,但出于审慎考虑,不少外资机构或者认为当时监管规则中未明确何种类型的净额结算协议属于"合法有效"或"有效实施",[14]或者认为监管意见和监管规则在法律效力上无法对抗《企业破产法》,且国际掉期与衍生工具协会等境外行业组织所持的否定意见也未改变,继续在(对)我国以全额计算衍生工具交易对手的风险暴露和资本占用。这不仅造成我国衍生品交易中净额结算信用风险缓释和监管资本节约的重要功用未能充分体现,衍生品交易激励有限,而且也在一定程度上制约了我国金融机构在衍生品市场上发挥更大作用。[15]

4. 法定化后形成一致的观点

前述否定和肯定观点的最主要分歧在于当时我国对终止净额结算安排缺乏法律层面的规定,而《期货和衍生品法》的出台填补了这一空白。该法将终止净额结算分为两种情形:一种是第 35 条规定的双边交易情形,需要在主协议方式

---

[10] 我国《企业破产法》第 31 条和第 32 条的规定赋予了管理人在破产申请受理前 6 个月至 1 年内,对债务人提前清偿未到期债务的行为进行撤销的权利。怀疑者认为净额的最终支付可能发生在破产申请受理前 6 个月至 1 年内,有可能会被管理人视为对未到期债务的提前清偿或对个别债权人的清偿而予以撤销。

[11] 参见何晓楠:《金融衍生品交易中的"提前终止"与破产管理人强制选择权》,载《证券法苑》2015 年第 15 卷;另见闫海、佟爽:《我国金融衍生交易终止净额结算的破产法研究》,载《证券法律评论》2015 年第 00 期。

[12] 参见《中英终止净额结算工作组第一次工作会议在京召开》,载中国银行业协会网,https://www.china-cba.net/Index/show/catid/14/id/18999.html,2022 年 9 月 3 日最后访问。

[13] 参见《第十次中英经济财金对话政策成果》,载外交部网,https://www.fmprc.gov.cn/ce/ceuk/chn/zywl/t1674577.htm,2022 年 9 月 3 日最后访问。

[14] 参见原银监会《衍生工具交易对手违约风险资产计量规则》(银保监办发〔2018〕1 号)第 4 条。

[15] 参见刘燕:《从合同之治到商法之治——简评我国场外衍生品入法的模式创新》,载《清华金融评论》2022 年第 6 期。

下进行;[16] 另一种是第 37 条规定的中央对手集中结算情形,一般根据依法设立中央对手方的规则或约定进行。[17] 《期货和衍生品法》作为新法和特别法,其对终止净额结算的法律规定优先于旧法和一般法,为终止净额结算在我国的实施奠定了扎实的法律基础。境外机构也改变了之前的否定态度。2022 年 8 月,国际掉期与衍生工具协会重新发布了关于中国终止净额结算的法律意见书,承认终止净额结算安排在中国法律下具有可执行性。[18]

(三)终止净额结算法定化的意义

《期货和衍生品法》的颁布实施标志着我国终止净额结算立法取得了突破性进展。此外,在《商业银行法(修改意见稿)》中也体现出立法机构对终止净额结算安排的认可。终止净额结算是国际衍生品交易的基础性制度,其法定化有利于降低交易对手信用风险,防止风险交叉传染,提升衍生品市场的效率和稳定性,推动我国金融市场、金融制度进一步与国际接轨。

鉴于终止净额机制在衍生品等交易中具有缓释系统性风险、维护市场稳定等效用,[19] 国际社会一直在致力推广。美国、英国、法国、德国、瑞士、日本等 60 多个经济体都已通过专门立法或基于一般法律原则的方式对终止净额结算安排的法律效力和执行力予以确认。[20] 我国《期货和衍生品法》实施后,国际掉期与衍生工具协会将我国从“非净额结算”司法辖区调整为“净额结算”司法辖区,其首席执行官欧马里亚(O’Malia)评论道:“《期货和衍生品法》的生效是中国场外衍生品市场一个具有历史意义的时刻,通过确定终止净额结算的可执行性,该法排除了衍生品市场正常运转的重大发展障碍,为更广范围的国内外市场参与铺

---

[16] 《期货和衍生品法》第 35 条规定,依法采用主协议方式从事衍生品交易的,发生约定的情形时,可以依照协议约定终止交易,并按净额对协议项下的全部交易盈亏进行结算。依照前款规定进行的净额结算,不因交易任何一方依法进入破产程序而中止、无效或者撤销。

[17] 《期货和衍生品法》第 37 条规定,衍生品交易,由国务院授权的部门或者国务院期货监督管理机构批准的结算机构作为中央对手方进行集中结算的,可以依法进行终止净额结算;结算财产应当优先用于结算和交割,不得被查封、冻结、扣押或者强制执行;在结算和交割完成前,任何人不得动用。依法进行的集中结算,不因参与结算的任何一方依法进入破产程序而中止、无效或者撤销。

[18] See *ISDA Publishes China Netting Opinion as FDL Comes into Effect*, ISDA (Augu. 1, 2022), https://www.isda.org/2022/08/01/isda-publishes-china-netting-opinion-as-fdl-comes-into-effect/.

[19] 次贷危机后,最常引用的例子就是雷曼兄弟公司的破产案件。2008 年,作为国际市场上重要的金融衍生品交易商,雷曼兄弟公司宣布破产时参与的金融衍生产品交易共计 93 万份。通过终止净额结算机制,其名义金额总计约 4000 亿美元的信用违约互换最终结算额仅 52 亿美元,在其破产程序结束前大量衍生品交易得以迅速了结,从而避免出现更大的流动性危机和系统性风险。

[20] See *Status of Netting Legislation*, ISDA (July 3, 2020), https://www.isda.org/2020/07/03/status-of-netting-legislation/.

平了道路。"[21]

三、《期货和衍生品法》提升我国衍生品市场的国际化程度

(一)增强中资机构在国际衍生品交易中的竞争力

《期货和衍生品法》颁布实施前,境外机构将我国境内地区划定为"非净额结算司法辖区"。这使中资商业银行等金融机构参与国际衍生品市场或与外资交易对手进行衍生品交易时常面临如下境况:一是外资机构在与中资机构签署ISDA主协议等净额结算协议时,往往要求对协议做特殊安排,如适用自动提前终止条款,以规避中资机构突然进入破产程序的情形。二是大部分外资机构不采用净额方式计量对中资机构的衍生品交易违约风险暴露,也不与中资机构签署信用支持附件等保证金协议;部分外资机构虽与中资机构签署保证金协议,但仍以全额对全额的方式缴纳保证金,增加了交易成本。我国终止净额结算安排缺乏直接法律规定的情况不仅增加了中资机构进行国际衍生品交易的成本,而且也削弱了我国衍生品市场的全球竞争力。目前,我国衍生品市场仅占全球约1%的份额,[22]与衍生品市场缺乏国际社会认可的成熟风险管理机制不无关系。[23] 因此,《期货和衍生品法》及相关配套监管规则的实施可以为中资机构与外资机构商谈类似问题提供重要依据,帮助中资机构在国际衍生品交易中争取有利的谈判地位,提升中资机构的市场参与度和话语权。

(二)提升我国衍生品市场的国际接轨程度

《期货和衍生品法》的颁布实施,进一步提升我国衍生品市场的国际接轨程度。一是丰富衍生品交易的主协议类型。除备案要求外,[24]《期货和衍生品法》对衍生品交易主协议类别未做强制规定,市场机构可以按需选择使用。2020年2月,中国人民银行、原银保监会、证监会、国家外汇管理局和上海市政府联合发布《关于进一步加快推进上海国际金融中心建设和金融支持长三角一体化发展的意见》(银发〔2020〕46号),允许境外机构自主选择签署NAFMII主协议、SAC

---

〔21〕 Scott O'Malia, *A Historic Milestone for China*, ISDA (Augu. 1, 2022), https://www.isda.org/2022/08/01/a-historic-milestone-for-china/.

〔22〕 参见国际清算银行(BIS)2019年数据,载BIS网https://www.bis.org/statistics/rpfx19.htm? m = 2617。

〔23〕 参见李小加:《互联互通的金融大时代》,中国金融出版社2018年版,序言第Ⅱ~Ⅲ页。

〔24〕 参见《期货和衍生品法》第33条。

主协议或 ISDA 主协议,充分尊重了外资机构对衍生品交易文本的使用习惯,也为 ISDA 主协议等境外主流衍生品协议进入我国衍生品市场打开了大门。2022 年 8 月,中国银行间市场交易商协会发布了《中国银行间市场金融衍生产品交易主协议(跨境文本—2022 年版)》,同步准备了我国衍生品交易的"国际版"主协议供市场选择。主协议类型的丰富完善可以满足不同市场主体的差异化需求,更好促进衍生品市场的多层次、包容性和国际化发展。

二是推动双边保证金安排等与国际接轨。根据 2019 年 5 月巴塞尔银行监管委员会与国际证监会组织联合发布《关于最终实施阶段非集中清算衍生工具保证金要求的声明》等要求,2022 年 9 月 1 日是非集中清算初始保证金规定最终实施阶段的开始日期,非集中清算衍生工具保证金规定将涵盖双边互换平均名义总金额超过 80 亿欧元的机构。[25] 对非集中清算的衍生品交易实施保证金规则在欧美等地已执行了若干年,但欧盟、英国、瑞士以及亚太一些经济体对来自非净额结算国家的交易对手有豁免性规定而不强制执行。虽然目前我国尚未制定类似的强制保证金规则,但国内机构在和国外机构交易时,国外机构需遵循的强制保证金规则同样会适用于和国内机构进行的交易。特别是在国际掉期与衍生工具协会认定我国为净额结算司法管辖区后,之前的豁免安排将不再适用。这意味着和我国金融机构进行的衍生品交易需遵循强制保证金规则。国际市场一般在国际掉期与衍生工具协会主协议等净额结算协议的基础上,签署各类保证金协议,基于每日计算的净额,计算保证金并进行双边交收。前述原银保监会的《计量规则通知》细化了双边保证金的计量要求,规定单向从交易对手收取保证金和押品或者采用双向盯市保证金的,均可以认定为保证金交易,从而达到缓释风险、节省资本的效果,为在国内市场实施衍生品双边履约保障机制奠定基础。

四、终止净额结算法定化的持续发展

《期货和衍生品法》第 38 条授权国务院对衍生品交易及相关活动进行规范和监督管理制定具体办法。根据《立法法》第 66 条,法律规定明确要求有关国家机关对专门事项作出配套的具体规定的,有关国家机关应当自法律施行之日起一年内作出规定。对终止净额结算法定化后的监管配套和法律衔接,建议继续

〔25〕 See BCBS-IOSCO, *Margin requirement for non-centrally cleared derivatives*, OICU-IOSCO, https://www.iosco.org/library/pubdocs/pdf/IOSCOPD480.pdf.

考虑以下两方面的情况。

(一)终止净额结算法定化后的合约适用范围扩张

2004 年，联合国国际贸易法委员会通过的《贸易法委员会破产法立法指南》指出，在破产时可撤销的交易大致有三种，分别是旨在挫败、阻止或拖延债权人以使其无法追回债款的交易，压低贱卖交易和对某些债权人的可视为特惠的交易，[26] 而破产法可能最好载列免于适用撤销的具体情形，包括某些对金融市场的运作至关重要的交易安排，如证券和衍生品的终止式净额结算；[27] 相关金融合同包括证券合同、商品合同、远期合同、期权、互换交易、证券回购协议、净额结算主协议以及其他类似合同。[28] 国际掉期与衍生工具协会也在 2018 年《净额结算示范法》中列举了合格金融合同的范围，除了衍生品合同外，还包括现货合同、回购合同、借贷合同、抵押合同等。[29] 可见，国际上适用终止净额结算安排

[26] 《贸易法委员会破产立法指南》第 127 页、第 170 段，载联合国国际贸易法委员会网站 https://uncitral. un. org/sites/uncitral. un. org/files/media-documents/uncitral/zh/05 - 80721 _ebook. pdf，2022 年 9 月 3 日最后访问。

[27] 《贸易法委员会破产立法指南》，第 131 ~ 132 页，第 185 段；第 138 页。

[28] 《贸易法委员会破产立法指南》，第 140 页，第 209 段。

[29] 见 ISDA2018 年《净额结算示范法》(2018 ISDA Model Netting Act) 关于“合格金融合约”的定义，合格金融合约包括但不限于：(1) 货币、交叉货币或利率掉期或利润率掉期；(2) 基础利率互换；(3) 即期、期货、远期或其他外汇交易；(4) 利率上限、下限、上下限交易；(5) 大宗商品互换；(6) 远期利率协议；(7) 货币或利率期货；(8) 货币或利率期权；(9) 股票衍生工具，例如股票或者股票指数掉期、股票远期、股票期权和股票指数期权；(10) 与债券或者其他债务证券或者债券证券指数有关的衍生工具，例如总收益掉期、指数掉期、远期、期权或指数期权；(11) 信用衍生工具，例如信用违约互换，一篮子信用违约互换，总收益互换或信用违约期权；(12) 能源衍生品，例如电力衍生品，石油衍生品，煤炭衍生品或天然气衍生品，包括物理运输权、金融传输权或传输容量的衍生品；(13) 天气衍生品，例如天气掉期或天气期权；(14) 带宽衍生品；(15) 运费衍生品；(16) 排放衍生品，例如排放配合或减排交易；(17) 经济统计衍生品，例如通胀衍生工具；(18) 物业指数衍生工具；(19) 现货、期货、远期或者其他证券或者大宗商品交易；(20) 证券合同，包括保证金贷款和买卖证券，借入或借出协议，例如证券回购或逆回购协议，证券借贷协议或证券购回协议，包括任何此类合同或与抵押贷款、抵押贷款利息或抵押相关证券有关的协议；(21) 大宗商品合同，包括购买、出售、借入或借出商品的协议，例如商品回购或逆回购协议，商品借出协议或商品购回协议；(22) 抵押安排；(23) 清算或结算证券交易或充当证券存托的协议；(24) 任何其他类似与前述 23 项中所列的项目或者指数的协议、合同或交易，包括但是不限于利率、货币、大宗商品、能源产品、电力、股票、基金利息、天气、债券和其他债务工具、伊斯兰教债券、贵金属、与某事件是否发生或发生的程度相关的，或与财务的、商业的或者经济后果相关的或有事项的定量方法，或经济、金融指标或经济、金融风险或价值的度量；(25) 前述 24 项中所述的一项或者多项协议或者合同的任何互换、远期、期权、差异合同或其他衍生工具；(26) 通过使用成本加成融资 (Murabaha)、不披露成本的直接销售 (musawama) 或承诺 (wa' ad) 或者其他通常用于实现符合伊斯兰教义的工具、协议或交易，与前述 25 项中规定的任何工具、协议或交易具有经济等效性；(27) 有权机构根据本法指定为合格金融合同的任何协议、合同或交易。

的合同/协议范围不仅限于衍生品交易,还包括其他类型的金融交易。

未来,建议相关法律法规进一步明确《期货和衍生品法》管辖范围之外的、可以适用终止净额结算的交易类型,特别是可能影响公共利益、具有系统性风险的相关交易。[30] 目前,《中国银行间市场债券回购交易主协议文本(2013 年版)》《深圳证券交易所债券质押式协议回购交易主协议(2021 年版)》等回购交易主协议中均有终止净额结算条款,2021 年银保监会《计量规则通知》也适用于回购交易,但这些回购类交易的终止净额结算安排是否具有法律执行力依然期待更高层次的法律规定予以明确。此外,证券借贷等常见交易的终止净额结算安排也有类似需求。

(二)终止净额结算法定化后的合约履行衔接

为了防止衍生品市场参与者滥用终止净额结算条款逃避债务、损害其他债权人利益,应对合格交易、无效情形、担保安排等进行衔接立法;为推动有序交易处置、降低系统性风险,还应明确终止净额结算的暂停规则。

1. 明确终止净额结算条款的可分性和无效情形

一是明确因欺诈、违反法律强制性规定等导致终止净额结算条款无效或可撤销的情形;二是确定终止净额结算义务的可分性,即如果净额计算中有一项或者多项义务无效或者不可执行,不应影响终止净额条款下其他有效义务的可执行性。[31]

2. 保障终止净额结算中担保安排的执行力

虽然《期货和衍生品法》第 35 条、第 37 条确定了衍生品交易的终止净额结算机制,但未明确相关交易的担保品以及保证人是否可以纳入终止净额结算的统一安排。根据国际掉期与衍生工具协会 2018 年《净额结算示范法》,净额结算协议包括构成该协议部分或相关的担保安排。[32] 净额条款的约定对破产方,及为破产方履行义务提供保证、抵押或担保的其他人均具有执行力,不得被中止执行,不得被撤销,不得受到破产执行人行动或行使权力的限制,或因破产程序而受到其他适用于破产方的法律规定的限制。[33] 建议在修订相关法律时,进一步补充实现终止净额结算中担保安排的规定。

---

〔30〕 见《贸易法委员会破产立法指南》,第 141 页,第 213、214 段。

〔31〕 See Principle 6(2) and Principle 7(2) of *Principles on The Operation Of Close - Out Netting Provisions*.

〔32〕 See Definition of Netting Agreement of *2018 ISDA Model Netting Act*.

〔33〕 See Part I 4(a) General rule of *2018 ISDA Model Netting Act*.

3. 确定适用条件下终止净额结算的暂停安排

金融稳定理事会(Financial Stability Board,FSB)在《金融机构有效处置机制核心要素》中指出,根据清晰明确的适用条件,因金融机构进入处置流程而导致相关金融合同加速到期或提早到期时,处置机构可以暂停(stay)执行终止净额结算条款,暂停时间不超过两个工作日。[34] 前述国际统一私法协会《终止净额结算条款运行的基本原则》也认同这一安排。[35] 确定终止净额结算的暂停安排主要考虑是在处置金融机构过程中给予金融市场、金融监管机构一定的缓冲时间,避免因实施终止净额结算安排而导致或加速金融市场情况恶化,影响金融稳定和有序处置目标的实现。总体来看,国际社会认为有序处置金融机构的权力属于监管机构,暂停终止净额结算的权力也应由处置中的监管机构来实施。对于衍生品交易等,我国《中华人民共和国商业银行法(修改意见稿)》第95条将暂停净额结算的权力赋予了商业银行的接管组织。鉴于金融机构接管组织更多的是经营管理权而不是行政处置权,建议结合《期货和衍生品法》对终止净额结算的法定化安排,在正式修订《中华人民共和国商业银行法》时将暂停终止净额结算的权力主体确定为商业银行监管机构;同时在其他法律法规中明确金融基础设施监管机构具有同样权力,[36] 暂停终止净额结算的权力竞合时的冲突解决方法及适用条件。

---

〔34〕 Attribute 4. 3, see FSB, *Key Attributes of Effective Resolution Regimes for Financial Institutions (2014)*, https://www.fsb.org/wp-content/uploads/r_141015.pdf;根据FSB定义,处置机构指在处置机制中负责实施处置权力的指定行政机构或其他机构。

〔35〕 See Principle 8 of *Principles on The Operation of Close – Out Netting Provisions.*

〔36〕 See 3.2 of II – Annex 1, *supra* note.

期货及衍生品法律评论
第四卷，第 222 ~230 页

期货市场跨境监管问题研究

唐　波*

一、金融领域开展跨境监管的背景

在金融市场全球化背景下，各类金融行为呈现跨国家、跨地区特征，与市场封闭条件下的金融违法行为形成了较大差异。在封闭的金融市场中，由于管辖对象、管辖权法律依据、管辖主体明确，特定司法管辖区对境内金融违法行为的管辖具有一致性和连续性。相较而言，在金融市场开放条件下，金融活动可以在不同司法管辖区进行，同一行为主体可以同时在多个金融市场开展交易，一个完整的金融运行流程可能同时牵连多个国家或地区的金融市场。跨境金融交易使同一主体的违法行为受多个司法管辖区金融法律规范的约束和司法部门管辖，进而引发各司法管辖区之间的监管冲突或者管辖权冲突等。这将加剧跨境金融发行与交易行为的法律风险，增加境外主体接受管辖的不确定性，影响金融市场的稳定、健康发展。与此同时，各国普遍扩张涉外经济关系的法律适用范围和限度，推动国内法突破适用属地管辖的领土范围局限，在一定条件下将国内法扩张至本国领域以外发生的行为。作为率先主张国内法域外适用的国家，美国在反垄断法域外适用的经验做法，引发了西方各国不同程度的关注。

党的十八届四中全会通过的《中共中央关于全面推进依

* 华东政法大学教授、博士生导师。

法治国若干重大问题的决定》明确提出,应“适应对外开放不断深化,完善涉外法律法规体系”;2019 年,习近平总书记在中央全面依法治国委员会第二次会议上的重要讲话指出,“要加快推进我国法域外适用的法律体系建设”。[1] 鉴于境外频频对中国企业进行相关法律的域外适用,考虑到金融市场跨境监管和国家金融安全的迫切需求,我国于 2019 年 12 月修改《中华人民共和国证券法》(以下简称《证券法》)时增加了第 2 条第 4 款作为《证券法》域外适用条款。这是我国首次在立法中承认《证券法》的域外适用效力,突破了原有《证券法》绝对属地管辖原则的限制。随后,商务部于 2021 年 1 月出台《阻断外国法律与措施不当域外适用办法》,最高人民法院于 2021 年 3 月和 4 月相继发布和修正《关于北京金融法院案件管辖的规定》《关于上海金融法院案件管辖的规定》。可以看出,国家高度重视金融领域开展跨境监管的问题,迅速作出了法律回应,这标志着我国在金融监管及金融法治发展方面取得重大进步。在此背景下,《中华人民共和国期货和衍生品法》(以下简称《期货和衍生品法》)设专章规定了跨境交易与监管,从“引进来”和“走出去”两方面规定了境外期货交易场所、境外期货经营机构等向境内提供服务,以及境内外交易者跨境交易应当遵守的行为规范,构建境内外市场互联互通的制度体系,为期货市场跨境互联互通提供了法律保障,为打造中国价格、形成中国声音创造了有利条件。

二、对《期货和衍生品法》跨境监管条文的理解

(一)域外适用

《期货和衍生品法》第 2 条第 2 款规定,“在中华人民共和国境外的期货交易和衍生品交易及相关活动,扰乱中华人民共和国境内市场秩序,损害境内交易者合法权益的,依照本法有关规定处理并追究法律责任”。《期货和衍生品法》的域外适用以立法管辖权的确立为基点。

第一,《期货和衍生品法》的域外适用应当包括境外的本国人员,这有合理的法理基础,不构成长臂管辖。长臂管辖是法律域外适用的一种形式,但并非所有法律域外适用都构成长臂管辖。长臂管辖的特征是对境外非居民的管辖,而管辖境外本国人员属于属人管辖(本国法可以随本国人的移动适用于境内或境外)

[1] 《习近平:完善法治建设规划提高立法工作质量效率 为推进改革发展稳定工作营造良好法治环境》,载《人民日报》2019 年 2 月 26 日,第 1 版。

范畴,因此,域外适用于境外本国人员的情形,不构成长臂管辖。

第二,《期货和衍生品法》的域外适用不包括在本国境内活动的外国人员。根据《国际法词典》,属地管辖权是对领土范围内的管辖权,即一国对领土范围内的本国人和外国人均有管辖权。据此,一国有权对在境内开展金融业务的境外金融机构实施管辖。境外金融机构在一国境内开展金融业务,应遵循当地的金融法律。

第三,《期货和衍生品法》的域外适用包括对本国境内金融市场产生影响的境外行为。从保护本国投资者权益的角度看,《期货和衍生品法》的域外适用具有合理性。由于各国相关法律通常均将保护投资者的合法权益与保障期货市场交易安全视为法律的核心价值,因此,保证境内投资者在受到损害时获得本国法律救济,符合《期货和衍生品法》的立法原则。

(二)跨境调查取证

《期货和衍生品法》在调查取证方面对于扩大开放、与国际接轨和保护国家秘密、保障国家利益和社会公共利益进行了充分考虑,自"瑞信"事件、赴美上市企业数据合规问题等暴露以来,提升金融领域的跨境监管合作水平,打造开放、安全、高效的跨境监管合作渠道已经日渐成为监管者和市场参与者重点关注的内容。《期货和衍生品法》在跨境监管与调查取证方面更强调"对等互惠原则",于 2022 年 4 月公布的《关于加强境内企业境外发行证券和上市相关保密和档案管理工作的规定(征求意见稿)》具有类似要求,明确境外监管机构在中国境内进行调查取证或开展检查的,应当通过跨境监管合作机制进行,证监会或有关主管部门依据双多边合作机制提供必要的协助。

(三)跨境交易与营销合规

《期货和衍生品法》明确了跨境交易与营销合规行政许可和合规要求,一是境外期货交易场所向境内单位或者个人提供直接接入该交易场所交易系统进行交易的服务的,应当向国务院期货监督管理机构申请注册,接受国务院期货监督管理机构的监督管理;二是境外期货交易场所上市的期货合约、期权合约和衍生品合约,以境内期货交易场所上市的合约价格进行挂钩结算的,应当符合国务院期货监督管理机构的规定;三是境内单位或者个人从事境外期货交易,应当委托具有境外期货经纪业务资格的境内期货经营机构进行;四是境内期货经营机构转委托境外期货经营机构从事境外期货交易的,该境外期货经营机构应当向国务院期货监督管理机构申请注册,接受国务院期货监督管理机构的监督管理;五是完善境外机构在境内市场开展营销活动的管理,促进期货市场双向开放的国际化发展。

三、美国期货市场跨境监管的实践

在期货和衍生品跨境监管的问题上，各国监管机构权限和法律适用囿于主权；一方面，在一国境外实施监管权存在难度，另一方面，在本国境外也难以适用本国法律。美国已经对本国市场参与者的境外交易行为进行立法，确定了监管权限，研究美国《商品交易法》中专门针对"对外国交易的监管"的法律条文，可引发对相关问题进一步思考。

（一）对美国居民参与交易的境外交易所的监管

《多德－弗兰克华尔街改革与消费者保护法》（以下简称《多德－弗兰克法》）第738条修改了《商品交易法》中对境外交易所的法律规定。修改后的《商品交易法》第6条（原第4条）"对期货交易和外国交易的监管"就对美国人在国外的交易行为进行了规定。按照《商品交易法》第6（b）（1）条规定，外国期货交易所要在美国提供服务必须于美国商品期货委员会（U. S. Commodity Futures Trading Commission，CFTC）注册登记成为境外交易所（Foreign of Board，FBOT），并且提供证据材料证明自己满足母国的监管要求，CFTC会确认境外交易所的监管部门支持和执行与CFTC类似的监管目标，特别是在市场公平、客户保护、清算和结算以及外国交易所及其清算机构规则的执行方面。[2] 也就是说，与美国期货交易所相比，在CFTC注册的境外交易所必须同时满足母国和美国的监管要求。

境外交易所如果想要让美国的会员和投资者直接进入电子平台交易或者进入它们的指令匹配系统，必须根据规定的程序申请注册，境外交易所及其相关清算机构必须获得注册指令（Order of Registration）。一旦签发了注册指令，境外交易所及其清算机构需要按照要求遵守相应的规则和条款。

CFTC就境外交易所是否符合注册要求具有自由裁量权。申请注册的境外交易所需要填写、并向CFTC提交"境外交易所申请表"（Form FBOT），主要就其基本信息、会员标准、自动交易系统、在美国销售的衍生品合约条款、交易所母国的相关法律法规、境外交易所的自律规则及其执行、境外交易所及其清算机构与CFTC和境外交易所母国监管当局之间信息共享达成协议等方面向CFTC提供

---

〔2〕 See CEA 6（b）（1）.

信息材料。此外,CFTC还可自行决定是否需要提供其他的补充资料。[3]

(二)对服务美国居民境外交易的境外中介的监管

《商品交易法》第6(b)(2)条规定,CFTC可以要求位于美国境内且对境外销售、发行商品期货合约的市场参与者,遵守CFTC制定的法规和规章,对欺诈、最低金融资产标准、风险披露、备案、财务登记制度、客户资金保护、注册等方面进行规范和监管。[4] 并且CFTC有权制定并且实施与外国的交易所(或市场)不同的监管规则。CFTC进一步在其监管规则中明确,任何未经注册或者豁免的境外中介发售境外期货、或代理美国投资者交易境外期货的,都构成违法。[5]

CFTC规则第30.4条明确规定了,期货佣金商、介绍经纪商、商品交易顾问、商品基金经理在为境外期货期权客户提供服务前,都应当在CFTC注册。[6] 第30.5条对位于美国境外的中介机构分为两种不同情况:一类是向美国投资者发售境外期货、或代理美国投资者从事境外期货交易的中介机构,需向CFTC申请注册成为期货佣金商或申请豁免。在豁免的情况下,必须与一家已注册的期货佣金商签订书面代理服务协议,并在美国全国期货协会提交"表7-R"(Form 7-R)以备案。另一类是作为介绍经纪商、商品交易顾问、商品基金经理的中介,应注册或申请豁免。但即使豁免,仍应满足CFTC规则第30.6条信息披露、第1.37条信息记录、及第1.57条介绍经纪商运营活动的要求。[7]

(三)对在美国销售的境外衍生品的监管

《多德-弗兰克法》第二部分"互换市场监管"中,对境外交易所、关联合约给出了定义,并具体规定了美国交易者如何参与境外交易所的交易。该法案的规定主要基于2008年金融危机的经验,目的也是强化对于美国交易中参与境外交易的监管。同时,该法案对于境外上市的期货合约(尤其是与美国有密切联系的合约)进行了特别关注。《商品交易法》第6(b)(1)(B)条有关"关联合约"(Linked contract)规定,CFTC有权决定是否准许境外交易所向其美国会员及其他美国市场参与者,就上市交易的衍生品合约提供直接接入电子交易和指令配对系统。CFTC考察以下几个方面因素:(1)境外交易所每日公开上市交易的衍生品合约的价格信息;(2)境外交易所设定了持仓限制的规定,在操纵市场或过

[3] See 17 CFR §48.7.

[4] See CEA 6(b)(2).

[5] See 17 CFR §30.3.

[6] See 17 CFR §30.4.

[7] See 17 CFR §30.5.

度投机的情况下有权要求市场参与者限制、降低持仓或强制平仓,并且同意及时通知 CFTC,向 CFTC 提供大型交易者信息以及其他交易统计数据。[8] 在境外交易所申请向 CFTC 注册时,就被要求提交其在美国销售的衍生品合约条款信息。

(四)美国对境外主体的长臂管辖

《多德-弗兰克法》多处涉及金融监管的域外监管权。第 929P(b)条标题为"联邦证券法反欺诈条款的域外监管权",直接对美国《1933 年证券法》、《1934 年证券交易法》和《1940 年投资顾问法》增加了域外监管权条款。规定对于美国证监会或美国政府以违反第 17(a)条为理由提出或发起的任何诉讼或程序,如果涉及以下事项,则美国的任何地方法院以及任何属地的美国法院都拥有管辖权:(1)构成该违法活动的关键步骤的行为发生在美国境内,即使证券交易发生在美国以外并且只涉及外国投资者;或(2)发生在美国境内的行为在美国境内造成了可预见的实质性影响。

从《多德-弗兰克法》第 929P(b)条的立法意图来看,该条试图推翻莫里森案的判决,重新赋予美国证券法域外效力;但从具体规定来看,却未必能有效实现其立法意图,主要原因是该条款在概念上把法院的事务管辖权和法律的域外效力问题混为一谈。条文中规定的"域外监管权"到底是法院的管辖权还是法律的域外适用效力,这个问题在美国法学界一直争论不清。

第 722 条(d)修改了《商品交易法》的适用范围,只要与美国商业具有"直接和重大关联"(direct and significant connection),即使发生在美国境外的场外衍生品交易也将受到规制;并赋予了 CFTC 决定是否在美国境外适用《商品交易法》的职权。根据 CFTC 于 2012 年 7 月发布的《关于〈商品交易法〉中部分互换规定域外适用的规则(草案)》,CFTC 主要从三个层面对境外机构实施监管。首先,与美国实体进行互换交易的外国机构一旦达到最低限制标准,须在 CFTC 注册;其次,注册后须接受 CFTC 机构层面的审慎监管,包括资本金、首席合规官、风险管理、数据记录及报告等;最后,接受 CFTC 交易行为层面的政府监管,主要是指定的中央对手方集中结算、交易执行机构、非集中结算的保证金要求等。只有在非常严格的条件下境外机构才能够获得豁免,即替代合规和豁免令。

---

[8] See CEA 6(b)(1)(B).

四、对期货市场跨境监管的建议

(一)研究细化《期货和衍生品法》相关规定

《期货和衍生品法》跨境交易与监管协作的规定较为原则,部分条款需要在实施层面进行细化。例如,《期货和衍生品法》第122条对跨境营销活动进行了规范,但未对"期货营销、促销、招揽活动"的具体活动形式作出具体规定,是否允许境外机构委托境内关联或非关联机构进行推广、是否允许利用互联网进行推广并无明确规定。又如,《期货和衍生品法》第124条第2款规定,向境外监管机构提供与期货业务活动有关的文件和资料需经相关部门同意。实践中,部分境内企业在境外期货交易中申请套保豁免,需要向境外监管机构提供现货企业相关证明材料,同时每个月都会按期报送套保相关现货数据;或部分参与境外期货交易的企业在境外上市,在上市公司向境外监管机构披露相关信息的材料中也会涉及与期货业务有关的文件和材料,上述情况今后如何操作?是否可以采取替代合规的方式?目前,替代合规制度已在一定程度上发挥作用。作为《多德-弗兰克法》在域外金融监管上的补充,CFTC主要从五个方面展开替代合规:头寸限制的可控性,勤勉的监督,商业的可持续性和灾后的恢复能力,研究和消除矛盾的能力,披露信息的可获取度和掉期交易数据的存储能力。[9] CFTC的可比性认定采用"效果导向"的模式,判断他国监管要求是否能达到与美国《商品交易法案》以及CFTC规则相同的监管效果。2020年3月3日,CFTC通过期监会规则补充了外国期货与期权交易的相关内容。外国公司在向美国境内客户销售外国期货和期权产品时,需确保所售的产品受到与美国境内指定合约市场上市交易的产品同等的监管。截至2021年9月,有34家外国清算机构获得CFTC的批准,15家获得登记注册,4家取得豁免,9家连续12个月无交易活动休眠,6家撤销。[10] 此外在期监会规则第30.10条项下新增了第(c)段,具体规定了CFTC取消关于境外注册豁免的情形和基本程序。[11] CFTC通过等效监管原则,要求申请豁免的境外监管机构在立法和执法的过程中需落实美国的监管要求,

---

〔9〕 参见唐波、黄骜:《域外金融监管的困局与"替代合规"制度的尝试——评美国商品期货交易委员会对域外监管规则的可比性认定》,载《上海金融》2016年第10期。

〔10〕 See CFTC(Sept. 30,2016),https://sirt.cftc.gov/sirt/sirt.aspx?Topic=ClearingOrganizations.

〔11〕 See 17 C. F. R. § 30.10, https://www.ecfr.gov/cgi-bin/text-idx?SID=f85e857862a8b7c5083784f90cb4c5e1&mc=true&node=pt17.1.30&rgn=div5#_top.

这进一步促进了美国法律的域外适用。

(二)进一步推进期货跨境监管合作机制

期货跨境监管合作机制有利于促进不同法域间期货市场的监管和执法合作,有利于加强各方在跨境衍生品、期货交易所、期货经营机构及从业人员等方面的监管协作、执法合作及信息交流,有助于推动期货市场之间的健康发展。根据中国证监会官网公布的信息,截至2021年12月,中国证监会共与67个国家或地区期货监管机构建立了双边监管合作机制,签署形式均为双边签署。从签署情况来看,大部分为中国证监会与单一监管机构签署《证券期货监管合作谅解备忘录》,但也存在中国证监会与部分国家或地区的多个监管机构分别签署备忘录,或中国证监会与单一监管机构签署多份备忘录的情形。例如,中国证监会先后于1994年、2006年和美国证监会签署了《关于合作、磋商及技术协助的谅解备忘录》《中国证券监督管理委员会与美国证券交易委员会合作条款》,并于2002年和CFTC签署了《期货监管合作谅解备忘录》;中国证监会先后于1993年、1995年、2016年、2017年和我国香港特别行政区证监会签署了《监管合作备忘录》《有关期货事宜的监管合作备忘录》《内地与香港股票市场交易互联互通机制下中国证监会与香港证监会加强监管执法合作备忘录》《有关期货事宜的监管及执法合作备忘录》。从效力来看,随着跨境监管合作的进一步加深,相同机构之间签署的同类型备忘录适用覆盖原则。

在加入国际组织及签署多边协议方面,中国证监会于1995年成为国际证监会组织正式会员,于2002年成功加入了国际证监会组织《磋商、合作及信息交换多边谅解备忘录》(Multilateral Memorandum of Understanding, MMoU)。加入MMoU的成员机构(可在相关执法部门的协助下)可在该备忘录框架内获得以下协助,一是足以再现所有证券和衍生产品交易的同期记录,包括与这些交易有关的进出银行账户和经纪账户的资金及资产记录;二是确认以下事项的记录:实际所有者和控制者以及每项交易的账户拥有者、交易量、交易时间、交易价格,以及处理该交易的银行、经纪公司及其具体经办人;三是确认被请求方辖区内非金自然人机构的持有者或控制者身份的信息;四是当事人对该协助请求所列明事项的陈述,或者条件许可下的宣誓证词。

2017年,国际证监会组织发布了增强版的多边备忘录(EMMoU),旨在为签约方提供更全面的监管执法互助,在确认各方法域内权利的基础上,增加各方监管调查及法律执行的效果。EMMoU新增了5项跨境执法权限要求,分别为获取审计底稿、强制问询、冻结资产、获取互联网服务提供商记录、获取电话记录。"但目前,中国证监会尚没有强制问询、获取互联网和电话记录等执法权力,难以签署这一 EMMoU。"建议相关部门评估强制问询、获取互联网和电话记录等在监管刚性、数据隐私等方面可能造成的影响,尽快推动我国证券期货监管执法措施与国际证监会组织标准一致,为我国资本市场高水平开放构建良好的、可预期的国际环境。

(三)做好应对个人信息保护所引起的监管权冲突的准备

由于期货交易所和期货经纪机构在业务中需要频繁地处理个人信息,且监督管理机构在对跨境期货交易进行穿透性监管时不可避免地需要采集境外交易主体的信息,常常会发生监管国的期货监管法和信息主体母国的信息安全法相冲突的情况。考虑到近年来境内外立法普遍强化个人数据的保护和监管,需要重视并提高个人数据处理的合规要求,严格个人数据保护,规范个人数据流动,在积极回应国内立法要求的同时,降低跨境业务中的相关合规风险。

对于境外的数据保护政策,一方面,避免我国的期货交易机构在"走出去"的过程中误入其打击范围;另一方面,保护期货交易者和期货交易机构在跨境交易时的信息安全。从境外市场实践来看,欧洲期货交易所、芝加哥商业交易所、洲际交易所、伦敦金属交易所等境外交易所一般对照《欧盟一般数据保护条例》的相关要求,发布"隐私通知"。目前境外交易所"隐私通知"形式和内容类似,主要通过便于数据主体理解的问答形式,对交易所在《欧盟一般数据保护条例》的要求下收集、处理个人数据信息的内容、目的、合法性以及向第三方传输的基本情况进行介绍。在保证国家安全的前提下加强与各国和各地区的数据跨境交流合作,在重视数据安全的同时满足数字经济发展的需求,将挖掘金融数据价值与数据保护共同纳入规制目标,在守住数据安全底线与红线的前提下,留出足够的自主权与流动性。

期货及衍生品法律评论
第四卷,第 231 ~242 页

我国期货市场风控制度的特征、形成与展望

张啸尘* 杨丹妮**

一、期货市场风险控制的基础与制度安排

期货市场是风险管理的市场,其信用与风险高度并存。现代经济社会中,由于金融资产或现货资产等自身价格的波动、市场整体信息的不对称或不完全、各类主体信用的参差、风险管理手段或制度的不健全等各种因素,[1]期货市场乃至整个金融市场的风险长期存在并不断产生。因此,期货市场在提供风险管理工具的同时也需要特别对市场风险进行管理和控制。[2]

(一)期货市场风险控制的基础

一般而言,期货市场风险控制的基础在于通过技术管理(如异常交易实时监控)或制度管理(如持仓限额、涨跌停板制度)等方式,对市场客观存在的种种风险进行预判、识别、衡量和处置。本文侧重立足制度层面,对富有中国特色的期货市场风控制度特征及其形成进行分析和探讨。

《金融市场基础设施原则》全面风险管理框架原则将市场风险划分为价格风险、信用风险、流动性风险、运行风险、

---

* 中国金融期货交易所法律事务部总监。

** 中国金融期货交易所法律事务部员工。

[1] 参见李建良:《中国商品期货市场风险管理机制研究》,华中科技大学 2010 年博士学位论文,第 21 页。

[2] 参见何庆文:《以〈期货和衍生品法〉为契机 推进金融期货市场高质量发展》,载《清华金融评论》2022 年第 5 期。

法律风险和其他风险。[3] 期货交易特有的保证金交易形式,决定了其中又以价格风险、信用风险和流动性风险更为突出。上述风险的管理,通常需要期货市场监管机构、交易所、经纪机构、交易者等各方主体共同实现。对于期货交易所而言,因其履行组织市场集中交易、制定市场规则、中央对手方(内设结算部门的交易所)等基础职责,往往被要求其在期货市场风险管理中发挥着更为中枢与主导的作用,相关风险控制的目标因此也更为系统、宏观,例如保护市场流动性、保障市场运行稳定安全以及维护市场整体公平和完整等多重目标。

(二)我国期货市场风控制度的基本安排

1. 宏观层面制度安排

如前所述,期货市场风险控制的主体和目标通常是多元而系统的,需要以期货市场整体层面法律制度设计为保障。因而,在宏观层面,经过多年实践,我国期货市场建立并形成了一套相对严密的期货法律法规与监管体系,具体体现为:

(1)立法层面

着眼顶层设计,出台并施行了《中华人民共和国期货和衍生品法》(以下简称《期货和衍生品法》)、《期货交易管理条例》等一系列期货法律、行政法规、规章、规范性文件等,通过其中明确期货市场风控相关总体要求和制度安排,不断完善并构建起与我国期货市场交易相配套的法律法规制度体系。

(2)行政监管层面

遵循"公开、公平、公正"的市场基本原则,由行政监管机关依法严格履行监管职责,实现对交易所、期货经营机构、从业人员及市场交易者等多类主体的监管,以此不断规范期货市场主体行为、组织机构及其运行机制,完善市场风控制度及流程安排;同时,严厉打击期货市场欺诈、内幕交易、操纵等违法行为,保证期货市场的正常运作,充分有效地防范市场风险。

2. 微观层面制度安排

理论上,根据分类标准和维度的不同,期货市场微观层面的具体风控制度又可划分为诸多不同的类型,例如交易环节、结算环节、交割环节等各自风控制度类型。本文拟以期货市场风控制度的适用情景为划分标准,区别日常风控制度与紧急处置风控安排,探讨研究我国期货市场风控制度的具体安排。

(1)日常风控制度安排

基于我国期货市场独特的运行机制和制度安排,期货交易所建立了多样化

[3] 参见支付结算体系委员会编:《金融市场基础设施原则》,中国人民银行支付结算司译,中国金融出版社2013年版,第20页。

的防范和管理制度。其中,日常风控制度主要包括在期货交易、结算、交割等各基础环节采取的相对常态化的风控制度,主要体现为防范市场价格风险和信用风险的统一。

第一,在交易环节,为防范市场过度投机和价格波动风险,我国期货市场采用了严格的准入制度和丰富的价格限制制度,包括交易者适当性制度、价格波动带制度、涨跌停板制度、熔断机制等,同时设置持仓限额制度、交易限额制度、持仓报告制度。

第二,在结算交割环节,期货市场建立了相对完善的结算制度与运作体系。一方面,在结算模式上,我国期货市场实行全员结算和分级结算并行的机制;另一方面,为防范交易对手方资金风险和信用风险,在期货交易基础的保证金制度之外,期货市场还设置了严格的账户隔离要求、违约瀑布规则、强行平仓制度、延期交割制度等,以维护市场流动性,增强风险抵偿能力。

第三,在异常交易、违规违约处理中,为及时弥补和防范风险扩大,我国期货市场还明确设置了限制开仓、限制出入金、限期平仓、强行平仓等异常与违规违约处理制度机制。

(2)紧急处置风控制度安排

期货市场风控制度的演进和完善与市场风险密不可分、相伴而生。因此,除日常风控制度外,我国期货市场也针对特殊的风险情形进行了专门的风控安排,即在交易所认定的异常或者紧急情形下采取调整日常风控指标(如保证金、交易限额、持仓限额标准和涨跌停板幅度等)、限制开仓、强行平仓、强制减仓、暂停交易、取消交易等紧急处置措施,进一步增强市场危机处置和管控能力。具体制度实施主要体现为以下几个方面。

第一,《期货和衍生品法》原则性明确期货交易所应当加强对期货交易的风险金监测,同时对于市场异常情况或突发性事件,可以采用相应的紧急处置措施。

第二,各期货交易所现行业务规则进一步明确具体的异常情形,包括四类:①因地震、水灾、火灾等不可抗力或者计算机系统故障等原因导致交易、结算、交割、行权与履约等业务无法正常进行;②出现结算、交割、行权与履约危机,对市场正在产生或者将产生重大影响;③期货交易出现同方向连续涨跌停板单边无连续报价或者市场风险明显增大情况,采取相应措施后仍未化解风险;④交易所规定的其他情况。[4]

第三,根据不同情形的性质和程度,设置了不同的紧急处置制度安排。针对相对较轻的异常情形,可以采取市场风险警示、提高保证金、盘中追加保证金、调整当日结算价、限制开仓、涨跌停板等措施;针对较为严重的异常情形,还可以采取强行平仓、按规则减仓、暂停交易或取消交易等较为严格的市场控制手段,以有效释放市场风险,及时尽快回复市场正常秩序。

二、我国期货市场风控制度的总体特征

我国期货市场的风控制度在整体体系和具体实施方面呈现以下特征。

(一)整体体系特征

我国期货市场在集中统一体制监管下形成了相对统一的制度安排,主要呈现以下特征。

1. 采用严格的事前风控模式

我国期货市场在整体风险控制体系设计上,更加侧重预防为主、较为严格的事前监管模式(通过严格市场准入、进行逐笔资金与持仓检查验证等方式,确保能够更加充分和有效地防范市场风险)。这不同于境外更多采用相对灵活、盘中

---

[4] 参见现行各期货交易所《风险控制管理办法》相关规定,《期货交易所管理办法》未来对此或稍有一定修改。2023 年《中国金融期货交易所风险控制管理办法》第 39 条规定:"在期货交易过程中,出现以下情形之一的,交易所采取紧急措施化解风险,并可以宣布进入异常情况:(一)地震、水灾、火灾等不可抗力或者计算机系统故障等原因导致交易、结算、交割、行权与履约等业务无法正常进行;(二)出现结算、交割、行权与履约危机,对市场正在产生或者将产生重大影响;(三)期货交易出现同方向连续涨跌停板单边无连续报价或者市场风险明显增大情况,采取相应措施后仍未化解风险;(四)交易所规定的其他情况。出现第一款第(一)项异常情况时,交易所总经理可以采取调整开市收市时间,暂停交易,调整交易时间,暂停挂牌新合约,调整相关合约最后交易日、到期日、最后交割日等日期,调整期权行权与履约,调整对冲业务,调整有价证券作为保证金业务,取消未办理的相关业务申请,调整强行平仓实施时间,调整保证金收取标准或者方式,调整涨跌停板幅度,调整当日结算价,调整相关费用收取标准及结算时间,调整结算数据发送方式等紧急措施;出现第一款第(一)项异常情况且交易指令、成交数据错误、丢失无法恢复的,交易所总经理可以决定取消未成交的交易指令,董事会可以决定取消交易。出现第一款第(二)、(三)、(四)项异常情况时,交易所董事会可以决定采取调整开市收市时间、暂停交易、调整涨跌停板幅度、提高交易保证金、限期平仓、强行平仓、限制出金等紧急措施"。

风控的事中监管模式(不在事前介入期货交易而主要依靠对期货经营机构持续管理以及配套及时完备的违约处置程序等机制弥补市场风险)。

2. 建立完备的风控制度类型

基于严格的事前监管理念,期货市场建立了一系列完备的配套风控制度,主要体现在期货交易、结算、交割、违规违约处置等交易的全阶段和各环节。相较于境外独立市场的风控安排而言,我国期货市场风控制度在总体类型上更为丰富和完整,存在多种同类措施的并用,并将期货市场的风险控制贯穿于期货交易始终,为我国期货市场的稳定健康发展提供了坚实而全面的制度保障。

3. 设置独立的风控体例架构

不同于境外交易结算分离机制下大多仅区分交易环节和结算环节的制度安排,[5]我国期货市场在交易、结算、风控的体例架构上,呈现出相对独立的特征,各交易所既在各自制定的交易规则中对"风险控制"专章进行规定,又设置专门的风险控制管理办法予以细化,将风控体例与交易、结算相关规则安排并列。[6]通过相对独立的风控体例安排,形式上也侧面体现出我国期货市场对于风险控制的特别关注和强调。

4. 确立特色的监测监控机制

我国期货市场历来重视透支风险,在市场整体监测监控层面,还形成并确立了富有中国特色的监测监控制度。《期货和衍生品法》明确了期货市场监控中心作为专门机构,加强期货市场保证金的安全存管和监控,并在法律层面对我国期货市场多年来监管探索重要创新成果进行了确认。期货市场监控中心通过信息技术搜集交易各环节的数据信息,建立跨市场、跨机构的大数据平台,实现对整个期货市场交易运行和风险隐患的监测监控,进一步丰富和完善了我国期货市场的风控制度体系机制。

(二)具体实施特征

实践中,我国期货市场具体风控制度在适用层面呈现出实施程度和方式方面的特征。

---

〔5〕 大多通过交易所规则层面设定交易的一般规则,对应规定为防止价格风险而采取的持仓限额、价格限制、交易限制、交易限额等交易类日常风控措施;通过独立的结算机构层面设定结算的一般规则,对应规定为防止信用和资金风险而采取的保证金制度、财务要求、账户管理等结算类日常风控措施;并通过具体合约细则,对交易、结算一般规则中的具体风控措施进行进一步细化。

〔6〕 参见我国各期货交易所官网。

1. 针对日常风控制度,建立相对严格的实施要求

期货市场日常风控制度实施,主要体现为价格风险控制和信用风险控制的统一。一方面,价格风险控制是期货交易环节中最基础的风控制度之一,体现对市场过度波动的应对;另一方面,防范交易对手方的信用风险,也是期货市场运行发展的应有与长远之义,体现对市场系统性流动风险的防范。因此,在日常风控制度方面,我国期货市场针对市场价格和信用风险防范,建立了较为严格的制度口径和要求。

第一,针对价格风险控制,我国期货市场制度设计相对更安全和稳妥,通过实行较为严格统一的涨跌停板价格限制(个别交易所在制度层面实行了价格波动带制度、保留了熔断机制),针对所有上市交易品种实行持仓限额制度并配套相应的持仓豁免、大户报告等制度。此外,尽管我国证监会层面并未统一期货品种的持仓限额水平,但期货市场采用会员限仓和客户限仓相结合、绝对值限仓与比例限仓方式相结合等方式联合控制市场风险,有效防范了合约持仓过度集中以及因价格波动过大而引发的各类市场相关风险。

第二,针对信用风险控制,我国期货市场建立相对严格和较高比例的保证金标准,并配套追加保证金、限期平仓、强行平仓以及相对严格移仓机制等,确保在市场交易各环节的资金的充足和安全,严格市场流动性风险管理,防止交易对手方风险的扩散。

2. 针对紧急处置风控制度,明确具体的适用情形和程序

第一,明确了紧急处置的适用情形和措施。回顾全球期货市场发展的重要历程,无论是20世纪70年代全市场汇率、利率等金融指标的频繁波动催生了金融期货的出现,抑或90年代巴林银行破产事件促进了英国市场监管建构的结构向跨产品、跨市场、跨机构转变等,[7]不难发现,期货市场风控制度的演进和完善是与市场风险是密不可分、相伴而生的。极端情形下的市场风险事件,客观上也促使了期货市场对整体风险控制和极端风险防范的进一步关注和完善。对此,我国期货市场长期以来对于异常情形下的处理规定相对更为明确、具体,即

[7] 参见李莉:《股指期货的风险控制制度:路径演进、国际经验与中国实践》,复旦大学2008年硕士学位论文,第26页。

将异常情形及其适用措施进行一一对应，防止紧急风控制度适用的无序或无据。[8]

第二，严格规定了紧急处置风控制度的适用程序。在决策程序方面，明确在自然灾害不可抗力和技术故障等原因的异常情形下采取紧急措施可以由总经理决定，在出现交割结算危机、连续单边市等其他市场异常时通常需要经董事会或理事会决定；在报告程序方面，交易所决定采取紧急措施应向证监会履行较为严格的事前或事后报告流程；[9]在具体时限要求方面，以暂停交易为例，我国期货市场以三个交易日为限，辅以延长报告。[10]

三、我国期货市场特色风控制度的形成原因

我国期货市场发展根植于独特社会环境与时代背景，形成了期货风控制度的地域特色，也体现了市场发展的必然逻辑。

（一）历史原因：期货市场自上而下的形成与发展逻辑

我国期货市场属于继发性生成的市场，其并非经历长时期的自然演变发展形成，而主要依靠政府直接推动和主动监管建立和发展。在某种意义上，诞生于20世纪90年代经济体制转轨期的期货市场，也是中国经济体制由计划向市场变革的产物。

---

〔8〕《中国金融期货交易所风险控制管理办法》第39条：规定"在期货交易过程中，出现以下情形之一的，交易所采取紧急措施化解风险，并可以宣布进入异常情况：（一）地震、水灾、火灾等不可抗力或者计算机系统故障等原因导致交易、结算、交割、行权与履约等业务无法正常进行；（二）出现结算、交割、行权与履约危机，对市场正在产生或者将产生重大影响；（三）期货交易出现同方向连续涨跌停板单边无连续报价或者市场风险明显增大情况，采取相应措施后仍未化解风险；（四）交易所规定的其他情况。出现第一款第（一）项异常情况时，交易所总经理可以采取调整开市收市时间，暂停交易，调整交易时间，暂停挂牌新合约，调整相关合约最后交易日、到期日、最后交割日等日期，调整期权行权与履约，调整对冲业务，调整有价证券作为保证金业务，取消未办理的相关业务申请，调整强行平仓实施时间，调整保证金收取标准或者方式，调整涨跌停板幅度，调整当日结算价，调整相关费用收取标准及结算时间，调整结算数据发送方式等紧急措施；出现第一款第（一）项异常情况且交易指令、成交数据错误、丢失无法恢复的，交易所总经理可以决定取消未成交的交易指令，董事会可以决定取消交易。出现第一款第（二）、（三）、（四）项异常情况时，交易所董事会可以决定采取调整开市收市时间、暂停交易、调整涨跌停板幅度、提高交易保证金、限期平仓、强行平仓、限制出金等紧急措施。"

〔9〕境内现行交易所规则宣布进入异常情况和采取措施均需严格的事前报告，《期货和衍生品法》规定了交易所采取紧急措施应当及时进行事后报告。

〔10〕参见《香港期货交易所规则》第九章"紧急及特别情况"相关规定。

当时,随着经济体制改革的深入,商品市场流动性较差、价格波动加剧。在此背景下,在政府大力推动下,1990 年 10 月郑州粮食批发市场正式开业,其引入部分期货交易机制(如交易所制度、会员制度、保证金制度等),标志着我国期货市场的诞生和出现。通过自上而下建立期货市场以形成集中供求,提供套期保值工具,管理价格风险,促进市场价格机制的有效实现。

我国期货市场自诞生至今,先后经历了试点与无序发展(建立—1993 年)、清理整顿(1993—1999 年)、逐步规范发展(1999 年至今)几个阶段。在市场发展初期,社会主义市场经济体制理念蓬勃兴起,在新经济体制激励下各地各部门竞相发展期货交易。至 1993 年底,以期货市场中各级政府机构为主兴办的商品交易所达 50 余家,期货公司约 300 余家。[11] 但是,由于客观上缺乏对期货市场风险管理等经济功能的有效认知,期货法的制度土壤尚未建立,导致当时期货市场中期货交易品种严重重叠,地下交易、欺诈等违法交易行为频频发生,冲击了期货市场的整体公平与竞争秩序。1993 年 11 月起,国务院针对期货市场盲目无序发展的情形发布了若干意见和通知,开启了我国期货市场长期的清理整顿阶段。这一时期,政府建立统一的期货监管机构,削减试点交易所的数量至 11 家,整顿期货经纪机构,并通过限定期货交易品种、取缔非法经纪及交易行为等方式整治市场秩序,加强期货监管。1998 年 8 月,国务院进一步下达《关于进一步整顿和规范期货市场的通知》加强期货监管,并对期货市场进行第二次制度结构调整,进一步压缩期货交易所[12]和交易品种数量。1999 年,随着《期货交易管理暂行条例》(已失效)的颁布,期货交易所、经纪公司、从业人员等办法相继出台,我国期货市场法规体系初步确立。此后,通过进一步发布期货交易相关规范性文件,指导交易所交易规则和章程统一,加强机构及交易行为风险控制等一系列举措,期货市场逐步规范发展至今。[13]

期货市场属于高风险性市场,其交易方式的高杠杆性和参与主体的广泛性决定了市场功能的有效发挥离不开必要与严格的市场监管。因此,与欧美地区自发形成和发展的原生型期货市场以被动型监管为主的情况不同,我国期货市场从其产生和发展之初便采取主动型严格监管模式。对于新兴国家、地区或依靠政府推动而后发形成的期货市场中,由于缺乏充分的市场经验与实践认知,运

---

〔11〕 参见中国期货业协会编:《期货及衍生品基础》,中国财政经济出版社 2018 年版,第 10 页。

〔12〕 当时仅保留上海、郑州、大连三家期货交易所,压缩期货品种至 12 个。后 2006 年成立中国金融期货交易所,2020 年成立广州期货交易所。

〔13〕 参见唐波:《改革开放三十年来的期货市场及其法制建设历程》,载《华东政法大学学报》2009 年第 3 期。

用严格的市场监管往往更能有效避免市场发展初期的盲目无序，快速高效建立起相对规范的市场运行制度和体系，维护期货市场稳定健康发展。

因此，可以认为，我国期货市场的建立背景与发展历程决定了其客观上需要依靠国家与政府信用自上而下地管理市场风险，防止与应对市场失序，以充分发挥市场风险管理与价格功能。

（二）现实原因：市场成熟程度与监管体制属性的相伴而生

1. 市场成熟程度与风险承受能力相对有限

历经较长时期的发展演进，境外成熟期货市场形成并得以长期维持以信用交易为基础的交易环境，普遍适应了以机构为主的市场参与者结构；相关主体的风险承受能力较自然人交易者更强，市场信用体系整体也更趋完备。

尽管近年来我国期货市场机构投资者占比不断提升，但总体上相较境外市场发展脉络而言，我国期货市场历史与客观上市场投资者结构、参与者资信水平及风险承受能力相对有限，整体信用体系机制尚待健全。因此，在前期风险控制体系设计上，更加侧重较为严格的事前监管模式，以适应市场发展初期的国家和市场情况，确保期货市场能够更加充分和有效地发挥功能、防范风险。

2. 集中统一监管体制与交易所公共职能的必然体现

而与市场发展成熟程度相伴而生的，还有期货市场监管体制的形成与作用。纵观境外各成熟期货市场监管机制，不难发现，尽管在机构设置和具体做法上千差万别，但从整体架构来看，各国基本都采用了由政府监管、交易所自律监管和行业协会自律监管构成的三级监管体系。因此，参照国际通行做法，我国期货市场也形成了政府监管、交易所监管与行业协会监管并行的三级监管体系架构。在监管权限的分配中，形成以政府监管为主导与集中统一监管体制相结合的监管机制。

实践中，我国期货交易所的组织形式（无论会员制或公司制）、期货市场监管体制与各级监管职权分配等诸多特性也体现出，以期货交易所为核心的市场风控制度特征往往由其所处社会环境、行业特性以及市场成熟度等多重因素促成，而并非也不必完全遵循着全球期货市场的发展历史、方式和逻辑。

原因在于，有别于境外交易所需要在市场竞争中获取充分的市场资源从而会选择牺牲一部分市场安全性以换取相应成本和效率的做法，在我国，无论是公司制或会员制期货交易所，交易所本身并非营利性商业组织，而是为市场提供风险管理工具、公共产品的服务企业，更多承担着完善市场治理、管理市场风险、维护市场交易安全等多重组织与公共服务职能。期货交易所的弱市场化属性决定了其附着的社会公益属性与市场公共职能远超于其企业自身利益的目标实现，即交易所本质上并不以营利为目的,而是为实现期货市场整体功能与交易者保护,服务实体经济大局。

因此,期货交易所主导体制下的市场风险控制,从其产生之初便被赋予更强的外部需求与属性,也具有其时代与市场发展的合理必然性。与此同时,在期货市场三级监管体系的环境下,交易所通过行使自律监管职权制定一系列交易规则与制度、及时发现并查处市场违法行为,是对我国期货市场严格的集中统一监管体制下政府监管的有效补充,能够弥补政府客观上无法及时贴近市场的监管不足,形成监管闭环,实现监管优势互补,促进交易信息公开与交易安全,保障市场公平正义维护与整体功能发挥。

四、我国期货市场风控制度的发展与展望

风险控制是期货市场永恒的话题。我国期货市场产生发展并稳健运行至今,在严格的监管体制和风控机制下,在为市场主体提供风险管理的工具和手段的同时,无论是对于市场整体相对严重的市场危机、系统性市场风险事件抑或对于个体的严重违规、操纵违法事件等均较少频度发生,这在很大程度上体现了我国期货市场特色风控机制相较境外所不可比拟的优势,也对维护交易者合法权益、维护市场整体公平和完整、促进经济高质量发展起到了十分重要的促进作用。

但不可否认的是,境外市场部分风控理念及制度举措,例如防范交易对手方信用风险的保证金、持仓管理等制度安排和精细化管理模式,在市场发展相对成熟的时期也一定程度上有利于降低市场参与成本,增强市场整体的流动性。随着我国期货市场向市场化、法治化、国际化方向纵深发展,期货法律体系将更趋完备,市场需求也将更加多样。期货市场的未来发展,可以立足现行监管体制优势,充分利用后发优势,探索建立起更为科学合理的监管机制,通过适当借鉴境外市场部分理念和经验做法,进一步提升我国期货市场运行质量与国际竞争力。

(一)监管理念:适当引入原则监管理念,动态控制市场风险

市场监管的理念,很大程度上决定着市场发展的整体脉络与未来方向。立足监管理念视角,我们发现,境外期货市场客观上更加侧重原则监管,其中成熟市场的风控理念及其发展演变也体现出相关措施与力度运用并非单一、静态的,而会依据市场发展趋势、环境和成熟程度等在不同阶段进行动态调整。在市场发展相对成熟的时期,监管规则通常依据市场流动性、突发风险事件等情况在较

为严格和适度放松间灵活调整，以维持市场效率和安全的均衡。

我国期货市场监管倾向采用明确规定和限制性的制度安排，客观上侧重对期货市场进行明确严格的规则监管、事前监管，这对于期货市场承受能力普遍较弱、风控及相关处置机制尚不健全的发展初级阶段是十分必要且重要的。与此同时，严格的事前与规则监管的理念，也形成了境内期货市场长期以来特色化的监管体制优势，对于应对市场发展实际以及更好保护市场参与者的合法权益，起到了十分积极的作用。但是，随着我国期货市场发展的逐步深化，市场制度体系的不断健全，为应对全球竞争、适应未来发展需要，期货市场可以在现有规则监管的理念基础上，适度引入原则监管理念，并充分运用现有严格监管的体制优势，根据市场发展成熟的不同阶段，动态、灵活地调整风控理念，有利于进一步增强市场活力和韧性，促进市场风控体制的不断完善。

（二）市场机制：进一步探索交易结算分离机制，完善配套风控安排

在市场机制上，我国期货市场一直采用交易结算一体机制，交易所系统本身承担着全部的风控职能。立足期货市场未来国际化发展趋势，期货交易需要也应该向着一个更长的时段即连续交易模式逐步演进。进一步探索交易结算分离，对于实现期现市场、境内外市场的充分结合，并助力交易所层面进一步隔离结算风险，促进期货结算机构的专业与国际化发展等方面也大有裨益。

目前，我国证券市场和商品期货市场连续交易机制探索已经取得了一定成效，进一步研究期货市场连续交易机制，尤其是交易结算分离体制下职责相对明晰的交易所与结算机构之间的职能配合，适当调整现有严格盘前资金持仓验证，并注重其与适度引入境外盘中授信机制之间的风控平衡，配套推进交易、结算相关系统和制度完善，能够更为持续有效地为期货市场提供更加丰富的交易机制和交易环境，有利于市场的长足发展。

（三）制度运用：完善常态化风控措施，优化紧急处置风控安排

以组合保证金、交叉保证金等多种形式取代单一的交易保证金、结算担保金制度，以动态的价格波动带代替单一的涨跌停板机制，是境外市场防范期货市场信用风险和价格风险的主要措施，这对于降低交易者成本、提升市场流动性、提高市场风险预警预测的能力等方面起到了重要作用。目前，境内市场对于组合保证金的研究和论证在持续推进，部分交易所业务规则中也已原则性引入了价格保护带等制度。进一步完善组合保证金、价格保护带作为常态化监管措施的路径可能，推进相关动态风控措施的制度安排与实际运用，有利于更灵活应对市场波动、调节市场流动。此外，期货市场异常情况往往是紧迫而重大的，随着《期货和衍生品法》的出台，相关主体应进一步优化境内期货交易所异常情况下紧急处置相关风控制度,明确相关措施如“取消交易”等具体适用条件,充分考虑紧急处置程序下交易所决策的客观可行和时间成本,采用相对灵活的程序安排,探索多层次的市场保护体系,深化跨市场监管合作机制,进一步提高期货市场紧急情形下风险处置的实效性。

五、结语

无论是宏观的市场监管体制、风控理念或是具体的风控制度,其形成和发展无不体现了我国期货市场在当时当地所处特殊环境下的最佳市场选择,附着了其无法脱离的种种历史和现实因素,也深深植根于中国特色社会主义市场发展实际的有效制度实践,客观上有利于期货市场公平、效率、安全等众多价值目标的实现。而在未来,去不断探索并形成一套更为科学、持续、合理、富有弹性、充满竞争力的市场风控制度机制,是为期货和衍生品市场孜孜以求的目标与方向。

#【域外法制】

期货及衍生品法律评论
第四卷，第 245～259 页

期货交易保证金制度设计要点

杨为乔*

2022 年 4 月 20 日，十三届全国人大常委会第三十四次会议表决通过了《中华人民共和国期货和衍生品法》（以下简称《期货和衍生品法》），8 月 1 日起该法正式施行。就《期货和衍生品法》的立法初衷与本意而言，《期货和衍生品法》坚持立足期货市场和衍生品市场的实际情况，全面规范期货市场，兼顾调整衍生品市场，着眼于充分发挥期货市场和衍生品市场共同服务国民经济的功能。[1]

据统计，截至 2022 年 6 月末，我国已有期货期权品种 94 个，基本涵盖国计民生主要领域。[2] 另据《经济日报》7 月 18 日报道：2022 年上半年我国期货市场累计成交量为 30.46

---

* 西北政法大学经济法学院副教授、硕士研究生导师。

〔1〕 参见全国人大财政经济委员会主任委员 徐绍史：《关于〈中华人民共和国期货法（草案）〉的说明——2021 年 4 月 26 日在第十三届全国人民代表大会常务委员会第二十八次会议上》，http://www.npc.gov.cn/npc/c30834/202204/10506ad2849a4cbf8bd6ea5908ad27a1.shtml。

〔2〕 参见易会满：《努力建设中国特色现代资本市场》，载中国证监会官网 2022 年 8 月 1 日，http://www.csrc.gov.cn/csrc/c100028/c5003581/content.shtml。

亿手,累计成交额为257.48万亿元;[3]其中,截至2022年5月,国内期货市场交易保证金规模已经突破1.4万亿元。[4] 这一规模,相对于当前期货市场累计成交额和交易保证金收益而言,说大不大,说小不小。不过,在外部宏观经济形势不确定性持续增加的背景下,对公司企业、金融机构和交易者、投资者而言,利用国内期货期权市场进行避险与风险对冲的概率必将不断增加;作为市场交易的稳定器和节拍器,交易保证金的积极作用日趋凸显,前景令人期待。

一、交易保证金制度的基本范畴

(一)基本概念与共识

期货交易保证金泛指在各类期货期权以及衍生品交易过程(包括商品期货、期权合约以及金融期货、衍生品等)[5]中,依据期货法律、交易所章程以及交易习惯及惯例,由交易者、期货公司等按照期货合约、期权合约中交易价格一定比例,分别向交易对手方缴纳的确定的货币资金。围绕交易保证金的设立、使用、管理等环节,所搭建的一系列法律规则、商事习惯以及通行做法,被统称为广义的交易保证金制度;狭义的交易保证金制度则是指由立法机关、期货交易监管当局以及各个期货交易所提供的交易保证金法律法规、行政规章以及自律规则。长期以来,人们对于期货交易保证金以及期货交易保证金制度基本形成如下共识:

第一,人们已经认识到,交易保证金具有作为履行期货合约的物质基础保障作用。惟其如此,方可确保期货合约、期权合约交易,有真实、确定的物质基础。此点,与其他金融商品交易、金融服务法律制度(例如票据、结算服务等)中,要求对应交易基础的真实性如出一辙,二者有着相近乃至同样的经济与法律理由。

---

[3] 参见祝惠春:《做好大宗商品保供稳价 帮助企业对冲市场风险——我国期市价格影响力显著提升》,载《经济日报》2022年7月18日。值得注意的是,与2021年同期比较,报道显示:“市场累计成交量、成交额同比分别下降18.04%和10.08%。”对此,应当考虑到以下不利因素的存在:第一,2021年以来国内外市场的剧烈波动,国际大宗商品价格大幅上涨,但境内期货市场在动力煤、铁矿石等主要期货品种的价格及涨幅方面均小于现货、小于境外;第二,境内市场价格走势的基本稳定;第三,境内期市自身没有发生风险事件,行业的风控能力经受住了考验。

[4] 参见祝惠春:《做好大宗商品保供稳价 帮助企业对冲市场风险——我国期市价格影响力显著提升》,载《经济日报》2022年7月18日。

[5] 为表述便利,除非特别说明,本文中的“期货交易保证金”均系泛指,包括但不限于上述商品期货、期权合约以及金融期货、衍生品等的交易保证金。

不过,在交易保证金对于单一层面/市场中所起到的保障安定作用之外;很少有人注意到交易保证金对于多层次衍生品市场之间起纵向安定性的维护作用。本稿认为,交易保证金以及交易保证金制度可以被看作是现实物质交易以及期间可能发生的金融期权交易的“脐带”——一种介于母体物质交易与衍生金融产品交易之间的关键连接环节。在理论上,它为两种不同的交易提供了理论出路和合理性前提;在操作上,则通过借用“保证金”外壳,为两重交易(尤其是后者——期货期权交易)提供了安定性保障。

第二,期货交易保证金不同于传统民商事担保法律规则中的“物的担保”。期货交易保证金既不是人的担保(保证),也不同于物的担保中的定金,而是具有独立金融商事品格,兼具担保与交易便利(主要是结算便利)特征的复合型交易方式。就此而言,期货交易保证金的法律性质中必然具有这种复合性的特点。不过,对于期货交易保证金是否在一定程度上具有某种“独立性”或者“优越性”的属性,学界尚未达成共识。本文认为,在我国商品期货与金融衍生品混合立法模式下,在理论上挑明期货交易保证金具有“独立属性”甚为必要,这也是未来保证金交易[6]得以立足的理论支点之一。

第三,期货交易保证金具有杠杆功能和调控属性。期货交易保证金制度中的当日无负债净额结算要求,在交易保证金不足时,由交易者、期货经纪人补足交易保证金,这在避免交易风险的同时,不失为一种杠杆措施,起到影响、干预交易者、期货公司的交易行动,从而间接影响期货市场交易,引领市场价格走势的作用。当然,这一杠杆措施依然属于市场规律(供求关系)起作用的商业领域,是期货交易所依据交易所交易规则而主导的市场活动,而非国家、政府的直接干预经济措施。不过,从期货运行实践来看,人们越来越认同将期货交易保证金作为一种宏观调控措施来看待和运用,这一倾向值得关注。本文认为,就期货市场发现价格以及引导市场价格走势的功能而言,交易保证金制度的确具有某种“宏观调控”的功能和可能;但就期货市场在整个市场经济体系中的地位和作用而言,期货的市场自发调节与计划经济下的计划、行政调控有着云泥之别。

(二)制度体系与内容

2022年4月20日由十三届全国人民代表大会常务委员会第三十四次会议

---

〔6〕 应当注意到“交易保证金”与“保证金交易”的根本区别。前者为期货交易保障资金与期货交易辅助制度,由交易者与期货公司分级缴纳,其目的在于保障交易的顺利进行;而后者则是一种特殊的衍生品交易品种,属于金融期货产品,常见的有“外汇保证金交易”等。这里仅提醒读者须注意相近表述之间的差异和区别。

通过,自 2022 年 8 月 1 日起施行的《期货和衍生品法》是我国期货交易保证金制度最重要、最基本的法律渊源。

在行政法规层面,有《期货交易管理条例》(2007 年 3 月 6 日国务院令第 489 号公布,根据 2012 年 10 月 24 日《国务院关于修改〈期货交易管理条例〉的决定》第一次修订,根据 2013 年 7 月 18 日《国务院关于废止和修改部分行政法规的决定》第二次修订,根据 2016 年 2 月 6 日《国务院关于修改部分行政法规的决定》第三次修订,根据 2017 年 3 月 1 日《国务院关于修改和废止部分行政法规的决定》第四次修订)。

在行政规章层面,则有《证券期货市场诚信监督管理办法》(中国证券监督管理委员会令第 139 号,2017 年 11 月 2 日,中国证券监督管理委员会 2017 年第 7 次主席办公会议审议通过,自 2018 年 7 月 1 日起施行)、《期货交易所管理办法》(2002 年 5 月 17 日中国证券监督管理委员会令第 6 号公布,根据 2017 年 12 月 7 日中国证券监督管理委员会《关于修改〈证券登记结算管理办法〉等七部规章的决定》第二次修改,根据 2021 年 1 月 15 日证监会令第 179 号《关于修改、废止部分证券期货规章的决定》第三次修订)、《期货市场客户开户管理规定》(2009 年 8 月 27 日中国证券监督管理委员会公布,根据 2012 年 2 月 2 日中国证券监督管理委员会《关于修改〈期货市场客户开户管理规定〉的决定》修订)、《期货投资者保障基金管理办法》(2007 年 4 月 19 日证监会、财政部公布,根据 2016 年 11 月 8 日中国证券监督管理委员会、财政部《关于修改〈期货投资者保障基金管理暂行办法〉的决定》修订)以及《期货公司监督管理办法》(中国证监会证监会令第 110 号,2014 年 10 月 29 日公布实施、于 2019 年被废止)等。

在司法解释层面,有最高人民法院《关于审理期货纠纷案件若干问题的规定(二)》(2010 年 12 月 27 日通过,自 2011 年 1 月 17 日起施行,根据 2020 年 12 月 23 日最高人民法院审判委员会第 1823 次会议通过的《最高人民法院关于修改〈最高人民法院关于破产企业国有划拨土地使用权应否列入破产财产等问题的批复〉第二十九件商事类司法解释的决定》修正);《中华人民共和国刑法修正案(六)》(2006 年 6 月 29 日公布实施)其中包含有关期货的规定;《最高人民法院、最高人民检察院关于办理内幕交易、泄露内幕信息刑事案件具体应用法律若干问题的解释》(法释〔2012〕6 号,2011 年 10 月 31 日由最高人民法院审判委员会第 1529 次会议、2012 年 2 月 27 日由最高人民检察院第十一届检察委员会第 72 次会议通过,自 2012 年 6 月 1 日起施行)以及最高人民法院《关于审理期货纠纷案件若干问题的规定》(法释〔2003〕10 号,2003 年 5 月 16 日最高人民法院审判委员会第 1270 次会议通过,2003 年 7 月 1 日起施行)等。

随着此次《期货和衍生品法》的颁布实施，为做好《期货和衍生品法》的贯彻落实工作，证监会对相关配套规章、规范性文件本着“成熟一批、及时修改一批”的原则，进行系统性的专项清理、修订。2022 年 8 月 12 日，证监会发布了《关于修改、废止部分证券期货规章的决定》202 令《关于修改、废止部分证券期货规范性文件的决定》第 43 号公告，决定对 8 部规章、14 部规范性文件的部分条款予以修改，对 1 部规章、1 部规范性文件予以废止。

(三)小结

在期货交易保证金制度领域，我国已经形成了以交易保证金账户开户规则、交易保证金结算规则、交易保证金存管规则、交易保证金监督管理规则以及破产清算中的交易保证金处置规则为主要内容的交易保证金制度体系。制度设计相对合理、全面，能够支撑当前国内期货与衍生品交易中交易保证金实践运用的需要，但就某些具体制度设计来看，仍有自省检讨之必要。

二、交易保证金与其他资金保障机制的关系

在进一步讨论之前，有必要将我国《期货和衍生品法》中规定的其他相关“金”制度梳理如下，以便厘清制度的背景与底色。

(一)期权合约中的权利金

《期货和衍生品法》第 22 条第 4 款规定：“交易者进行标准化期权合约交易的，卖方应当缴纳保证金，买方应当支付权利金。”可见，权利金系作为卖方交易保证金的对称，由买方支付的交易保障资金，从某种意义上来看，仅具有“先付”的功能。此系由标准化期权合约交易标的之特殊形式所决定的，该条第 5 款规定：“前款所称权利金是指买方支付的用于购买标准化期权合约的资金。”显见，与交易保证金的多重属性不同，权利金主要是作为支付手段而存在；这一点在《期货和衍生品法》第 43 条中明确为：“……权利金，应当优先用于结算和交割，不得被查封、冻结、扣押或者强制执行。”学理上看，权利金充其量不过具有对待履行保障之功用，并未超越契约关系中对等原则的范围。当然，这里也涉及人们更倾向于将标准化期权合约理解为一种独立的金融产品交易工具的观念。换言之，人们更倾向认为期权合约与期货合约具有不同的性质。导致这一观念现象产生的可能原因，只不过是法学家们比投资家们更晚了解和思考期货市场、期货产品和期货合约以及所谓期权合约现象，以至后来入乡随俗，沿用了期货领域里对相关概念和术语并不准确的法律解读的缘故。时至今日，法学家们也没有必

要吹毛求疵,再去纠结这些用语准确与否了。

与交易保证金相同,期货结算机构、结算参与人收取的权利金等,应当与其自有资金分开,按照国务院期货监督管理机构的规定,在期货保证金存管机构专户存放,分别管理,禁止违规挪用。(《期货和衍生品法》第 40 条)

(二)结算担保金

根据《期货和衍生品法》第 42 条第 3 款的规定,该法所称的结算担保金,是指结算参与人以自有资金向期货结算机构缴纳的,用于担保履约的资金。

首先,与交易保证金不同,结算担保金的缴纳主体为结算参与人,通常为期货公司等中介机构;其次,结算担保金来源于结算参与人的自有资金,而非其他;最后,结算担保金存在于期货交易的次级阶段,存在的意义不仅在于保障单笔合约的履行,更在于整个期货交易体系的安定与稳健。

(三)风险准备金

风险准备金是期货结算机构按照业务规则留存的风险准备资金,其本质与自有资金相同,可以理解为用于特定用途和目的(风险应对)的专用资金。根据《期货和衍生品法》第 116 条规定,"为防范交易及结算的风险,期货经营机构、期货交易场所、期货结算机构和非期货经营机构结算参与人应当从业务收入中按照国务院期货监督管理机构、国务院财政部门的规定提取、管理和使用风险准备金"。由此可见,风险准备金的提取、管理和使用必须依法进行,而具有强制性特征。〔7〕

在风险准备金的使用方面,首先,风险准备金可以用于完成结算。其次,风险准备金可能造成期货结算机构损失。为此,《期货和衍生品法》第 42 条规定:"期货结算机构以其风险准备金、自有资金等完成结算的,可以依法对该结算参与人进行追偿。"其明确了风险准备金的最终责任归属,但这不能成为期货结算机构、经营机构放任风险发生的理由。《期货和衍生品法》第 73 条第 6 项明确,国务院期货监督管理机构可以区别情形,对期货经营机构其采取限制期货经营机构自有资金或者风险准备金的调拨和使用的行政措施。

(四)自有资金

所谓自有资金,系指期货结算机构、结算参与人的自有资金。自有资金应与

---

〔7〕 对应的处理措施在《期货和衍生品法》第 143 条中明确规定:违反本法第 116 条的规定,期货经营机构、期货交易场所、期货结算机构和非期货经营机构结算参与人未按照规定提取、管理和使用风险准备金的,责令改正,给予警告。对直接负责的主管人员和其他直接责任人员给予警告,并处以 10 万元以上 100 万元以下的罚款。

交易保证金进行权利与管理的有效区别、专户存放、分别管理，禁止违规挪用。实际上，自有资金这一表述更多是财务会计意义上的归纳，重点不在于所有权意义上的定位。当然，在绝大多数情形下，尤其是在使用层面而言，自有资金在所有权意义上也是归属于期货结算机构以及结算参与人的；但如果考虑到自有资金的最初来源，或者说多层次金融市场之间的贯通特性，上述自有资金的背后还站着众多实际提供资金的“投资人”们。也就不难理解，对于自有资金的认识以及相应的规则设计，就不能仅仅停留于结算这一孤立、单一的交易环节之中，而应将其纳入期货交易的整体来看待。理解此点，或许有助于理解为什么近年来金融期货、衍生品交易越来越被看作是证券类产品，或者金融商品的理由之一了。

（五）期货交易者保障基金

我国《期货和衍生品法》中规定了期货交易者保障基金。其核心内容，一是该基金由国家设立；二是该基金的筹集、管理和使用的具体办法，由国务院期货监督管理机构会同国务院财政部门制定（《期货和衍生品法》第58条）。简单来说，期货交易者保障基金与前述交易保证金、结算担保金、风险准备金以及自有资金的性质完全不同。与我国《期货和衍生品法》的做法相类似，日本《商品期货交易法》中就有关于“委托人保护基金”的规定，在其《金融商品交易法》第四章之二，也专门规定了“投资者保护基金”。

显然，列举《期货和衍生品法》上与交易保证金相关的“金”制度的目的，并不在于对上述“金”制度的合理性与必要性的分析。意图在于：第一，相对于期货合约、期权合约制度外，保障期货交易能否顺利进行的关键还在于一系列辅助性的“金”制度；第二，考察这些“金”制度，大多具有商业属性或曰“私”的定位与属性；第三，这些“金”制度实际上从物质上形成了对期货、期权以及衍生品交易的约束与保障机制，这里的约束亦应定位为私权主体间的相互制约平衡，或是一种自律约束机制的作用；第四，以“期货交易者保障基金”为代表的保障性基金，不过是一种外部补充机制，而不宜看作是期货市场的主要纠错保障，更不应借“保障”之名，而行“监管”之实。[8]

---

〔8〕 期货市场监管须规范、透明，监管不宜“借壳上市”。

三、日本期货交易保证金制度特点

(一)商品期货与金融期货分别立法

在期货立法模式选择上,日本采用商品期货与金融期货(金融商品)分别立法的模式。早先日本针对商品期货,制定有日本《商品期货交易法》(Commodity Futures Trading Act);针对金融衍生品,则先有1988年的《金融期货交易法》,后有《金融商品交易法》。[9] 日本《金融商品交易法》的诞生,实现了日本金融法制的整体重构。但就期货立法模式来看,依然保留了分别立法的基本模式,即从原来的商品期货与金融期货分别立法;转变为商品期货与金融商品(含以前所谓的"金融期货")的分别立法。

日本在保持商品期货与衍生品分别立法的同时,以金融商品的概念统合、融化了"金融期货"这一传统概念。这一现象无疑是多重原因综合作用的结果,不过有以下几点,值得思忖。

第一,历史原因。日本的商品期货交易立法发端于第二次世界大战之后的1948年,而金融期货立法直至1988年才制定颁布《金融期货交易法》,期间相隔40余年。这种立法时间的间隔,反映出整个日本社会以及立法机关对商品期货与金融期货理解的渐进式深入过程:从简单到复杂,从实体到抽象。无论如何,期货制度的创立发展,都必须依托期货市场,必须依托于足够数量的期货、期权交易活动,依托于大量的商品期货以及金融期货产品合约作为基础和支撑,否则期货法律、期货制度模式选择等话题,都是空中楼阁,一切免谈。

第二,市场逻辑。无论从期货交易理论还是法律关系角度分析,商品期货交易与金融期货交易的基础逻辑存在差异:前者系以实体交易为基础,以"交割"这一合同的实际履行为制度设计之基础逻辑和依托。而在金融期货或曰衍生品交易中,实际"交割"或者实际"履约"的意义已经退居其次,交易保障的功用后来居上,成为期货市场逻辑的重点,"交易"甚至"可交易"本身就是金融期货交易的目标和意义。正是商品期货与金融期货市场基础逻辑的这种分野和渐行渐

---

〔9〕 2007年,日本国第164届国会例行会议通过《修改证券交易法等的法律》,包括原《证券交易法》(1948年4月13日,第25号法律)、《金融期货交易法》(1988年5月31日 第77号法律)在内的多部法律被废止,将原《金融期货交易法》所规定的金融期货交易纳入统合后的《金融商品交易法》(根据《修改证券交易法等的法律》制定,2009年3月31日修订,共计226条。英译为:Financial Instruments and Exchange Act)。

远,一方面使将商品期货与金融期货合并立法的经济基础日渐松软,不再迫切;另一方面,也使得合并立法的技术困难和矛盾日渐突出,从立法效率和困难程度权衡,或许还不如谨守固有分开立法的模式,而不再“明知山有虎,偏向虎山行”了。

第三,风险考虑。一般认为,保证金制度是期货市场最核心的风险管理制度,也是整个期货市场效率和风险管理之间平衡的关键,当日无负债结算、强行平仓等风控制度都是围绕保证金制度建立的。[10] 就市场风险、交易保证金以及具体风险管理制度的关系而言,显然市场风险才是保证金制度设立的起点;前述风控措施不过是保证金制度的必要组成部分,居于次要与辅助地位。尤其是在不同期货产品的基础交易及其市场供求关系上,可能还存在较大差异,例如,农产品期货与有色金融期货市场风险的相互影响与波动规律常常就不一致,二者的风险发作与风险防控应对,也是天壤之别;同样的情形,也发生在商品期货风险与金融期货(衍生品)风险及其应对方面。简单来说,商品期货风险与金融期货(衍生品)风险发作规律也不一致,因此将商品期货与金融期货(衍生品)分别立法,在市场风险防控角度而言,说不定还能起到预留后手的功效。

第四,法律文化传统与司法效率便利的影响。显然,保持法律文化与法律规则的相对稳定(日本有“民商分立”的法律传统),对于争议的解决、司法效率以及当事人的便利,大有裨益,此处不再赘述。

(二)期货交易场所嬗变的经济逻辑

早在1730年的江户幕府时代,大坂堂岛米会所就开始了稻米期货交易,这被公认为日本近代商品期货交易的开始。此后,商品期货交易所逐步发展起来。二战期间,因国家转入军国体制,商品期货交易被迫陷入停滞。战后,日本的商品期货交易逐步恢复。目前,日本的主要期货交易机构如下。

第一,日本交易所集团(日本取引所グループ,Japan Exchange Group, Inc. 略称 JPX)是一家控股公司,旗下拥有子公司:股份公司东京证券交易所(株式会社東京証券取引所,Tokyo Stock Exchange, Inc. ,略称东证、TSE),东证是日本最大的证券交易所;股份公司大阪证券交易所(株式会社大阪取引所,Osaka Exchange, Inc. ,略称大证、OSE)是日本唯一为金融衍生品交易而设立的金融商

[10] 参见叶林主编:《中华人民共和国期货和衍生品法理解与适用》,中国法制出版社2022年版,第79页。

品交易所;[11] 股份公司东京商品交易所(株式会社東京商品取引所,Tokyo Commodity Exchange, Inc. ,TOCOM)是日本唯一从事原油、电力、液化天然气期货交易的交易所。

第二,股份有公司堂岛交易所(株式会社堂岛取引所,Osaka Dojima Exchange, Inc. ODEX)该交易所之前属于日本《商品期货交易法》上的“会员制商品交易所”;2021 年 4 月 1 日起改制为股份公司,从而成为一家“公司制商品交易所”。2021 年 8 月 10 日,交易所将原来名称中的“大阪”字样删去,更名为“股份公司堂岛交易所”。值得一提的是,作为日本最古老期货交易机构,堂岛交易所的农产品期货交易种类(目前小豆、原糖、美国大豆以及玉米期货)和交易额日渐下降。这与日本人的饮食习惯多样化,对大米等农产品的需求量不断减少以及农产品市场价格日趋透明化有极大的关系。

第三,股份公司东京金融交易所(株式会社東京金融取引所,Tokyo International Financial Futures Exchange, Inc. ,略称金融取、TFX)是日本金融商品交易所之一,也是一家金融商品清算组织。该交易所以其“Click365”外汇保证金交易而闻名期货市场。东京金融交易所的前身是 1989 年 4 月依据原日本《金融期货交易法》设立的会员制“东京金融期货交易所”,与当时的东京证券交易所、东京商品交易所(现东京商品交易所)和东京粮食交易所(已解散)并称为东京四大交易所。2004 年 4 月交易所的组织形式由会员制改组为股份公司。2007 年 9 月,随着日本《金融商品交易法》的实施,交易所名称也更名为东京金融交易所,成为一家金融商品交易所。

如果撇去日本交易所复杂的历史变迁,可以清晰地看到日本期货交易机构的分分合合背后的嬗变逻辑:首先,是期货市场的选择,尤其是各类商品期货交易机构的解散、合并,无不体现了期货产品与期货市场对机构存废的决定性影响,也在一定程度上反映出日本人试图通过期货市场为整体宏观经济提供更多流动性,稳定市场价格预期的强烈企图。其次,期货交易机构合并变更的主要路径是资本控制与股权收购,日本交易所集团作为控股公司直接控制东京证券交易所、大阪交易所以及东京商品交易所就是典型的证明。再次,日本《金融商品交易法》对涉及金融期货、期货衍生品交易的交易所的影响不可小觑。事实上,除去堂岛交易所之外,无论是东京交易所集团,还是东京金融交易所的变动,莫

[11] 大阪交易所的具体业务包括:交易管理的关联业务,交易参与者管理的关联业务,其他新商品、新制度的导入及调查研究等。参见日本交易所集团官网,https://www. jpx. co. jp/chinese/corporate/jpx-profile/02. html。

不与日本《金融商品交易法》的实施有关;单就制度设计而言,日本立法机构以及金融监管当局顺应市场潮流,勇于应变的决心与眼光值得肯定。最后,鲜明的风险防范意识。例如,东京金融交易所的利率期货市场与外汇保证金交易市场采用分开运作的交易系统,以防止交易风险的集中与扩散。其中,利率期货交易采用的是与芝加哥期货交易所等海外交易所同样的 Life Connect 系统;而外汇保证金交易系统则采用由日立公司提供的交易系统。〔12〕

(三)金融期货概念的湮没

如前述,随着日本《金融期货交易法》的废止,该法当中的核心概念"金融期货"也未被日本《金融商品交易法》所承继,而是随着新法的颁行而湮没于期货立法的历史当中。

日本《金融商品交易法》成功地实现了以"金融商品"概念,对下位各类金融商品、金融工具以及金融服务进行整合。值得注意的是,日本《金融商品交易法》中的金融商品是一个泛指的概念,在该法第 2 条【定义】中列举了多种具体的金融商品,例如各类"有价证券"以及"市场衍生品"(各类基于商品期货交易产生的市场衍生品)等。

总体来看,日本将金融期货纳入金融商品体系的做法,体现了某种历史与市场逻辑的自然延续;同时,这种做法也在一定程度上迎合了期货法律实践对法律制度可操作性的需求。〔13〕

(四)期货交易保证金调控功能认识的异同

起初,在期货交易保证金被作为"限制过度投机的手段之一"〔14〕的问题上,人们认识相近:第一,限制(调控)的直接动机是限制过度投机,避免市场过度波

〔12〕 我国《期货和衍生品法》中并未对衍生品交易场所作出明确规定,但就该法第三节"衍生品交易"第 30 条第 1 款"依法设立的场所,经国务院授权的部门或者国务院期货监督管理机构审批,可以组织开展衍生品交易",中国金融期货交易所(以下简称中金所)正是承担这一任务的合适机构。尤其是 2022 年以来,金融期货板块成交量同比增长 12.65%,其中,2 年期国债期货成交量和成交额增幅最大,分别增长 92%和 93%。反映出中金所国债和股指期货在对冲市场剧烈波动风险,防范系统性风险的重要作用。参见祝惠春:《做好大宗商品保供稳价 帮助企业对冲市场风险——我国期市价格影响力显著提升》,载《经济日报》2022 年 7 月 18 日,第 7 版。

〔13〕 我国《期货和衍生品法》并未采用"金融期货"这一传统概念,而是分别规定了期货交易、期权交易以及衍生品交易等三个并列的概念。其中"期货交易"是指以期货合约或者标准化期权合约为交易标的的交易活动(《期货和衍生品法》第 3 条第 1 款)。而"期货交易以外的,以互换合约、远期合约和非标准化期权合约及其组合为交易标的的交易活动"则被归类为"衍生品交易"(《期货和衍生品法》第 3 条第 2 款)。

〔14〕 参见叶林主编:《中华人民共和国期货和衍生品法理解与适用》,中国法制出版社 2022 年版,第 18 页。

动。第二,限制(调控)的远期目标是维持期货市场价格发现功能的持续与健全,防止市场失灵。第三,限制(调控)的通行手段是调整保证金比例,发挥保证金的杠杆功能;即“通过降低期货交易保证金比例,可以活跃市场,通过提高保证金比例,可以减少投机交易”。[15]

由于期货交易(包括金融期货交易)不仅可以用于投机交易,还可以进行风险对冲和套利交易。所以,期货交易保证金在具有抑制过度投机交易作用的同时,也具备了影响风险对冲和套利的功能。只不过后来人们对于能否通过交易保证金干预期货市场的问题上出现了不同看法。相对保守的观点认为,作为具有价格引导功能的期货交易市场,应当保持其对价格的敏感,这就要求确保期货市场的自由、开放。迷恋对交易保证金比例的调控,在某种程度上或许会侵蚀和影响到期货市场对价格的敏捷反应,进而会导致其价格发现功能的迟钝甚至扭曲。正因如此,日本《商品期货交易法》《金融商品交易法》中便未明确交易保证金的调控机能,即期货交易保证金更应该被定位为纯粹的交易稳定器,而不是调控工具。例如《金融商品交易法》第 117 条就规定,金融商品交易所的业务规程中应当包括交易保证金事项,并制相关细则。同时,该法第 119 条也只是规定:在金融商品交易所从事金融商品以及市场衍生品交易的场合,应当根据交易类型预先存入交易保证金。即使追溯到已经废止的旧《金融期货交易法》(法律第 77 号)第 37 条关于交易保证金的条款,该法规定金融期货交易所可以依照章程规定,要求会员为了金融期货交易,而应当交纳保证金。该法第 41 条关于违约赔偿金的规定中,也只是对交易保证金的优先赔偿顺序做出了规定。[16] 此外,

---

〔15〕 参见叶林主编:《中华人民共和国期货和衍生品法理解与适用》,中国法制出版社 2022 年版,第 18 页。

〔16〕 这部分规则,中日两国规定大同小异。如我国《期货和衍生品法》第 42 条规定:“结算参与人在结算过程中违约的,期货结算机构按照业务规则动用结算参与人的保证金、结算担保金以及结算机构的风险准备金、自有资金等完成结算;期货结算机构以其风险准备金、自有资金等完成结算的,可以依法对该结算参与人进行追偿。交易者在结算过程中违约的,其委托的结算参与人按照合同约定动用该交易者的保证金以及结算参与人的风险准备金和自有资金完成结算;结算参与人以其风险准备金和自有资金完成结算的,可以依法对该交易者进行追偿。”又如《期货和衍生品法》第 43 条规定:“期货结算机构依照其业务规则收取和提取的保证金、权利金、结算担保金、风险准备金等资产,应当优先用于结算和交割,不得被查封、冻结、扣押或者强制执行。在结算和交割完成之前,任何人不得动用用于担保履约和交割的保证金、进入交割环节的交割财产。依法进行的结算和交割,不因参与结算的任何一方依法进入破产程序而中止、无效或者撤销。”

在日本《金融服务提供相关法律》[17]第4条关于对金融商品销售业者说明义务的条款中,也只是规定了金融商品销售业者应当就相关“委托保证金”以及“其他保证金”事项负有向顾客进行说明的义务。简单来说,在日本期货法律层面,未见对“交易保证金”调控功能的规定。可能的原因有两点:第一,交易保证金不具有调控功能;第二,交易保证金调整事项,属于私法自治范畴,不宜由法律直接规定。[18]

四、期货交易保证金运行中的几个具体问题

(一)期货交易保证金制度的“分流”与“合流”

如前所述,由于日本奉行商品期货交易与金融商品交易分流模式,理应在对应的交易保证金规则体系上也形成交易保证金的自然分野。但观察日本《商品期货交易法》《金融商品交易法》中的交易保证金制度,不难发现原本立法模式与交易规则上的这种“自然分野”却在实践中出现了“合流”的现象:一方面,商品期货交易保证金规则与金融商品交易保证金在整体上并无明显区别;另一方面,在具体制度设计上也无特殊规则存在,二者几无差别。实际上,那种原以为会出现规则“分流”的认识,几乎是一种“错觉”,交易保证金制度其实从未“分流”,又何来“合流”呢?无论是造成这一“错觉”还是“合流”的原因,其实都可以归结为即使是在商品期货与金融商品分别立法的模式下,二者对其市场背景以及市场规律的尊重。

我国《期货和衍生品法》明确规定,期货交易实行交易保证金制度(《期货和

---

〔17〕《金融サービスの提供に関する法律》(平成十二年法律第百一号,令和四年修订,法律第六十一号)。

〔18〕我国期货立法中,将交易保证金定位为交易所控制市场风险程度、防范风险扩大的重要措施。简言之,至少期货交易保证金的自主调控功能获得了法律上的部分认可。我国《期货和衍生品法》第87条就明确规定,在对期货交易的风险监测中,出现异常情况的,期货交易场所可以依照业务规则,单独或者会同期货结算机构采取调整保证金等紧急措施,并立即报告国务院期货监督管理机构;待异常情况消失后,期货交易场所应当及时取消紧急措施。作为紧急措施的“调整保证金”,被限定于应对异常情况的情形,在具备抑制投机功能的同时,亦未排除其调控的可能。《期货和衍生品法》第87条规定,“期货交易场所应当加强对期货交易的风险监测,出现异常情况的,期货交易场所可以依照业务规则,单独或者会同期货结算机构采取下列紧急措施,并立即报告国务院期货监督管理机构:(一)调整保证金;(二)调整涨跌停板幅度;(三)调整会员、交易者的交易限额或持仓限额标准;(四)限制开仓;(五)强行平仓;(六)暂时停止交易;(七)其他紧急措施。异常情况消失后,期货交易场所应当及时取消紧急措施”。

衍生品法》第22条)。对于衍生品交易保证金制度,《期货和衍生品法》虽未明确表述,但通过该法第32条、第34条的相关规定,以及国内各期货交易所的实际运行,衍生品交易同样适用交易保证金制度的观点并无疑义。[19]

(二)保证金分级收取规则

在保证金收取规则上,日本与我国的做法基本一致。唯值注意者,在于日本交易所采用会员制与公司制并行的做法,仅在保证金收取流程与细节上与我国有所差异。

我国《期货和衍生品法》第22条第1款规定:"期货交易实行保证金制度,期货结算机构向结算参与人收取保证金,结算参与人向交易者收取保证金。保证金用于结算和履约保障。"据此,我国期货交易保证金实为一种逐层式或曰台阶式保证金制度结构。

第一,在基础交易层面,系由"结算参与人向交易者"收取保证金。从基础交易层面而言,交易保证金作为一种履约保障手段,具有物之担保属性,与一般担保形式中的定金较为类似。一旦期货交易进入结算交割阶段,交易保证金将作为结算资金的一部分,成为最终履约资金。这就意味着,交易保证金的担保使命消灭,而仅留存"预付款"之功用。此时,作为"预付款",交易保证金的法律风险(因不能履约而可能丧失保证金的风险)已然淡去;但由于"预付款"的资金占用,而导致的成本、时间等相应的市场风险(因对应保证金形式的市场要素的变化而产生的风险)依然存在。[20]

第二,在期货交易结算阶段,系由"期货结算机构向结算参与人收取保证金"。从结算过程来看,这是期货交易中介机构之间的交易行为。

第三,交易保证金的收取与缴纳和期货的结算与交割密切相连,具有从属性质。我国《期货和衍生品法》第39条:"在期货交易场所规定的时间,期货结算机构应当在当日按照结算价对结算参与人进行结算;结算参与人应当根据期货结算机构的结算结果对交易者进行结算。结算结果应当在当日及时通知结算参与人和交易者。"不难发现,在期货结算中也存在类似的逐层式结算架构:即先由结算机构对结算参与人结算,再由结算参与人向交易者结算。显然,是期货结算带动了保证金的后续使用,而不是相反。

---

〔19〕《期货和衍生品法》第30条第2款规定,组织开展衍生品交易的场所制定的交易规则,应当公平保护交易参与各方合法权益和防范市场风险,并报国务院授权的部门或者国务院期货监督管理机构批准。第34条规定:"进行衍生品交易,可以依法通过质押等方式提供履约保障。"

〔20〕考虑到交易保证金具有法定性的特征,强制交易者以及结算参与人缴纳,因此这部分的制度软化问题,也就成为了制度设计者们不得不考虑的一个制度完善问题。

（三）保证金所有权的归属问题

在日本期货交易保证金规则上，保证金所有权的归属问题基本清晰，即保证金属于顾客和会员所有。

我国《期货和衍生品法》第22条[21]回避了保证金所有权归属问题，而《期货交易管理条例》则明确规定："期货交易所向会员收取的保证金属于会员所有。期货公司向客户收取的保证金属于客户所有。"在业务实践中，一方面，期货交易所会员要向客户收取保证金；另一方面，会员又将客户交纳的保证金再以自己的名义交纳至结算机构，从而导致同一笔保证金上存在双重所有权的问题。实际上，多重所有权的存在并非孤例，在现代市场经济条件下，对物的利用或者用益已经成为权利设计的重点，传统上以物的归属为重点的"一物一权原则"早已出现了让位于前者的倾向。

五、结语

我国交易保证金法律制度在交易保证金账户的监督管理、建立健全期货市场监测监控制度、加强保证金安全存管监控、规范保证金存管银行以及重大事项（有关交易、持仓、保证金等）报告制度（《期货和衍生品法》第27条）等方面，均有较为清晰明确的法律规定，值得肯定与坚持。当然这也在一定程度上反映出我国《期货和衍生品法》兼具交易法、管理法的立法色彩。日本期货立法十分注重金融消费者的保护与争端解决机制的设立和运用。例如日本《商品期货交易法》第五章"商品期货交易协会"第五节中就有关于"纠纷的解决"的规定，并赋予"商品期货交易协会"参与纠纷解决的职责；在其《金融商品交易法》第五章之五则规定了"指定纠纷解决机关"等内容，值得思考。

---

〔21〕《期货和衍生品法》第22条规定："期货交易实行保证金制度，期货结算机构向结算参与人收取保证金，结算参与人向交易者收取保证金。保证金用于结算和履约保障。保证金的形式包括现金，国债、股票、基金份额、标准仓单等流动性强的有价证券，以及国务院期货监督管理机构规定的其他财产。以有价证券等作为保证金的，可以依法通过质押等具有履约保障功能的方式进行。期货结算机构、结算参与人收取的保证金的形式、比例等应当符合国务院期货监督管理机构的规定。交易者进行标准化期权合约交易的，卖方应当缴纳保证金，买方应当支付权利金。前款所称权利金是指买方支付的用于购买标准化期权合约的资金。"

期货及衍生品法律评论
第四卷,第 260 ~278 页

期货市场跨境监管的境外经验与本土优化

张继红 *　曹逸珺 **

作为我国金融市场的重要组成部分,期货市场近年来始终坚持扩大对外开放,加强同国际金融市场的融合深度与力度。2022 年 8 月 1 日起正式施行的《中华人民共和国期货和衍生品法》以下简称《期货和衍生品法》就专门设置了“跨境交易与监管协作”章节,填补了之前在跨境监管领域存在的立法空白,预示着我国境内期货市场将朝着法治化与规范化的方向不断发展,我国监管部门将积极参与全球期货交易跨境监管、打击金融违法违规行为的决心。

一、不同的期货市场跨境监管模式

美国、英国与我国香港特别行政区的期货发展起步较早,在跨境监管方面各具特色。美国司法机关在期货法域外适用效力上的保守态度催生了期货市场的跨境监管体系,意图通过此种方式来稳固美国在国际期货市场上的领军地位,因而美国在跨境监管上采取由政府主导的集中监管模式;英国曾经在证券期货市场奉行行业自治的自律监管模式,后为顺应欧洲资本市场的发展而引入了政府的正向干预;我国香港特别行政区采取立法先行模式,制定出契合本地区期货市

* 上海政法学院教授、上海全球安全治理研究院研究员。
** 上海政法学院 2021 级国际经济法方向硕士研究生。

场实际情况的法律法规，在法治轨道上推进期货跨境监管的展开。

（一）三种期货市场跨境监管模式

1. 美国的期货市场跨境监管模式

美国证券期货市场在世界范围内处于领先地位，期货法的域外适用效力最早起源于美国。美国期货法是一套由公法与私法相结合而形成的法律体系，其中，美国《商品交易法》（Commodity Exchange Act）作为统领美国期货和衍生品交易的基本法，更是成为了许多国家和地区制定期货法的风向标。关于美国《商品交易法》的域外适用效力，在过去的数十年间，美国立法机关对这一问题进行了反复博弈，直至 2010 年《多德—弗兰克华尔街改革和消费者保护法案》（Dodd-Frank Wall Street Reform and Consumer Protection Act，以下简称《多德－弗兰克法案》）的出台才彻底终结了美国期货法律体系域外适用效力不明的局面。[1] 美国司法机关在期货法的域外适用效力问题上采取了“二分”法：在私人诉讼中，严格采取莫里森案[2]所确立的“交易发生地原则”[3]，否认美国《商品交易法》的域外适用效力；[4] 在公法案件中，美国期货法赋予了商品期货管理委员会（United States Commodity Futures Trading Commission，CFTC）绝对的域外管辖权，美国法院亦对 CFTC 提起的公共执法程序的域外适用效力予以了肯定，但适用标准仍然是当事人的交易行为应当发生在美国境内，这一点在后续的英国石

---

〔1〕《多德－弗兰克法案》专设“场外互换市场监管”章节，不仅进一步明确了针对境外期货交易场所的监管规则，还增加了对境外互换交易的监管规则，规定那些与美国境内商业活动具有直接重大关联，或对其具有直接重大影响的境外互换交易，可以适用美国《商品交易法》。参见季铄人、陈建伟：《美国期货法域外适用：沿革、博弈与启示——基于典型司法判例的考察》，载《多层次资本市场研究》2021 年第 3 期。

〔2〕在莫里森案中，以莫里森为代表的三位澳大利亚籍原告向美国纽约南区联邦地区法院提起诉讼，指控被告澳大利亚国民银行在美国成立的子公司 HomeSide，利用欺骗和欺诈性手段，运用错误的估价模型对三位原告的抵押贷款服务费用的现值作出了误导性的估算，最终导致了国民银行证券价格虚高，给三位原告造成了损失。

〔3〕“交易发生地原则”以期货交易发生在美国境内作为适用美国法律的前提，即只要期货交易发生在美国就适用美国期货法的有关规定处理案件，如果交易发生在境外，则驳回诉讼请求。在莫里森案中，一审和二审法院就曾以交易行为是在澳大利亚证券交易所发生的为由，认为法院对此不享有管辖权。

〔4〕See Morrison v. Nat’l Australia Bank Ltd., 561 U.S. 247, 130 S. Ct. 2869, 177 L. Ed. 2d 535 (2010).

油公司案[5]中再一次得到了印证。不止如此,英国石油公司案的判决结果亦鲜明地展现出美国司法机关在法的域外适用效力问题上所持有的保守姿态:一是严格限定了美国《商品交易法》的域外适用效力范围,只有在涉及互换市场的领域中该法才具有域外适用效力;二是进一步明确了判断某一涉外期货案件是否属于美国国内案件的标准,只要该案中的期货交易或者涉及的主要违法行为发生在美国境内,美国法院对此就可以享有管辖权。[6]

尽管美国的司法机关现阶段只是有条件地承认美国《商品交易法》的域外适用效力,但这确实从一定程度上助推了美国期货市场跨境监管的发展,美国希望以跨境监管的方式变相地推动实现美国法律全球化的目标,从而维护其作为国际金融巨头的实力与地位。美国证券交易委员会(United States Securities and Exchange Commission, SEC)下设的国际事务办公室(Office of International Affairs, OIA)就是专门从事跨境证券期货监管合作的机构,在美国的期货跨境监管问题上扮演着至关重要的角色。一方面,SEC 通过 OIA 与其他国家的监管部门就跨境执行证券期货法规和制定共同实体政策进行协调与合作,[7]必要时,OIA 还要负责对 SEC 下设的稽查部门在调查过程中提出的协查请求同美国境外的其他监管机构开展磋商。另一方面,作为重要的执法联络机构,OIA 还要协助 SEC 的执法人员以及境外监管部门开展诉讼活动,在符合美国诉讼程序的情形下对位于美国境内的违法人员提起诉讼。在跨境监管协查方面,SEC 始终坚持主权利益与同等互惠两大基本原则。主权利益是境外监管部门所请求的协查事项不能与美国的国家主权与社会公共利益相违背,也不能妨害美国公民的基本利益,否则 SEC 有权拒绝协查。同等互惠原则是指请求方向 SEC 提出协查请求即意味着其同意今后在类似事务中给予 SEC 同等的协助与便利。另外,当 SEC 正式接受了请求方的跨境监管协查后,SEC 对此就享有绝对的自主决定权。这意味着,SEC 有权根据案件情况自行决定采用何种调查方式来搜集与案件有关的事实及证据。

---

〔5〕 英国石油公司案中,原告系从事布伦特原油期货及衍生品合约的交易者,被告系布伦特原油的主要生产商和加工商,英国石油公司就是其中规模最大的一家。原告指控被告通过虚假申报、虚构交易的欺诈方式在期货市场操纵布伦特原油,进而控制期货交易价格,损害原告利益。联邦第二巡回上诉法院认为,由于案件中被告的主要操纵行为发生在美国境外,案件与美国的关联程度极其微弱,因此不应当视为美国境内案件,更无法适用美国《商品交易法》。

〔6〕 See Prime Int'l Trading, Ltd. v. BP P. L. C., 937 F. 3d 94 (2d Cir. 2019).

〔7〕 参见廖凡:《跨境金融监管合作:现状、问题和法制出路》,载《政治与法律》2018 年第 12 期。

2. 英国的期货市场跨境监管模式

英国是世界上最早发展期货市场的国家之一。曾在很长一段时间内,自律监管一直是英国期货市场管理体系中的核心所在,政府不会直接干预本国期货市场的发展,而是通过制定与期货交易相关的法律法规和采取一些非直接手段对期货市场进行宏观调控。但是自2008年国际金融危机爆发以来,英国对本国的金融监管机构开展了一系列改革,改革的核心就包括金融监管架构的变革,[8] 由传统的自律监管模式演变为以英国金融行为监管局(Financial Conduct Authority,FCA)统一监管、五大期货交易所[9] 各自分工配合监管的模式。

FCA的前身是英国金融服务管理局(Financial Service Authority,FSA),主要履行证券期货市场、股票债券市场等金融行为的相应监管职责。FCA将跨境监管视作其监管职能的重要组成部分,在FCA手册中对此作出了充分、翔实的规定。根据FCA手册的规定,FCA在履行跨境监管职能过程中负有协助境外监管机构的职责,有义务采取其认为适当的步骤与境外监管机构开展合作。在履行这一义务时,FCA有权向境外监管机构共享那些非禁止披露的信息,包括FCA自行开展调查获得的信息与FCA在法律允许的范围内行使合法权力要求其他机构提供的信息。不止如此,英国2000年《金融服务和市场法》(Financial Services and Markets Act)还赋予FCA在开展跨境监管协查过程中享有“使用法定权力要求被调查人出示文件、提供信息或回答问题”“根据境外监管机构的请求与被调查人开展面谈”“行使法案中相关条款的权力以变更或取消对某些企业的许可,或对某些境外监管机构提出的要求”等职权。[10] 在具体执行原则上,FCA除了基本的主权利益与同等互惠原则之外,还要求有关案件应当具有一定程度的严重性、对英国公民或对在英国的人员具有重要影响,并且境外监管机构还应当承担英国当局协助调查所支出的相应费用,但如果FCA在调查过程中发现执行境外监管机构所提出的协查请求对于其依据英国法律履行职责是必要的,则上述原则可不予考虑。

整体而言,英国期货市场的监管模式几经变革其实是顺应欧洲资本市场不断发展的必然结果。自1999年欧元正式问世以来,欧洲资本市场趋于统一的态

[8] See George A. Walker, *Financial Crisis-U. K. Policy and Regulatory Response*, 44 INT'l LAW. 2010, p. 751.

[9] 英国五大期货交易所分别为:伦敦国际金融期货和期权交易所、伦敦商品交易所、国际石油交易所、伦敦金属交易所、伦敦证券和衍生证券交易所。

[10] 参见英国金融行为监管局官网:https://www.handbook.fca.org.uk/handbook/EG/2/6.html,最后访问日期2022年8月28日。

势越发明显，英国为了维持自身在世界期货市场上所占有的份额，不得不适应欧洲经济市场一体化的改革，不再坚持传统期货业过度依靠行业自治的监管体系，逐步引入政府机构正向干预，以此来适应欧洲资本市场的全新要求，进而巩固自己在世界期货市场的领先地位。

3. 我国香港特别行政区的跨境监管模式

我国香港特别行政区的期货市场虽然起步较晚，但得益于先立法、后发展的路线，期货市场的发展走势一路迅猛。期货市场跨境监管的有关事宜，在我国香港特别行政区2003年颁布的《证券及期货条例》中作了规定，该条例赋予了香港特别行政区证券及期货事务监察委员会实施期货市场跨境监督管理、构建对外监督管理机制的权力。根据2015年《证券及期货条例》第186条，香港特别行政区证券及期货事务监察委员会在协助香港特别行政区之外的监管机构开展监督管理的调查中，可以要求被调查人交出关于上市法团的记录及文件；被调查人在证监会指明的时间内，按照证监会指明的形式提供包括但不限于能够确定有关的人的身份的详细情况、有关期货合约的详细情况等与交易有关的资料；证监会有合理理由相信被调查人存在犯有香港特别行政区任何条例有关条文规定的罪行、被调查人可能做出亏空或欺诈等不当行为或者曾经发生过市场失当行为的，证监会可以立即开展调查，被调查人有配合证监会调查人员的法定义务。在具体开展跨境执法调查之前，香港特别行政区证券及期货事务监察委员会还会综合考量境外监管机构是否在将来有能力和意愿对等协助香港特别行政区方面的类似请求、香港特别行政区方面接受对方的协助请求后是否有助于维护投资者的利益或社会公共利益以及香港特别行政区方面提供的协助能否真正帮助境外监管机构履行自身职能等各方面因素。

自2016年沪港通跨境操纵第一案[11]发生以来，上海与香港特别行政区之间的跨境证券市场法律监管面临着前所未有的契机与挑战。考虑到证券市场与期

〔11〕 2016年11月中旬，中国证监会联合香港特别行政区证券及期货事务监察委员会成功查获一起不法投资者绕道香港特别行政区开立证券账户，借道"沪股通"交易机制反向操纵A股的新型案件。2010年以来，唐某博及其关联人员唐某子、袁某林等人因操纵市场、超比例持股未披露等违法违规活动被中国证监会多次调查和处罚，唐某博等人利用在中国香港特别行政区和中国内地开立的证券账户，内外配合，通过制造人为的交易价格和交易量，误导其他投资者参与交易，实施跨境操纵。两起案件非法获利近3亿元，其行为严重破坏市场秩序、严重损害其他投资人利益，市场危害巨大，影响十分恶劣，依法应予严肃查处。最终中国证监会依照我国《证券法》第203条之规定，没收唐某博涉案操纵行为违法所得41,884,236元，并顶格罚款208,821,180元。参见《证监会成功查处首例沪港通跨境操纵案件》，载中国证监会官网 http://www.csrc.gov.cn/csrc/c100200/c1000488/content.shtml，最后访问日期2022年10月11日。

货市场之间总是相互借鉴、相互影响的,因此,对沪港两地证券市场跨境监管现状的分析亦能推进我国内地与香港特别行政区在期货市场跨境监管领域的研究。沪港两地在跨境监管标准与跨境监管方式上已经达成了共识。具体而言,沪港两地采取“主场原则”来落实监管标准,即投资者在上海证券市场上的投资由上海证券交易所负责监管,投资者在香港特别行政区证券市场上的投资则由香港联合交易所负责监管。在具体的监管细则方面,沪港两地以中国证监会与香港特别行政区证券及期货事务监察委员会于1993年、2014年签署的《监管合作备忘录》、《沪港通项目下中国证监会与香港证监会加强监管执法合作备忘录》以及在沪港通正式开通后双方对此制定的一系列有针对性的规定为基础,在投资者违法违规线索信息共享、监管协助、联合调查、送达与执行等方面作出了细致规定。[12] 在跨境监管方式上,上海证券交易所与香港联合交易所在彼此尊重对方交易规则的前提下,通过自律监管、相互监督、相互提请的方式达成了监管跨境异常证券交易行为的共识,并据此作出相关监管措施及纪律处分。[13]

(二)共性总结

美国的证券期货法律制度,在国际市场上长期处于“监管输出”的状态;[14] 英国曾经对本国期货市场采取以自律监管为主导的管理模式,直至金融危机的爆发才意识到法律监管的重要性,进而完善监管制度使英国期货市场有法可依;我国香港特别行政区逐步构建起一套完整的证券期货法律法规体系,推动地区内的期货交易市场蓬勃发展。

上述国家及地区的期货市场发展水平均走在国际前沿,在证券期货领域的跨境监管制度上尽管受到政治经济体制、资本市场环境和投资者行为习惯等不同因素的影响而有所差异,但从整体上来说具有两点共性。一是上述国家或地区的法律关于期货市场跨境监管的规定非常翔实,不仅有本国或本地区的期货监管部门协同境外期货监管机构开展合作机制的原则性规定,而且对后续的执法调查环节都进行了妥当安排,为本国或本地区的期货监管部门开展跨境监管

---

〔12〕 例如,中国内地证监会与香港特别行政区证券及期货事务监察委员会共同制定的沪港通纲领性文件《联合公告》中对于“积极增强两地跨境监管和执法合作”作出了详细规定,内容包括:完善违法违规线索发现的通报共享机制;有效调查合作以打击虚假陈述、内幕交易和市场操纵等跨境违法违规行为;双方执法交流与培训;提高跨境执法合作水平。参见《中国证券监督管理委员会香港证券及期货事务监察委员会联合公告》,载上海证券交易所官网,http://edu.sse.com.cn/col/shhkconnect/rules/jointannouncement/,最后访问日期2022年9月29日。

〔13〕 参见陈巍杰:《沪港协调发展中的证券市场法律监管》,载《金融市场研究》2017年第3期。

〔14〕 参见廖凡:《跨境金融监管合作:现状、问题和法制出路》,载《政治与法律》2018年第12期。

提供了强有力的法律支撑。例如,美国的期货法体系以《商品交易法》《多德-弗兰克法案》与期货交易委员会制定的《关于期货交易法的一般规章》等法律法规共同构成;英国《金融服务和市场法案》整合了期货监管的法律法规,表明英国逐步告别了原先较大程度依靠自律管理的监管模式,而转为采纳更为统一、更多政府干预的金融法框架体系;我国香港特别行政区关于期货市场跨境监管的有关事宜在2015年《证券及期货条例》中有着详细的规定。

二是在期货监管体系方面,上述国家及地区的监管机构资源配置充足,组织架构清晰,内部分工明确,在期货跨境监管领域效率较高。以美国和我国香港特别行政区为例,美国的期货监管体系以美国商品期货管理委员会(United States Commodity Futures Trading Commission,CFTC)监管、期货行业协会自律和交易所自我管理三级管理体制组成,三者分工明确,其中CFTC的监管措施最为全面,享有多种规制权,通常在违规行为的发展初期就能快速反应、作出准确识别,以降低风险,维持期货市场稳定;我国香港特别行政区证券及期货事务监察委员会的组织架构清晰,分工明确,在执行委员会下设企业融资部、法规执行部、中介机构部、机构事务部、法律服务部、投资产品部和市场监察部七大部门,其中由法规执行部负责期货市场的跨境监管,在有需要时,与境外执法部门和监管机构开展合作调查。[15]

二、我国境内期货市场跨境监管的情况

(一)法律基础供给的情况

中国证监会负责同境外监管机构开展跨境监督合作,中国证监会下设的稽查局和国际合作部是我国境内期货跨境监管的主要部门。前者负责协调跨境案件的办理,后者负责联系有关国际组织,组织境内与境外有关机构的交流合作活动,承担与境外监管机构建立监管合作关系的有关事宜。[16] 然而,《期货和衍生品法》对于我国境内期货市场的跨境监管问题只限于原则性授权,规定了国务院期货监督管理机构可以同境外监管机构开展跨境监管合作,但对于合作的方式、

〔15〕 参见香港特别行政区证券及期货事务监察委员会官网:https://sc.sfc.hk/TuniS/www.sfc.hk/TC/About-the-SFC/Organisational-chart/Divisional-structure/Enforcement,最后访问日期2022年8月28日。

〔16〕 参见中国证监会官网:http://www.csrc.gov.cn/csrc/jggk/index.shtml,最后访问日期2022年8月28日。

内容及执法措施均未明确,从一定程度上影响了中国证监会的执法权能。

简言之,"有法可依"是中国证监会在期货跨境监管这一领域充分行使调查权的前置性条件,而现有的法律规定过于笼统,恐削弱了中国证监会在实践中执法的实质意义。

我国境内现阶段在期货市场跨境监管中的法律基础供给不足将会导致中国证监会在这一领域面临执法权限不足的客观阻碍。跨境执法的效力难以保证,既缺乏强制约束力,又缺乏实质起诉权,[17]对相关当事人的调查几乎完全依赖对方的自愿行为,即使其不愿配合,现行立法也未赋予中国证监会相应的处罚权与起诉权,这也是中国证监会同境外监管机构合作力度不高的原因之一。

(二)期货市场跨境监管协作模式的情况

双边途径和多边途径是目前国际社会中开展期货市场跨境监管的两种主要合作模式,前者主要通过签署谅解备忘录(Memorandum of Understanding)、监管对话等途径展开,后者可以细分为国际组织模式、非正式国家集体模式和跨政府网络模式。[18] 实际上,国际证监会组织(International Organization of Securities Commissions,IOSCO)为了建立国际证券期货业的有效监管机制和打击跨境违法行为,于 2002 年就制定了多边谅解备忘录(Multilateral Memorandum of Understanding),中国证监会在 2007 年 4 月成为了 IOSCO 多边谅解备忘录的签署方,以期提高国内资本市场的监管标准和监管水平。

然而,由于我国境内目前正处于期货跨境监管的初步探索阶段,中国证监会在这一领域的跨境监管措施仍然局限于与境外机构签署监管合作双边谅解备忘录的形式。截至2021 年8 月,中国证监会已相继与60 多个国家和地区的证券期货监管机构签署了双边监管合作谅解备忘录,建立了跨境监管与执法合作机制[19]。详见表 1。

---

〔17〕 参见中国证监会官网:http://www. csrc. gov. cn/csrc/c100028/c1001258/content. shtml,最后访问日期 2022 年 10 月 11 日。

〔18〕 参见廖凡:《跨境金融监管合作:现状、问题和法制出路》,载《政治与法律》2018 年第 12 期。

〔19〕 参见中国证监会官网:http://www. csrc. gov. cn/csrc/c100028/c90fa10bde5c9413aa7e7a1a146b1af62/content. shtml,最后访问日期 2022 年 9 月 3 日。

表1　中国证监会与境外监管机构签署双边谅解备忘录

序号	国家/地区	境外监管机构名称	签署时间	签署文件名称
1	美国	美国证券及交易委员会	1994年4月28日	关于合作、磋商及技术协助的谅解备忘录
		美国商品期货交易委员会	2002年1月18日	期货监管合作谅解备忘录
		美国证券及交易委员会	2006年5月2日	中国证券监督管理委员会与美国证券交易委员会合作条款
2	新加坡	新加坡金融管理局	1995年11月30日	关于监管证券和期货活动的相关合作与信息互换的备忘录
			2018年11月12日	关于期货监管合作与信息交换的谅解备忘录
3	澳大利亚	澳大利亚证券委员会	1996年5月23日	证券期货监管合作谅解备忘录
4	英国	英国财政部、英国证券与投资委员会	1996年10月7日	证券期货监管合作谅解备忘录
		英国金融行为监管局	2018年10月17日	上海与伦敦证券市场互联互通机制监管合作谅解备忘录
5	日本	日本大藏省	1997年3月18日	谅解备忘录
		日本金融厅	2018年10月26日	关于促进两国证券市场合作的谅解备忘录
6	马来西亚	马来西亚证券委员会	1997年4月18日	证券期货监管合作谅解备忘录
7	巴西	巴西证券委员会	1997年11月13日	证券监管合作谅解备忘录

续表

序号	国家/地区	境外监管机构名称	签署时间	签署文件名称
8	法国	法国证券委员会	1998年3月4日	证券期货监管合作谅解备忘录
		法国金融市场委员会(现译为法国金融市场管理局)	2006年12月7日	中国证监会与法国金融市场委员会关于相互合作的函
		法国金融市场管理局	2018年12月7日	法国金融市场管理局与中国证券监督管理委员会关于相互合作的函
		法国金融市场管理局	2019年3月25日	关于金融领域创新合作之谅解备忘录
9	意大利	意大利国家证券监管委员会	1999年11月3日	证券期货监管合作谅解备忘录
10	埃及	埃及资本市场委员会	2000年6月22日	证券监管合作谅解备忘录
11	罗马尼亚	罗马尼亚国家证券委员会	2002年6月27日	证券期货监管合作谅解备忘录
12	南非	南非金融服务委员会	2002年10月29日	证券期货监管合作谅解备忘录
13	荷兰	荷兰金融市场委员会	2002年11月1日	证券期货监管合作谅解备忘录
14	比利时	比利时银行及金融委员会	2002年11月26日	证券期货监管合作谅解备忘录
15	加拿大	加拿大证券监管机构初始参与成员	2003年3月21日	证券期货监管合作谅解备忘录
16	瑞士	瑞士联邦银行委员会	2003年5月22日	证券期货监管合作谅解备忘录

续表

序号	国家/地区	境外监管机构名称	签署时间	签署文件名称
17	印度尼西亚	印度尼西亚资本市场监管委员会	2003 年 12 月 9 日	关于相互协助和信息交流的谅解备忘录
		印度尼西亚商品期货交易监管局	2004 年 10 月 14 日	期货监管合作谅解备忘录
18	新西兰	新西兰证券委员会	2004 年 2 月 20 日	证券期货监管合作谅解备忘录
19	葡萄牙	葡萄牙证券市场委员会	2004 年 10 月 26 日	证券期货监管合作谅解备忘录
20	尼日利亚	尼日利亚证券交易委员会	2005 年 6 月 14 日	证券期货监管合作谅解备忘录
21	越南	越南证券委员会	2005 年 6 月 27 日	证券期货监管合作谅解备忘录
22	印度	印度证券及交易委员会	2006 年 9 月 15 日	证券期货监管合作谅解备忘录
		印度远期市场委员会	2006 年 11 月 21 日	商品期货监管合作谅解备忘录
23	阿根廷	阿根廷国家证券委员会	2006 年 9 月 20 日	证券期货监管合作谅解备忘录
24	约旦	约旦证券委员会	2006 年 9 月 20 日	证券期货监管合作谅解备忘录
25	挪威	挪威金融监管委员会	2006 年 9 月 26 日	证券期货监管合作谅解备忘录
26	土耳其	土耳其资本市场委员会	2006 年 11 月 10 日	证券期货监管合作谅解备忘录
27	阿联酋	阿联酋证券商品委员会	2006 年 12 月 6 日	证券期货监管合作谅解备忘录
28	泰国	泰国证券交易委员会	2007 年 4 月 11 日	证券期货监管合作谅解备忘录

续表

序号	国家/地区	境外监管机构名称	签署时间	签署文件名称
29	列支敦士登	列支敦士登金融管理局	2008年1月15日	证券期货监管合作谅解备忘录
30	蒙古国	蒙古金融监督委员会	2008年1月24日	证券监管合作谅解备忘录
31	迪拜	迪拜金融服务局	2008年9月27日	证券期货监管合作谅解备忘录
32	爱尔兰	爱尔兰金融服务监管局	2008年10月23日	证券期货监管合作谅解备忘录
33	奥地利	奥地利金融市场管理局	2008年10月30日	证券期货监管合作谅解备忘录
34	西班牙	西班牙国家证券市场委员会	2009年10月6日	证券期货监管合作谅解备忘录
35	马耳他	马耳他金融服务局	2010年1月26日	证券期货监管合作谅解备忘录
36	科威特	科威特股票交易所委员会	2010年5月5日	证券期货监管合作谅解备忘录
37	巴基斯坦	巴基斯坦证券交易委员会	2010年12月17日	证券期货监管合作谅解备忘录
38	以色列	以色列证券管理局	2011年3月29日	证券期货监管合作谅解备忘录
39	卡塔尔	卡塔尔金融市场管理局	2011年4月7日	证券期货监管合作谅解备忘录
40	老挝	老挝证券交易委员会	2011年9月19日	证券期货监管合作谅解备忘录
41	瑞典	瑞典金融监管局	2012年4月24日	证券期货监管合作谅解备忘录
42	塞浦路斯	塞浦路斯证券交易委员会	2012年5月17日	证券期货监管合作谅解备忘录

续表

序号	国家/地区	境外监管机构名称	签署时间	签署文件名称
43	卢森堡	卢森堡金融监管委员会	2012年5月17日	证券期货监管合作谅解备忘录
44	乌克兰	乌克兰国家证券和股市委员会	2013年8月30日	证券期货监管合作谅解备忘录
45	立陶宛	立陶宛银行	2013年9月13日	证券期货监管合作谅解备忘录
46	耿西岛	耿西金融服务委员会	2013年11月18日	证券期货监管合作谅解备忘录
47	白俄罗斯	白俄罗斯共和国财政部	2014年1月20日	证券期货监管合作谅解备忘录
48	文莱	文莱金融管理局	2014年2月17日	证券期货监管合作谅解备忘录
49	泽西岛	泽西岛金融服务委员会	2014年4月9日	证券期货监管合作谅解备忘录
50	马恩岛	马恩岛金融监督管理委员会	2014年6月9日	证券期货监管合作谅解备忘录
51	波兰	波兰金融监督管理局	2015年3月23日	证券期货监管合作谅解备忘录
52	哈萨克斯坦	哈萨克斯坦国家银行	2015年5月13日	证券期货监管合作谅解备忘录
		阿斯塔纳金融服务管理局	2018年2月9日	证券期货监管合作谅解备忘录
53	阿塞拜疆	阿塞拜疆国家证券委员会	2015年5月19日	证券期货监管合作谅解备忘录
54	俄罗斯	俄罗斯中央银行	2016年6月25日	证券期货监管合作谅解备忘录
55	阿布扎比	阿布扎比全球市场金融服务监管局	2016年7月14日	证券期货监管合作谅解备忘录

续表

序号	国家/地区	境外监管机构名称	签署时间	签署文件名称
56	智利	智利证券和保险监管局	2017年5月13日	证券监管合作谅解备忘录
57	希腊	希腊资本市场委员会	2017年8月31日	证券期货及其他投资产品监管合作谅解备忘录
58	韩国	韩国金融服务委员会	2018年5月28日	证券期货监管合作谅解备忘录
		韩国金融监督院		
59	伊朗	伊朗证券和交易组织	2018年6月10日	证券期货及其他投资产品监管合作谅解备忘录
60	开曼群岛	开曼群岛金融管理局	2018年11月5日	证券期货监管合作谅解备忘录
61	德国	德国联邦金融监管局	2019年1月18日	证券期货监管合作谅解备忘录
			2019年3月18日	关于期货监管合作与信息交换的谅解备忘录附函
62	柬埔寨	柬埔寨证券交易委员会	2019年6月21日	证券期货监管合作谅解备忘录
63	直布罗陀	直布罗陀金融服务委员会	2020年12月22日	证券期货监管合作谅解备忘录
64	匈牙利	匈牙利中央银行	2021年7月26日	证券期货监管合作谅解备忘录

但是,与多边谅解备忘录相比,双边谅解备忘录在签署程序、管辖范围、覆盖范围三方面均存在不足:第一,由于双边谅解备忘录并非专门针对国际证券期货领域的跨境监管协作,其在签署过程中不仅需要进行谈判、磋商,还需要经过国内的最高权力机关批准后才可生效,因而签署程序烦琐,实际效率不高。[20] 第二,双边谅解备忘录顾名思义约束的对象仅限于双方之间,但是随着国际证券期货市场的不断发展,金融领域的跨境违法行为所涉及的范围可能更广,不只局限于两个国家或地区之间,若只依靠双边谅解备忘录来开展期货跨境监管协作将难以适应国际金融市场上复杂多变的形势。第三,双边谅解备忘录的覆盖范围

〔20〕 参见唐波、李轶鸣:《中国期货市场跨境监管协作的思考》,载《商法界论集第2卷——期货立法研究》,法律出版社2018年版,第20页。

狭小,多为技术援助协定,[21]对具体跨境监管的执行措施通常不会作详细规定,这将极大影响期货市场跨境监管的实效。

(三)期货市场跨境监管协作机制的情况

国际金融危机的爆发唤起了国际社会对于金融跨境监管的重视,但由于各国政治经济体制存在差异,资本市场发展程度不一,使国际社会难以在短时间内就期货市场跨境监管合作的问题达成一致,只能在不断探索的过程中相互磨合。境外发达国家和地区的金融市场发展成熟,市场监管环境相对严格,以保护投资者和维护市场的公平有效为首要宗旨。相比之下,一些发展中国家和地区的金融市场尚处于上升阶段,为了扩大国内(境内)的金融市场规模,使得市场监管环境相对宽松。各国监管体制的差异更是加剧了期货市场跨境监管协作的难度。

以中美跨境监管协作为例,中美双方于2002年就已签署了合作备忘录,并且作为IOSCO多边谅解备忘录的缔约方,理应在这一框架内开展跨境监管协作。但近年来中国证监会与美国SEC在开展跨境监管案件协查的过程中,对于彼此提出的协查请求仅有少数案件有实质进展,大部分案件都存在反馈速度迟缓、有效性不足等情况。[22]

而且,监管机构在开展跨境监管协作的过程中还容易产生理解上的分歧。美国SEC就曾经向包括德勤在内的国内五家知名会计师事务所提起诉讼,要求获取中国会计师事务所的工作底稿,以判断这些公司基础审计工作的质量,从而保护投资者免受财务欺诈。[23] 而中国境内相关的会计师事务所均表示,根据我国法律法规,审计底稿等信息的交换应当通过监管合作渠道进行,在未取得境内监管机构的明确授权下,会计师事务所无权径自向境外监管机构提供有关文件。

三、我国期货市场跨境监管优化路径

(一)完善证监会执法权限与程序

随着我国境内期货市场对外开放的步伐逐渐加快,在这一领域实施跨境监

〔21〕 参见刘凤元、邱铌:《证券市场跨境监管研究——以EMMoU为视角》,载《金融监管研究》2019年第12期。

〔22〕 参见罗剑:《原油期货跨境监管的重点、难点与路径研究》,载《新金融》2014年第1期。

〔23〕 See U. S. S. E. C. v. Deloitte Touche Tohmatsu CPA Ltd., 928 F. Supp. 2d 43 (D. D. C.), objections overruled sub nom. S. E. C. v. Deloitte Touche Tohmatsu CPA Ltd., 940 F. Supp. 2d 10 (D. D. C. 2013).

管已然是大势所趋。监管机构享有法律明确授权的调查执法权与灵活便捷的执法程序是其有效履行监管职责的重要前提。因此,有必要进一步夯实期货领域的法律基础,保障我国证监会在进行期货跨境监管的过程中有法可依。

一方面,现行《期货和衍生品法》虽然专章规定了“跨境交易与监管协作”,却并未列明中国证监会在跨境监管过程中所应当享有的执法权限。我国在后续制定跨境监管实施细则的过程中宜赋予中国证监会广泛的调查权限,明确中国证监会同国际组织、境外监管机构开展跨境监管协作时所应享有的基本权力。但同时也应结合我国的司法实践,对诸如搜查权、强制传唤权等明显具有刑事侦查属性的权力采取审慎态度,就中国证监会能否如境外机构一样获得此类刑事执法权限,不可简单移植境外制度。这主要是考虑到刑事案件的侦查在我国均是由公安机关负责,中国证监会目前也并未被授权自行侦查涉及证券期货的刑事案件,从防止权力滥用的角度出发,现阶段对此应作相应保留。

另一方面,中国证监会具体执法措施亦应进一步优化。我国证券期货市场的监管执法体系严格,整体上可以将执法程序划分为发现线索、立案调查与行政处罚三阶段;但证券期货市场的瞬息万变决定了这一领域的行政执法程序不应一味地固守传统,而是要善于在法律规定的执法框架内提高执法灵活性,否则不仅会导致执法者压力过大、执法资源无端浪费,还会使部分违法事实清晰、法律关系明确的小微型案件得不到及时处理。行政执法重要的目的就是确立行为和界限标准,防止同类违法行为在未来的再次发生。为节约人力、物力成本,英国FCA的监管决策委员会主席就有权决定是否在具体执法案件中适用简易程序。[24] 我国也可适时引入简易程序,在惩治违法行为、提升执法效率、减轻当事人负担的基础上,完善期货执法程序。

(二)优化跨境监管协作模式

如前所述,在跨境监管实践中,我国仍采用双边谅解备忘录的模式同境外监管机构开展协作,而这一模式在签署程序、管辖范围、覆盖范围等方面尚有不足。因此,在未来的跨境监管协作模式上,我国应当逐步转向更加开放的多边模式,从已经缔结的多边谅解备忘录向尚未加入的加强版多边谅解备忘录发展。IOSCO于2002年制定的多边谅解备忘录以服务、支持、保护投资者及维持国际证券期货市场的公平、高效与透明为目标,在促进跨境执法协作、稳定国际证券期货市场上发挥了至关重要的作用,为证券期货及衍生品市场的跨境监管合作

〔24〕 参见中国政法大学课题组、黄进、李东方:《证券监督管理机构法律制度完善研究》,载《证券法苑》2014年第1期。

树立了国际标杆。根据IOSCO多边谅解备忘录的条款,签署方可以请求其他签署方提供与案件有关的信息并开展协查,具体包括:提供涉案主体的相关银行账户的所有资金资产交易记录、提供实际拥有或控制相关经济实体的人员信息等。[25] 能够有效破除双边谅解备忘录在跨境监管方面的诸多障碍与壁垒。

但伴随着经济全球化与科技进步带来的风险与挑战,传统的多边谅解备忘录难以应对新形势下金融市场运作方式的变革以及新科技手段带来的更加隐蔽的金融违法犯罪行为;在此基础上,IOSCO于2016年正式推出了加强版多边谅解备忘录,加强各成员之间的信息交流与合作,促进期货监管机构之间更为完善的跨境执法协作。

加强版多边谅解备忘录的内容具体,不似双边谅解备忘录一样多数篇幅均为原则性声明,前者具有很高的执行性,延续了传统多边谅解备忘录中为期货监管机构提供的信息调查共享机制,并且在此基础上增加了五大全新的执法权力:第一,监管机构有权获取、分享与财务报表审计或审查有关的审计工作底稿、通讯记录和其他资料;第二,在被调查人不配合调查的情况下对其实施制裁,强制其出庭作证;第三,在可能的情况下,冻结被调查人的资产,或者在其他签署国的请求下,就如何冻结被调查人的资产提供建议;第四,在检察院、法院及其他政府机构的协助下,获取、分享通话记录(不包括通话内容);第五,在检察院、法院及其他政府机构的协助下,获取、分享现有的互联网服务提供商记录(不包括通信内容)。[26]

尽管加强版多边谅解备忘录的优势明显,但针对我国境内期货市场跨境监管的现状,改革应当循序渐进地开展。一方面,我国境内应当在日后期货跨境监管协作上转变模式,广泛适用多边谅解备忘录,从现行的双边监管模式向更为开放的多边监管模式发展。另一方面,我国应当将加强版多边谅解备忘录的内容逐步内化为本国境内立法,使我国尽快满足IOSCO加强版多边谅解备忘录的签署条件,加大期货跨境监管的协作力度。

(三)构建期货跨境等效监管协作机制

从期货市场跨境监管的实践来看,不同国家和地区的监管机构在这一领域所适用的法律各有不同,有些单方面看似合理的制度安排,放在更广的思考框架

---

〔25〕 参见国际证监会组织官网:https://www.iosco.org/about/?subsection=mmou,最后访问日期2022年9月3日。

〔26〕 参见国际证监会组织官网:https://www.iosco.org/about/?subsection=emmou,最后访问日期2022年9月4日。

中则可能引发矛盾和冲突。[27] 总体而言，各国和地区的期货监管机构在国际监管协作中既有需求也有排斥，在这一领域中所面临的法律冲突问题，亟须深化跨境监管国际协作机制改革。2022 年 8 月 26 日，中美两国在符合双方国内法律法规和监管要求的基础上，参考国际通行做法与两国过往合作经验，经过反复磋商最终签署了中美审计监管合作协议。从中国证监会官方公布的协议内容来看，等效监管原则是中美此次签署合作协议的核心所在。合作协议的条款对两国具有同等约束力，中美双方均可依据法定职责对另一方辖区内相关事务所开展检查和调查，被请求方应在法律允许范围内尽力提供充分协助。[28] 此外，合作协议也进行了明确，要求双方提前就检查和调查活动计划进行沟通协调，美方必须通过中方监管部门获取审计底稿等文件，应当充分尊重中方的国家政策与法律规定，在中方参与和协助下对会计师事务所相关人员开展访谈和问询。

实际上，在与美国签署合作协议之前，我国审计监管体系已经于 2011 年 2 月 28 日就获得了欧盟的等效监管认可。所谓等效监管，是根据监管和执行质量的好坏，在结果相似的情况下，通过非歧视的方式，各辖区和监管机构相互认可对方的监管，适当尊重母国的监管制度。[29] 欧盟是世界上最早在国际金融监管领域适用等效监管原则的组织，实行会计准则等效。截至目前，欧盟已经认可了包括我国在内的十余个国家的审计监管体系等效。欧盟于 2006 年修订《年度财务报表法定审计指令》，规定在互惠的基础上，如果第三国拥有与欧盟等效的审计监管体系，成员国可以豁免第三国审计师和会计师事务所的注册及监管规定，或对该规定进行修改。[30]

可以发现，等效监管为我国与各欧盟成员国构建审计监管协作机制奠定了基础。以此为鉴，我国亦可以将等效监管原则引入境内期货跨境监管协作机制。与证券市场相比，我国境内的期货市场近年来对外开放程度不断增加，国际影响力显著提高，逐渐成为全球最大的商品期货交易市场和第一大农产品期货交易市场，未来在充分参考域外期货市场有益经验的基础上，有望逐步同欧美等地构建期货市场跨境监管的等效协作机制，进一步健全我国境内的期货监管体系。

---

〔27〕 参见綦相：《国际金融监管改革启示》，载《金融研究》2015 年第 2 期。

〔28〕 参见中国证监会官网：http://www.csrc.gov.cn/csrc/c100028/c5572300/content.shtml，最后访问日期 2022 年 10 月 13 日。

〔29〕 参见杜涛：《期货市场开放需完善域外监管立法与执法》，载《检察风云》2020 年第 22 期。

〔30〕 参见中注协专业标准与技术指导部：《欧盟认可中国审计监管体系等效》，载《中国注册会计师》2011 年第 4 期。

四、结语

整体而言,我国境内期货市场的对外开放虽起步较晚但发展迅速,此次《期货和衍生品法》专章设置了“跨境交易与监管协作”,正是我国境内期货市场跨境监管日益规范化与法治化的重要体现。然而,我国境内在期货市场跨境监管方面尚处于发展初期阶段,在法律制度、协作模式、协作机制三方面仍有欠缺,其中对境内期货市场跨境监管的法律基础供给不足成为中国证监会履行跨境监管职能的阻碍,中国证监会在这一领域所享有的调查执法权限不明可能导致我国境内监管机构在同境外监管机构开展期货跨境监管协作过程中的国际话语权较弱。因此,我国当务之急就是要通过相关立法明确中国证监会在这一领域的执法权限和具体监管措施,使之能与国际接轨,进而提升我国境内跨境监管的国际参与度,在此基础之上有序推动我国境内期货市场跨境监管协作模式的革新与等效监管协作机制的构建。

期货及衍生品法律评论
第四卷,第 279 ~289 页

美国期货品种上市法律问题研究

蒋亚男*

一、历史沿革概述

(一)现代化法案后的根本变革

第一次世界大战后,美国商品期货市场开始被纳入监管范围。1922 年《谷物期货法》规定,玉米、小麦等商品期货必须在农业部指定的合约市场交易;1936 年的《商品交易法》(Commodity Exchange Authorit,CEA)将商品期货品种仅限于谷物、黄油、鸡蛋、西红柿、大米和棉花等农产品品种,此时,扩大上市品种的途径唯有修改法律;1974 年,美国通过了《商品期货交易委员会法》,不仅成立了美国商品期货交易委员会(U. S. Commodity Futures Trading Commission, CFTC),更是将 CEA 法定列举的具体商品扩大到包括货物、商品(洋葱除外)、服务和权利以及利益,并且要求交易所提交与上述商品相关的期货合约及相关规则的上市申请,必须要经过 CFTC 的批准,完成了期货品种法定制到上市批准制的过渡。

2000 年,美国通过《商品期货现代化法案》(Commodity Futures Modernization Act,CFMA)对 CEA 进行了修订,大幅减少了对期货交易所或相关机构的不当限制,如简化期货交

* 任职于大连商品交易所。

易所上市新合约的核准程序,以具有弹性的核心原则[1]规范交易所,旨在提高美国期货市场在全球市场中的竞争力。CFMA 后,"基于原则的监管"(principle-based regulation)[2]的思路成为美国期货监管工作的主要指导思想。该监管思路的转变也深刻地影响着美国对期货品种上市的法律规定,CFMA 第 113 条改变了美国期货市场新产品上市的监管机制,该法案出台之前,CFTC 需要判断合约是否具有合法性,再综合考虑其他因素后作出是否予以批准的决定;但该法案出台之后,CFTC 针对注册实体[3]提交的书面证明,只要所申请新合约及其规则符合经济要求[4]且不存在违反 CEA 等法律法规的情况,CFTC 就不能否决新品种上市。改革前后的区别简而言之,就是改革前,即使合法也有可能不被 CFTC 批准,改革后,只要新合约及规则合法,CFTC 就不能否决。

CFTC 经济分析部首席法律顾问保罗·阿基泰尔(Paul Architzel)在 1999 年表示,[5]即将实施的期货品种上市机制将为美国交易所提供显著的监管缓解,体现两方面优势:一是允许市场快速创新,二是如果政府发现问题仍能够介入。这使美国的交易所能够在国内和国际上获得创新的竞争优势。2007 年 11 月 13 日,CFTC 专员巴特·齐尔顿(Bart Chilton)表示,[6]在美国联邦层面,CFTC 是唯一成功实施原则监管的机构,原则监管意味着以前交易所上市一个新产品需要 6 到 9 个月才能获得批准,现在交易所可以自我认证新产品,并在自我认证的第二天开始交易,这使期货行业能够第一时间捕捉新产品的价值,助力行业发展。例如,国际清算银行 2007 年 9 月的季度历史数据表明,在北美地区交易所交易的

---

[1] CFMA 通过规定 18 项核心原则搭建起对指定合约市场的监管框架,后经《多德-弗兰克法案》,扩充至 23 项核心原则。

[2] "基于原则的监管"是相对于"基于规则的监管"而言的,基于原则的监管并不代表"去监管"或者"轻监管"。基于原则的监管与基于规则的监管(rule-based regulation)的目标一样,只是采用了一种更加灵活、高效的方式。在实际操作过程中,很少有纯粹的基于原则或基于规则导向监管。它们代表了监管范围的两端。基于原则的监管制度中都有一些规则要求,基于规则的监管又都有一些原则要素。因此,我们经常看到原则和规则的混合监管体系。两者的适当组合取决于许多因素,例如监管目标、市场成熟度、市场参与者的特征以及监管者的资质等。

[3] 根据《商品交易法》第 1a 条(40)的规定,注册实体包括依法被指定为合约市场的交易场所、注册的衍生品结算组织、注册的互换执行设施、注册的互换数据存管机构;另外,对于被 CFTC 判定属于重要价格发现合约的合约而言,注册实体系指执行或交易该等合约的任何电子交易设施。

[4] 主要是指交易所符合核心原则 3 和核心原则 5 的要求。核心原则 3 要求交易场所只能上市不易被操纵的合约;核心原则 5 要求交易场所应就每一合约对投机者采取必要和适当的限仓制度或持仓说明制度,以减少市场操纵的潜在威胁。

[5] See https://www.cftc.gov/About/CFTCCommittees/AgriculturalAdvisory/aac_12081999_transcript.html.

[6] See https://www.cftc.gov/PressRoom/SpeechesTestimony/opachilton-4.

期货合约数量从2005年12月的0.828亿增长至2007年6月的1.218亿(增长了47.4%),期权数量从2005年12月的0.437亿增长至2007年6月的0.873亿,增长了100%,增长速度显著。

(二)《多德-弗兰克法案》后的程序性完善

2008年金融危机之后,美国出台了史上最为严格的《多德-弗兰克华尔街改革和消费者保护法案》(以下简称《多德-弗兰克法案》)。尽管《多德-弗兰克法案》没有实质性地改变CEA第5c(c)条中有关新合约上市的规定,但2010年11月2日,CFTC为了贯彻实施《多德-弗兰克法案》的第745条,[7]修改了有关新产品上市的程序性规定,因为指定合约市场(Designated Contract Markets, DCM)等主体,通过自我认证或者自愿提交批准程序上市新品种,需要向CFTC提供文件,以证明其新上市或拟上市的期货合约符合美国相关法律的规定,此次修改主要是进一步明确了交易所等主体需要提供的文件的种类及实质内容。对此CFTC表示,提交的文件中包含相关品种的解释和分析,这些文件对于审查新产品上市是必要的。因为在此次修改之前,CFTC遇到过许多情况,即注册实体只提交新产品的粗略分析,或者分析中缺乏自我认证的基础证据,CFTC常因为无法收到充足的资料而拖延了审核进程,甚至CFTC工作人员经常需要联系注册实体,以获得上市产品的额外信息。

通过此次修改,CFTC将新品种上市批准的时间和政府资源节省下来,用于提高执法效果,比如起诉期货市场的欺诈和操纵行为。事实上,此次修改之后,CFTC的执法效果确实有显著的改善。CFTC市场风险咨询委员会委员Brian D. Quintenz表示,[8]自我认证只是对新合约监管的开始,上市后,CFTC将每天监督该产品的交易和清算活动,审查相关规则的实质性修改,并定期对保证金充足性进行压力测试。

(三)虚拟货币期货出现后的质疑与应对

经过2008年的程序性修改之后,美国期货品种上市机制的运行效率进一步提高,但是随着社会生活的发展也时刻面临着新的挑战。由于芝加哥商品交易所和芝加哥期权交易所两家交易所通过自我认证程序上市两个关于比特币的期货合约,期货合约的自我认证上市制度受到了市场参与者的质疑,主要理由是认为自我认证程序缺乏征求市场公众意见的要求。比如2017年美国期货业协会就曾建议注册实体在认证前应征求公众意见并予以适当的反馈,因为市场参与

---

〔7〕 有关加强注册实体合规的规定。

〔8〕 See https://www.cftc.gov/PressRoom/SpeechesTestimony/quintenzstatement013118.

者必须同意DCM的管辖并受其规则(包括纪律程序)约束,参与者应该有机会在新合约上市并实施新规则前发表意见。因此美国期货业协会认为自我认证并不应该适合所有新产品的上市监管,建议CFTC持续评估其对新产品上市的监管和程序方法。针对市场的质疑,2018年1月31日,CFTC的市场风险咨询委员会召开会议,在评估虚拟货币对期货市场发展的影响基础上,审议交易所根据CEA通过自我认证程序上市新合约及其规则是否妥当。经过会议论证,CFTC表示应当坚持以往的自我认证程序,但也会对虚拟货币期货的上市加强审查。

二、美国现行法律对期货品种上市的规定

(一)上市合约需要符合特定标准的经济要求

自1921年美国《期货交易法》开始,美国一直要求新上市的期货合约符合"特定经济要求",该要求至今仍然有效。具体来说,CEA要求DCM必须持续遵守23条核心原则,其中核心原则3和核心原则5就是与上市合约条件密切相关的"特定经济要求",核心原则3要求交易场所只能上市不易被操纵的合约,核心原则5要求交易场所应就每一合约对投机者采取必要和适当的限仓制度或持仓说明制度,以减少市场操纵或拥塞的潜在威胁。可见,对新合约上市的条件及程序的设计主要是围绕"合约不易被操控"展开。根据CFTC规章第38部分附录C,应该通过以下方法证明拟上市的互换合约"不易被操纵"。

1. 对于实物交割期货合约

(1)规定期货合约条款和条件的规则。

(2)对合约所依据的商品的现货市场的描述。

a. 描述可包括工业贸易团体、学者、政府机构或其他实体的现有研究报告、顾问报告或其他说明基础现货市场的材料。

b. 如果同一种或一种密切相关的商品已在DCM上市且没有休眠,则对现货市场的描述可限于与特定条款或条件相关的、与该现有合约不同的方面。

(3)证明具有充足的可供交割量,这样的合约将不会有利于价格操纵或扭曲,而且可供交割量可以给做空交易者合理的预期,并可由做多交易者在正常的现货营销渠道中按其市场价值出售。

2. 对于现金交割的期货合约

(1)规定拟议期货合约条款和条件的规则。

(2)对合同所依据的商品的现货市场的描述。a. 描述可包括工业贸易团体、

学者、政府机构或其他实体的现有研究报告、顾问报告或其他说明基础现货市场的材料。b. 如果同一种或一种密切相关的商品已在合约市场上市且没有休眠，则对现货市场的描述可限于与特定条款或条件相关的、与该现有合同不同的方面。

(3) 证明合同的现金结算价格反映了基础现货市场的价格，不会受到操纵或扭曲，并且是基于可靠、可接受、公开可得和及时的系列现货价格。

3. 升贴水的政策声明[9]——以证明价格不易被操纵

规范交割点、交割品级相关升贴水，直接关系到期货合约对价格操纵的敏感性。升贴水应反映交割点或交割品级与标准交割地点或者交割标准品之间的正常商业价格差异。当现货市场差价不稳定时，期货市场升贴水应设定在普遍观察到或可预估的数值范围内，消除异常或极端差价。然而，标准交割地点或者交割标准品通常应该是足够的。同时升贴水应当符合现货市场惯例，否则会给投机者和套期保值者造成对合约的误解。

事实上，在新产品上市的问题上，CFTC 是信赖交易所的，因为 CFTC 认为交易所当然不想推出带有欺诈、滥用或操纵可能性的产品。[10]

(二) 程序性规定

自我认证和自愿批准的合约上市制度改革完成后，尤其是为了贯彻《多德 - 弗兰克法案》第 745 条的规定，CEA 和 CFTC 规章进行了修改，根据 CEA 第 5c(c) 条以及 CFTC 规章第 40.2、40.3 条规定，DCM 等实体可以通过自我认证 (self-certification) 或者自愿请求 CFTC 批准两种方式申请新合约或其他产品 (instrument) 的上市。具体程序如下。

1. 自我认证

DCM 等实体一旦完成自我认证程序，新合约就可以上市交易，CFTC 如果在核查过程中发现问题，可以延长核查期限或者中止该上市合约，具体规定如下。

(1) 自我认证的法定程序。

如果通过自我认证程序上市新产品，交易所最迟应在品种上市前 1 个营业日向 CFTC 报送自我认证证明材料，该材料应以 CFTC 规定的格式，通过电子邮件方式分别向 CFTC 秘书处、CFTC 在交易所所在区的办事处负责人以及 CFTC 市场监察司报送。根据 CFTC 规章第 40.2(a)(3) 条规定，这些材料包括：符合

[9] See https://www.cftc.gov/IndustryOversight/ContractsProducts/EconomicRequirements/differential.html.

[10] See https://www.cftc.gov/PressRoom/PressReleases/5175-06.

CFTC 规章第 40 部分附录 D 说明的文件封面复印件;有关产品条款和条件所有规则的复印件;计划上市日期;关于上市产品符合 CEA 和 CFTC 规章的证明;关于产品及其符合 CEA 包括核心原则在内的条文和 CFTC 规章规定的简要说明和分析;[11] DCM 已在网站上公开向 CFTC 申请新品种的通知(保密信息可以不在网上公布);相应保密要求[12]等。

(2)CFTC 有权要求补充材料或者中止经自我认证上市交易的合约。

通过自我认证程序的新上市期货产品,CFTC 有权要求 DCM 就产品合法性进行额外的说明,比如其他证据、信息或数据,以证明最初报送时合约符合相应的法律要求。

另外,CFTC 根据 CEA 第 5c(c)(2)条[13]的规定,也有权对已上市的新合约作出中止的决定。需要注意的是,由于"无先例可寻或复杂事项(novel or complex issues)"可能会引发 CFTC 中止自我核准程序,因此实践中,对于没有先例可循的新品种,虽然法律没有强制性规定需采用事先审批程序,但相关新品种往往最终通过事先审批程序得以上市。[14] 尽管 CFTC 对于无先例可循的创新品种上市的自我认证有中止权,CFTC 还是可能通过与交易所的沟通,促其撤回自我认证材料,而提交事先审批申请,从而提高事前监管力度。

另外,除了针对无先例可寻或复杂事项,CFTC 在对交易所是否提交了虚假证明还未作出最终决定期间,或拟要求修改合约条款时,均有权中止合约上市。[15]

2. 自愿提交 CFTC 进行批准路径

自愿批准路径下,DCM 自愿在合约上市之前或者之后,直接提交相关申请并获得 CFTC 的批准。具体规定如下。

---

〔11〕 根据 CFTC 规则第 40.2(3)(v)条的规定,这种解释和分析应附有为建立适用法律的依据而依赖的文档,或包含此类文档中包括的信息,并适当引用数据源。解释和分析的侧重点是"特定标准的经济要求"。

〔12〕 参见 CFTC 规则第 40.8 条。

〔13〕 CFTC 在前述期间内通知注册实体,说明由于以下原因,CFTC 决定中止该自查证明:存在无先例可循的或复杂的事项,其需要更长的分析时间;注册实体提交的解释欠充分;或者可能存在不符合本法(包括依据本法发布的规章)的情形。

〔14〕 如 2003 年芝加哥期货交易所申请上市玉米、大豆、小麦迷你期货合约,芝加哥期货交易所起初在 2002 年 11 月 22 日提交的是自我认证材料,但随后撤回了自我认证材料,并同时提交事先审批材料。

〔15〕 参见 CFTC 规则第 40.2(c)条。

(1)请求CFTC批准的法定程序。

如果自愿请求CFTC事前批准新品种上市,交易所提交的申请应当按照CFTC规定的格式,以电子邮件的方式提交给CFTC秘书处。根据CFTC规章第40.3(a)条规定,提交的材料包括:符合CFTC规章第40部分附录D说明的文件封面复印件;对合约条款和条件作出规定的规则复印件;关于产品及其符合CEA包括核心原则在内的条文和CFTC规章规定的产品说明、分析以及适用法律的基础性文件;〔16〕与其他当事人达成的能够使交易所履行职责的任何协议的说明;关于DCM已在网站上公开向CFTC申请新品种的通知(保密信息可以不在网上公布);相应的保密要求;CFTC有权要求交易所就新品种是否符合CEA或CFTC规定提供补充证据、信息或者数据等。

对于交易所提交的材料,CFTC进行审阅时,除非产品的条款和条件违反法律规定,否则CFTC应批准新产品上市。〔17〕

(2)CFTC批准时限及结果。

CFTC应当自收到交易所品种上市批准申请后45日内作出是否批准的决定,否则视为已批准。交易所在这期间若主动作出实质性修改,则视为提交了新的申请。CFTC在以下条件下,可以延长审批期限:一是产品产生新问题或者复杂问题,需要更多时间进行审查,或者该问题具有重大经济意义的,可以另行延长45日,在这种情况下,CFTC将在首个45日的审查期间内通知交易所,简要说明具体问题的性质,并告知可能需要更多的时间审查该问题;二是交易所书面请求CFTC延长审批期间。〔18〕 审批期间内,CFTC可以随时拒绝批准,并通知交易所发现的问题以及违反或从现有材料无法判断是否违反相关法律规定。〔19〕 交易所收到不予批准的决定后,不影响后续新品种上市的申请。

无论是自我认证还是CFTC批准,CFTC审核内容都是新合约是否符合美国相关法律的规定,尤其是是否易被操纵。因而申请材料的要求也是围绕所申请合约及其规则的介绍与说明,但是批准程序下,申请人需要多提交一份"与其他当事人达成的能够使交易所履行职责的任何协议的说明",以确保经批准上市的新合约不会因交易所与其他主体签订与新合约相关的协议发生纠纷而受到质疑。另外,在审核时限上,自我认证的新合约最快1天、最迟10天就可以通过审

〔16〕 根据CFTC规则40.3(a)(4)条的规定,该解释和分析应附有建立适用法律依据的依据文件,或包含此类文件中包含的信息以及对数据源的适当引用。

〔17〕 参见CFTC规则第40.3(b)条。

〔18〕 参见CFTC规则第40.3(c)条。

〔19〕 参见CFTC规则第40.3(e)条。

核,特殊情况下 CFTC 可以中止合约并延长 90 天审核期,该期间包括 CFTC 就发现的问题向公众征求意见的 30 天时间。而批准程序一般需要 45 天审核期,特殊情况下可以延长 45 天。相比之下,自我认证的一般性审核时间较短,对于交易所新合约上市而言效率更高,但是一旦出现问题,可能面临向市场暴露的风险;一旦审核失败,(交易所)面临的市场负面效应也会更大,交易所一般在追求上市效率的同时也需衡量上市失败的舆论影响。

(三)不得上市的事件合约[20]

CEA 第 5c(c)(5)(C)条及 CFTC 规则第 40.11 条对上市合约作出了消极性条件的规定,即如果存在有悖公共利益的情形(事件合约涉及非法活动、恐怖活动、暗杀、战争、博彩或 CFTC 规定的其他有悖公共利益的活动),则不得上市交易。

(四)对自我认证上市的虚拟货币期货加强审查的规定

2018 年 1 月 31 日,J. Christopher Giancarlo 主席在市场风险咨询委员会会议中表示,[21] 国会和 CFTC 之前设计的产品自我认证框架,给予了指定合约市场(Designated Contract Market,DCM)作为自律组织创新产品的空间,并使监管机构抱有谨慎的批准态度,从而不会阻碍衍生产品的开发。

但是坚持自我认证程序的同时,CFTC 工作人员应针对已上市虚拟货币类期货"加强审查",包括:(1)DCM 将大额交易报告的阙值设定为 5 个比特币或者更少;(2)DCM 与现货市场平台签订直接或间接的信息共享协议,以便获得构成期货合约结算基础的相关数据;(3)DCM 同意监测相关现货市场数据,并识别异常情况;(4)DCM 同意在现货市场发生异常情况时,酌情调查期货市场相关交易结算;(5)DCM 同意接受询问,包括必要时关于交易结算方面的询问;(6)DCM 同意配合 CFTC 工作人员定期监测交易活动,包括根据要求向 CFTC 提供交易结算数据;(7)衍生品清算组织(Derivatives Clearing Organization,DCO)将针对虚拟货币类的期货产品设置较高的保证金门槛。

可见,在制定"加强审查"规定时,CFTC 重点考虑的是虚拟货币衍生品市场和结算参考数据的透明性和可监控性,因为这直接决定了虚拟货币衍生品市场

---

〔20〕 对于由 DCM 或掉期执行设施上市的关于除外商品的协议、合约、交易或互换,如该等协议、合约、交易或互换系基于某一事件的发生、发生范围或发生概率(基于《商品交易法》第 1a(2)(i)条所述商品价格、费率、价值或水平变化的除外;《商品交易法》第 1a(19)(i)条所述的利率、汇率、货币、证券、证券指数、信用风险或指标、债务或股权工具、通胀指数或指标,或其他宏观经济指数或指标也除外)。

〔21〕 See https://www.cftc.gov/PressRoom/SpeechesTestimony/giancarlostatement013118.

及相关现货市场是否容易被操纵。

三、美国现行规定的应用情况

(一)现行规定的适用现状

1. 促进期货市场上市更多新合约

CFMA 实施之前,美国新品种上市为 CFTC 批准制,一般情况下需要 3 到 3 个半月才能完成一项批准,特殊情况下可以缩短至 10 到 45 天,1922 年到 2000 年,只有 793 个期货合约获得批准。但自我认证制改革后,新品种上市的时间大大缩减,新上市的合约则大大增加,截至 2022 年 5 月,已上市的期货合约已经达到 11734 个。

2. 通过自我认证程序上市的期货品种更多

据 CFTC 官网统计数据显示,截至 2022 年 5 月,已通过自我认证的上市合约〔22〕共 15699 个,期货 11228 个,占比 72%。经批准上市的合约〔23〕共 835 个,期货 506 个,占比 94%。自我认证已上市期货合约是批准的 22 倍。可见,实践中,美国绝大多数的上市合约都是通过自我认证程序上市的。

3. 被批准的产品更受市场信赖

实践中,交易所在通过自我认证程序上市新品种后,多会再行申请 CFTC 的批准,以增强市场信心。因为交易者出于对监管者的信任,同等条件下往往更倾向于选择经 CFTC 批准上市的品种进行交易,这样的品种也更容易吸引境外交易者参与。

(二)市场主体对于自我认证制度的完善建议

美国证券业和金融市场协会的资产管理集团(Securities Industry and Financial Markets Association Asset Management Group, SIFMAAMG/AMG)于 2017 年对虚拟货币期货引发的自我认证制度完善的质疑提出以下建议。

1. 增加注册实体自我认证程序的步骤

建议增加公众参与并加强审查:(1)在向 CFTC 提交自我认证申请的前 30

〔22〕 See https://sirt. cftc. gov/sirt/sirt. aspx? Topic = TradingOrganizationProducts&implicit = true&Status = Certified&CustomColumnDisplay = TTTTTTTT.

〔23〕 See https://sirt. cftc. gov/sirt/sirt. aspx? Topic = TradingOrganizationProducts&implicit = true&Status = Approved&CustomColumnDisplay = TTTTTTTT.

天,在其网站上公布拟认证的规则或规则修订;(2)在30天的时间内,征求会员和市场参与者的意见;(3)给会员和市场参与者提供机会,就规则制定是否属于“异常并复杂情况”发表意见;(4)标明任何反对意见;(5)认证文件增加对市场参与者的影响分析,包括新合约及其规则是否会加重市场参与者的负担,是否有更低负担的选择,如果有,标明为什么被放弃;(6)解释对相关现货市场的影响;(7)在提交认证前30天,向委员会提交自我认证文件草案。

2. 委员会审查所有实质性条款的替代性建议

如果第1条建议没有被采纳,则建议CFTC采取以下替代性措施之一:(1)对于任何因“异常或复杂情况”而暂停的自我认证,应该进行公开说明;(2)明确“异常或复杂情况”的范围。

3. 扩大委员会的审查范围

建议CFTC合法性审查的范围从CEA扩大到CFTC的政策,包括命令、指引、政策说明(policy statements)或者解释等。

四、对期货品种上市制度的思考

《期货和衍生品法》(以下简称《期货法》)将于2022年8月1日正式实施,该法第17条规定,我国期货合约品种和标准化期权合约品种的上市,由期货交易场所依法向证监会注册。期货合约品种和标准化期权合约品种应当具有经济价值,合约不易被操纵,符合社会公共利益。但是具体如何落实注册制改革,还有待证监会明确进一步规定。笔者认为,上述对美国期货品种上市机制的历史沿革、现行规定和执行效果研究,可以为我国期货品种注册制改革提供以下思考。

(一)根据市场发展阶段把握期货品种上市机制的监管尺度

我国《期货法》中关于品种上市注册制的规定,是基于我国期货市场目前的发展阶段和未来的发展趋势,作出的立法选择。虽然证监会的具体规定尚未出台,但是可以在有效控制风险的前提下,逐步适度地扩大交易所在品种上市方面的创新空间,使期货市场可以更好地服务国家经济发展。

(二)多维度评判合约是否易被操纵

合约不同于品种,经过人为设计的持仓制度等调整可以摆脱品种自身易被操纵的客观属性。因此在合约不易被操纵的量化标准中,既应包括品种本身的现货市场情况,也应包括期货合约中诸如持仓制度、风控制度等配套制度的设计说明。另外,交割是期货和现货之间的重要纽带,因此,实物交割所依赖的可供交割量以及现金交割所依赖的结算价选取,都是影响合约是否容易被操纵的重要因素,都应该经过充分论证。

(三)在注册制改革中提高对交易所的信任程度

期货交易所受证监会集中统一监管多年,且属于国有重要金融基础设施,具有天然的可信赖性,会严格贯彻落实《期货法》第4条的规定,通过上市的期货品种,引导国内农产品生产经营,促使期货市场真正发挥发现价格、管理风险、配置资源的功能,促进期货市场和衍生品市场更好地服务国民经济。

期货及衍生品法律评论
第四卷,第 290 ~293 页

《期货及衍生品法律评论》征稿启事

《期货及衍生品法律评论》是中国金融期货交易所主办、面向国内外公开连续出版的法学学术连续出版物。作为国内首本专注于期货及衍生品法律问题的公开出版物,《期货及衍生品法律评论》旨在构建我国期货及衍生品法治建设观点交流平台,推进期货及衍生品法律研究,为推动我国期货法立法,实现期货及衍生品市场的法治化进程提供理论支持。《期货及衍生品法律评论》设置"期货立法""监管研究""业务探讨""市场观察""域外法制"等专题,每卷根据实际情况略有不同。现将征稿事项说明如下:

一、征稿范围

期货及衍生品法理研究及法治发展动态研究,期货及衍生品监管、创新法律研究,期货及衍生品典型法律案例分析,境外相关制度研究等。

二、截稿日期

全年征稿。

三、投稿要求

1. 论文应当具有一定的理论深度和应用性,篇幅 1 万字左右,特别优秀稿件不受此限。稿件一经采用,将尽快通知作者并支付稿酬、寄送样书。对优秀原创作品,稿酬从优。

2. 投稿请发送至以下电子邮箱:huangao@ cffex. com. cn(建议投稿后电话确认)。所有投稿应符合国家著作权规定、公认学术规范和所附《编辑体例》要求。投稿文档请按如下格式标明,并同时标注于邮件主题上:"作者_文章名_投稿日期"。

3. 本书实行匿名审稿制度,作者投稿时请一律将作者简介(姓名、出生年月、工作单位、学位、职称、研究成果等)、通信方式(地址、邮编、电话、电子信箱等)以及本文是否为何种课题等内容,另页单独注明,正文中不要出现任何个人信息。

4. 凡投寄本书的稿件,请勿一稿多投。投寄本书的稿件三个月内未收到编辑部用稿反馈的,可自行处理。在编辑部编辑稿件期间,如遇到其他期刊、报纸或图书拟采用的,请作者及时告知相应的决定,以免造成重复发表。

5. 向本书投稿即视为授权本编辑部将稿件纳入《中国学术期刊网络出版总库》及CNKI系列数据库以及本所官方网站、微信公众号等,本编辑部支付给作者的稿酬已包含上述数据库著作权使用费,如有异议,请来稿时注明,本编辑部将作适当处理。

6. 联系人:

黄　鹜:021-5016279

四、编辑体例

(一)编排体例

1. 标题为宋体小三号字,居中。如有关于本篇文章的说明,注脚注,用上标(*);

2. 作者为宋体小四号字,居中,并用上标星号(*)作为介绍作者脚注的标志,在脚注中注明作者姓名、工作单位、职务、职称(为便于联系,另请作者向《期货及衍生品法律评论》编辑部提供通信地址、邮政编码、固定及移动电话、电子邮箱,编辑部对此予以保密)。如有两名作者,第二名作者用两枚上标星号(**),依此类推。

3. 摘要、关键词:楷体GB2312小四号字,中文摘要200字以内、关键词3~5个;

4. 正文为宋体小四号字,首行缩进,行距18磅。区分标题和要点,标题层级依次为"一、……"、"(一)……"、"1.……"、"(1)……",要点层级依次为"1.……"、"(1)……"、"①……",一段之内的要点列举使用"(1)……"。一级标题采用四号宋体加粗;二级标题采用黑体小四号字不加粗;三级标题宋体小四号字,不加粗。引用具体法律文件应加书名号,如《期货交易管理条例》。法条序号(第×条、第×款、第×项)、时间(世纪、年代、年月日等)、数量金额等用阿拉伯数字,但直接引用原文的从原文。

(二)格式规范

注释采用脚注,全文连续注码,注码放标点之后,注码符号为"1、2、3……"非引用原文者,注释前加"参见";引用资料非原始出处者,注明"转引自";数个注释引自同一资料者,可合并同注某。字体为宋体小五号。

具体示例如下:

(1)著作类

(独著作品)朱苏力:《送法下乡》,中国政法大学出版社2000年版,第55页。再次引用,如中间无间隔:同上注,第65页。

(合著作品)崔建远、韩世远:《债权保障法律制度研究》,清华大学出版社

2004 年版,第 10 页。

(多人合著作品)蔡守秋等:《可持续发展与环境资源法制建设》,中国法制出版社 2003 年版,第 214 ~ 216 页。

(编辑作品)张文显主编:《法理学》,法律出版社 2004 年版,第 65 ~ 67 页。

(2)论文类

(期刊)陈瑞华:《程序性制裁制度的法理学分析》,载《中国法学》2005 年第 6 期。

(论文集)白建军:《犯罪定义学的理论方法与实证刑法学》,载陈兴良主编:《刑事法评论》第 15 卷,中国政法大学出版社 2004 年版,第 151 ~ 152 页。

(学位论文)刘晓华:《私法上的信赖保护原则研究》,山东大学法学院 2013 年博士学位论文,第 30 页。

(3)译作类

[德]马克斯·韦伯:《社会科学方法论》,杨富斌译,华夏出版社 1999 年版,第 282 页。

(4)报纸类

庚向荣:《说理是司法裁判的生命》,载《法制日报》2013 年 2 月 19 日,第 7 版。

(5)古籍类

《明太祖实录》卷二十六。

(6)辞书类

《牛津法律大辞典》,光明日报出版社 1988 年版,第 68 页。

(7)网络类

温毅斌:《略论我国民事权利和债论体系的建构》,载北大法律信息网,http://article.chinalawinfo.com/ArticleFullText.aspx?ArticleId = 97027,2016 年 7 月 26 日访问。

(8)外文类

从该文中注释惯例。英文注释体例如下:

①著作类:

Harold U. Faulkner, *AmericanEconomic History*, New York, Harper & Brothers Publishers, 1960, pp. 23 – 25.

②论文类:

Gavin Goh & Andreas R. Iiegler, *Retrospective Remedies in the WTO after Automotive Leather*, Journal of International Economic Law, Vol. 6, 2003.

③网络类：

Impact Exchange, Impact Exchange Board Listing Guide：A Board of the Stock Exchange of Mauritius, available athttps://iixglobal.com/wp-content/uploads/2017/04/Impact_Exchange_Listing_Guide - 2017 - 1.pdf, accessed May 4th, 2017.